高等学校创新性数智化应用型经济管理规划教材（财务系列）

总主编 / 李雪　　主审 / 徐国君

经济法学习指导书（第三版）

洪宇 ◎ 主编

隋雪 ◎ 副主编

图书在版编目(CIP)数据

经济法学习指导书 / 洪宇主编. —3 版. —上海：立信会计出版社，2024.1
ISBN 978-7-5429-7417-4

Ⅰ. ①经… Ⅱ. ①洪… Ⅲ. ①经济法-中国-高等学校-教学参考资料 Ⅳ. ①D922.29

中国国家版本馆 CIP 数据核字(2023)第 150723 号

策划编辑　方士华
责任编辑　方士华
助理编辑　王悠然
美术编辑　吴博闻

经济法学习指导书(第三版)
JINGJIFA XUEXI ZHIDAOSHU

出版发行	立信会计出版社
地　　址	上海市中山西路 2230 号　　邮政编码　200235
电　　话	(021)64411389　　传　　真　(021)64411325
网　　址	www.lixinph.com　　电子邮箱　lixinaph2019@126.com
网上书店	http://lixin.jd.com　　http://lxkjcbs.tmall.com
经　　销	各地新华书店
印　　刷	上海华业装璜印刷有限公司
开　　本	787 毫米×1092 毫米　　1/16
印　　张	19.75
字　　数	375 千字
版　　次	2024 年 1 月第 3 版
印　　次	2024 年 1 月第 1 次
书　　号	ISBN 978-7-5429-7417-4/D
定　　价	49.00 元

如有印订差错，请与本社联系调换

总 序

教材是高校实现人才培养目标的重要载体,教材及教材建设对高校发展具有举足轻重的作用。与培养模式相对应的教材是培养合格人才的基本保证,是实现培养目标的重要工具。由于历史的原因,在财经类教材的出版方面,相关出版社出版研究型本科或者高职高专、中等职业等层次的教材较多,应用型本科教材较少。虽然近年来一些应用型本科教材也陆续出版,但总体而言,这些教材还是缺乏权威性、普适性、实用性、创新性。造成这种状况的原因主要在于:出版社对财经类应用型本科教材的出版还不够重视,没有进行有效的组织;财经类应用型本科院校多为新建院校,教材建设相对滞后,主观上也较愿意使用研究型本科教材;在教材使用中存在比较严重的混用现象,教材目标读者群不明确,如不少教材既适用于研究型本科院校又适用于应用型本科院校,或者既适用于本科院校又适用于高职高专院校。

由于目前财经类应用型本科教材种类和数量匮乏或质量欠佳,财经类应用型本科院校不得不沿用传统研究型教材。这些教材本身的质量很好、级别很高,但是并不适用于应用型本科院校的教学,教师和学生普遍反映不好用。即使在全国范围看,也还没有相对成套、成熟的适合财经类应用型本科院校的教材。现有教材存在的主要问题包括:① 教材的定位和要求过高;② 教材的内容偏多、难度偏大;③ 教材着重于理论解释,相关案例、实训等内容较少,缺乏普适性、实用性。

与此同时,信息技术的快速发展使学生的学习习惯和阅读习惯发生了改变,不断朝个性化、自主学习的方向发展,传统的单一纸质教材已经无法适应这种变化。翻转课堂、慕课、微课等网络课程的兴起,混合式教学的不断推进,也对立体化教材建设提出了新的要求。教材作为一种课堂上的教学工具、一种传播媒介,理应顺势而为,随课堂形式、学生学习方式的改变而改变,朝着数字化、立体化、可视化的方向发展。因此,需要编写适应学生水平、便于学生接受的立体化财经类应用型本科教材。

我们组织具有多年应用型人才培养经验的优秀教师和实务界专家编写了这套教材。本系列教材有《会计基本技能》《出纳实务》《基础会计》《中级财务会计》《成本会计》《管理会计》《会计信息系统》《财务管理》《审计学》《高级财务会计》《商业分析》《税法》《经济法》《金融学》等品种。为了保证教材的质量,本系列教材聘请了知名高校的专家教授进行专门指导和审核。每本教材至少有一名本学科的知名专家或学科带头人提出审核指导意见,至少有一名高等院校教学一线的高级职称教师组织编写,至少有一名行业协会、实务界专家或教学研究机构人员提出编写建议。

本系列教材的特色如下。

1. 应用性

应用型本科的教材建设应坚持培养应用型本科人才的定位,充分吸收和借鉴传统的普通本科教材与高职高专类教材建设的优点和经验,以就业为导向,做到理论上高于高职高专类教材、动手能力的培养上高于传统的本科院校教材。本系列教材体现了应用型本科的定位,体现了素质教育和"以学生发展为本"的教育理念,遵循了高等教育教学基本规律,重视知识、能力和素质的协调发展,根据应用型人才培养模式对学生的创新精神、实践能力和适应能力的要求,在内容选材、教学方法、学习方法、实验和实训配套等方面突出了应用性特征。

2. 针对性

本系列教材的编写符合会计学、财务管理和审计学等专业的培养目标、培养需求、业务规格和教学大纲的基本要求,与各专业的课程结构和课程设置相对应,与课程平台和课程模块相对应。教材在结构纵横的布局、内容重点的选取、示例习题的设计等方面符合教改目标和教学大纲的要求,把教师的备课、试讲、授课、辅导答疑等教学环节有机地结合起来。

3. 立体化

本系列教材为立体化教材,实现了由传统纸质教材向"纸质教材+数字资源"的转变,通过技术手段将晦涩难懂的理论知识转变为直观的具体知识,以立体化、数字化的方式呈现,包括图文、动画、音频、视频等多种形式,生动、有趣且易懂,不仅可以激发学生的学习兴趣,还有利于教学效果的提升。

4. 趣味性

本系列教材注重趣味性,使用了大量的例题和案例,每章都加入了"思政育人""相关思考""延伸阅读"等内容,使读者能够加深理解,便于掌握相关内容。在案例、例题等的设计选用上重点突出趣味性,易于引发读者的共鸣。

5. 先进性

本系列教材反映了应用型会计人才教育教学改革的内容,能够反映学科领域的新发展。教材的整体规划、每一种教材的内容构建等均体现了创新性。教材还强调了系列配套,包括了教材、学习参考书、教学课件等。立体化教材在内容修订上更具有明显优势,线上资源可以随时根据政策法规、理论知识或工作实务等的变化进行调整,更有利于保持教材内容的先进性。

6. 基础性

本系列教材将打破传统教材自身知识框架的封闭性,尝试多方面知识的融会贯通,注重知识层次的递进,体现每一门科目的基本内容,同时在具体内容上突出实际运用能力,做到"教师易教,学生乐学,技能实用"。

7. 易于自学

自学能力是大学生的一项基本能力。学生只有具备了自主学习的能力,才能最终建立起终身学习的保障体系,这也是应用型本科人才培养的客观要求。应用技术型高校的生源素质与普通高校相比存在一定的差距,除了一部分是高考发挥失误的学生,还有一部分学生在学习习惯、基础知识等方面存在一定的欠缺,这就要求教材能够调动这部分学生的学习积极性,在理论方面尽量通俗易懂,在实践方面尽量采用案例式教学。为了有利于学生课后自主学习,本系列教材配套了学习指导书和教学课件。

因此,本系列教材的定位准确,特色明显,适用于应用型本科院校教学,容易得到学生和市场的认可,便于学生的自学和教师的教学。

"十四五"高等学校创新性数智化应用型经济管理规划教材凝聚了众多领导、教授和专家多年来的经验和心血。当然,由于我们的经验和人力有限,教材中难免存在不足,我们期待着各位同行、专家和读者的批评指正。我们将伴随着经济发展和会计环境的变迁不断修订教材,以便及时反映学科的最新发展和人才培养的最新变化。

本系列教材自2014年出版后,得到市场的认可,深受广大高校师生的欢迎。为了更好地回馈读者,本系列教材从2017年起启动第二版的修订工作,2019年启动第三版的修订工作,2021年启动第四版的修订工作。各种教材的修订版将陆续出版。我们会一如既往地做好教材修订和相关服务工作,希望广大读者对本套系列教材继续给予支持。

李 雪

2024年1月

第三版前言

本书是高等学校创新性数智化应用型经济管理规划教材(会计系列)《经济法》教材的配套学习指导书,具有应用性、针对性、先进性、基础性、易于自学性的特点。

推进全面依法治国是我们党对深化执政规律、社会主义建设规律、人类社会发展规律认识后得出的重要结论。经过5年分步骤、有计划地推进,《中华人民共和国民法典》成为中华人民共和国成立以来第一部以"法典"命名的法律,是一部具有中国特色、体现时代特点、反映人民意愿的民法典,在国家的法律体系中具有重要的地位,民法典的颁布是中国特色社会主义法律体系进一步完善的重要标志。基于此,本次改版重点对经济法基础知识、合同法、物权法等内容依据民法典中的相关法律法规进行了修订。

本书作为《经济法》教材配套的学习指导书,章节设置与《经济法》一致。围绕着学习的目标与要求,突出对教材各章重点和难点的解答;突出案例教学,通过精选例题,帮助读者更好地理解知识点的内容;思考与练习针对性强,注重实用性和指导性,帮助考生提高经济法的应试能力。本书既可作为高等财经院校经济法课程的教材,也可作为企业管理人员的参考用书。

与同类教材相比,本书具有以下特点:

(1) 结构严谨、内容全面。本书将经济法的基本理论、基本方法和基本应用技能的内容采用不同的方式进行提炼、升华,既覆盖主教材全部内容,又突出重点和难点。

(2) 理论精炼、联系实际。在提炼主教材基本理论的同时,本书更加注重理论对实践的指导作用,以激发和培养学生的学习动力和学习兴趣,锻炼其实战能力,使其轻松掌握庞杂的法律基本理论。

(3) 注重对重点和难点的讲解,借助图、表等工具进行讲解,图文并茂,通俗易懂。

(4) 习题形式多样。既有客观题,也有大量的案例题,涵盖面广,可以考察学生综合分析和解决问题的能力。

（5）重视对知识点的总结，并运用知识点对比的方式讲解，便于学生掌握记忆。

本书由洪宇主编，隋雪为副主编，董明珠、高金清、孙晓彤、马瑞颖为编者。在本书编写的过程中，编者参考了大量相关教材和论著，在此向有关作者致以深深的谢意！

在本书的编写过程中，编者先后经过多次讨论研究，力求内容编排合理、避免错误，但难免存在考虑不周、表达不妥当的地方，书中疏漏不足之处，敬请读者批评指正。

编　者

2024 年 1 月

目 录

第一部分 学习指导及思考与练习

第一章 法律基础知识 ··· 3
重点、难点讲解及典型例题 ····························· 4
思考与练习 ··· 13

第二章 企业法 ··· 19
重点、难点讲解及典型例题 ····························· 20
思考与练习 ··· 29

第三章 公司法 ··· 39
重点、难点讲解及典型例题 ····························· 40
思考与练习 ··· 60

第四章 企业破产法 ··· 73
重点、难点讲解及典型例题 ····························· 74
思考与练习 ··· 91

第五章 物权法 ··· 97
重点、难点讲解及典型例题 ····························· 98
思考与练习 ··· 117

第六章 合同法 ··· 127
重点、难点讲解及典型例题 ····························· 128

思考与练习 …………………………………………………………………… 148

第七章　证券法 …………………………………………………………………… 163
　　重点、难点讲解及典型例题 …………………………………………………… 164
　　思考与练习 …………………………………………………………………… 184

第八章　金融法律制度 …………………………………………………………… 197
　　重点、难点讲解及典型例题 …………………………………………………… 198
　　思考与练习 …………………………………………………………………… 210

第九章　知识产权法 ……………………………………………………………… 217
　　重点、难点讲解及典型例题 …………………………………………………… 218
　　思考与练习 …………………………………………………………………… 227

第十章　竞争法律制度 …………………………………………………………… 235
　　重点、难点讲解及典型例题 …………………………………………………… 236
　　思考与练习 …………………………………………………………………… 243

第二部分　思考与练习参考答案

第一章　法律基础知识 ……………………………………………………………… 251
第二章　企业法 ……………………………………………………………………… 252
第三章　公司法律制度 ……………………………………………………………… 255
第四章　企业破产法 ………………………………………………………………… 257
第五章　物权法 ……………………………………………………………………… 258
第六章　合同法 ……………………………………………………………………… 259
第七章　证券法 ……………………………………………………………………… 261
第八章　金融法律制度 ……………………………………………………………… 263
第九章　知识产权法 ………………………………………………………………… 264
第十章　竞争法律制度 ……………………………………………………………… 265

第三部分　模拟试题及参考答案

模拟试题(一) ·· 269
模拟试题(二) ·· 274
模拟试题(三) ·· 279
模拟试题(四) ·· 286
模拟试题(一)参考答案 ·· 293
模拟试题(二)参考答案 ·· 295
模拟试题(三)参考答案 ·· 298
模拟试题(四)参考答案 ·· 300

第一部分

学习指导及思考与练习

第一章 法律基础知识

重点、难点讲解及典型例题

一、法律一般理论

(一) 法律渊源

法律的种类、制定机关、效力及名称如表 1-1 所示。

表 1-1　法律的种类、制定机关、效力及名称

种类		制定机关	效　力	名　称
宪法		全国人民代表大会	最高	
法律		全国人大及其常委会	仅次于宪法	××法
法规	行政法规	国务院	仅次于宪法和法律	××条例
	地方性法规	地方人大及其常委会	次于宪法、法律、行政法规	
规章	部门规章	国务院的组成部门及其直属机构	低于宪法、法律、行政法规	××办法等
	地方政府规章	省、较大市的人民政府	低于宪法、法律、行政法规、同级地方性法规	
司法解释(判例)		最高法院、最高检察院		
国际条约或协定				

【例题 1-1·单项选择题】　下列关于各种法律渊源效力层级由高到低的排序中,正确的是(　　)。

A. 宪法、行政法规、部门规章、法律
B. 宪法、法律、行政法规、部门规章
C. 宪法、法律、部门规章、行政法规
D. 宪法、行政法规、法律、部门规章

【答案】　B

【解析】　宪法＞法律＞行政法规＞部门规章。

(二) 法律关系

法律关系是指根据法律规范产生的,以主体之间的权利与义务关系为内容表现出来的社会关系,如图 1-1 所示。

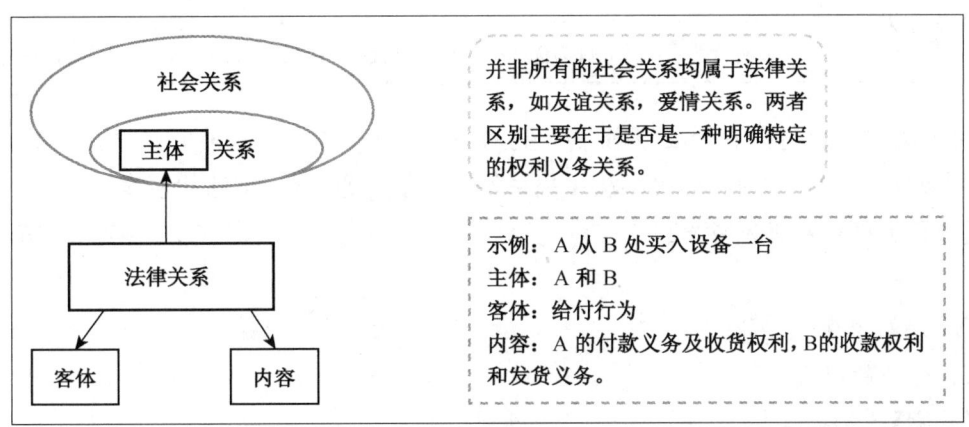

图 1-1　法律关系

【例题 1-2·单项选择题】　下列情形中,属于成立法律关系的是(　　)。

A. 甲应允乙同看演出,但迟到半小时,乙要求甲赔偿损失

B. 甲对乙说,如果你考上研究生,我就嫁给你

C. 甲不知乙不胜酒力而极力劝酒,致乙酒精中毒住院治疗

D. 甲应同事乙之邀前往某水库游泳,因抽筋溺水身亡

【答案】　C

【解析】　本题考核法律关系。法律关系是一种社会关系,但并非所有的社会关系都是法律调整的对象,其他的社会关系受道德、习惯等的调整。其中选项 C 因甲的劝酒导致乙酒精中毒住院治疗所产生的侵权损害赔偿关系受法律调整,故选项 C 正确。选项 ABD 属于道德、爱情、友情等领域,都不受法律调整。

【例题 1-3·多项选择题】　根据我国法律制度的规定,下列各项中,能够成为法律关系主体的有(　　)。

A. 自然人　　　　B. 商品　　　　C. 法人　　　　D. 行为

【答案】　AC

【解析】　本题考核法律关系的主体。选项 BD 是法律关系的客体。

(三) 法律事实

法律事实有关的事件与行为如表 1-2 所示。

表 1-2　法律事实的事件与行为

事件(意志无关)	\\	人的出生死亡、自然灾害、战争罢工、时间经过
行为(有意识活动)	法律行为(要求行为能力)	合同行为
	事实行为(不要求行为能力)	侵权、创作、发明、拾得遗失物、添附、合法建造

民事法律关系包括三个要素和一个变动原因。三个要素，即民事法律关系的主体、客体、内容；一个变动原因，即民事法律关系发生变动的原因(民事法律事实)。

【例题1-4·多项选择题】　下列各项中，能导致一定法律关系产生、变更或消灭的有（　）。

A. 人的出生　　　　　　　　B. 自然灾害
C. 时间的经过　　　　　　　D. 侵权行为

【答案】　ABCD

【解析】　本题考核法律事实。法律事实可以分为两类：事件和人的行为。选项ABC均属于事件的范围，选项D属于人的行为，都能导致一定法律关系产生、变更或消灭。

二、民事法律行为制度

【例题1-5·判断题】　老张将老王的鼻梁骨打折，该行为属于"意思表示"行为。

【答案】　×

【例题1-6·判断题】　12岁的小小神童"张小虎"构建了环日离子加速器的技术模型，该行为属于"意思表示"行为。

【答案】　×

【例题1-7·判断题】　同一个班级的小明向小红表达了喜欢她的意思，这行为属于民法上的"意思表示"行为？

【答案】　×

【例题1-8·判断题】　小红与小明在朝阳区民政局领取了结婚证，登记为合法夫妻，该行为属于"意思表示"行为。

【答案】　√

【例题1-9·判断题】　某天，某山区发生了较大规模的泥石流，该情况属于"意思表示"行为。

【答案】　×

(一) 法律行为的成立与生效

法律行为的成立与成效如图 1-2 所示。

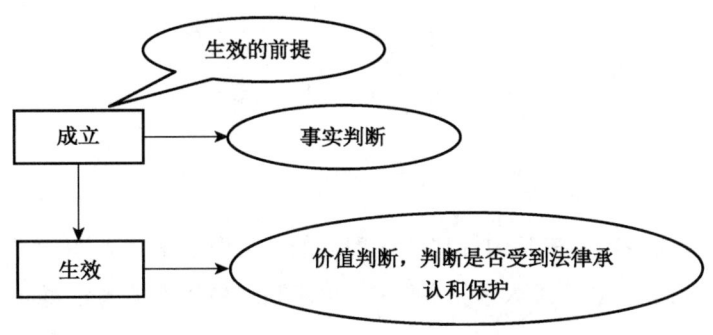

图 1-2 法律行为的成立与生效

(二) 民事行为的效力类型

民事行为的效力类型如表 1-3 所示。

表 1-3 民事行为的效力类型

成 立	生 效	生效要件瑕疵
当事人	相应行为能力	无相应行为能力
意思表示	真实	不真实
标的	合法	不合法

【例题 1-10·单项选择题】 下列情形中,属于有效法律行为的是( )。

A. 限制行为能力人甲临终立下遗嘱:"我死后,我的全部财产归大姐。"

B. 甲、乙双方约定,若乙将与甲有宿怨的丙殴伤,甲愿付乙酬金 5 000 元

C. 甲因妻子病重,急需医药费,遂向乙筹款。乙提出,可按市场价买下甲的祖传清代青花瓷瓶,甲应允

D. 甲要求乙为其债务提供担保,乙拒绝。甲向乙出示了自己掌握的乙虚开增值税发票的证据,并以检举相要挟。乙被迫为甲出具了担保函

【答案】 C

【解析】 本题考核有效法律行为。选项 A:限制民事行为能力人不能独立实施合同以外的行为,属于无效的民事行为;选项 B:一切与法律的"强制性或者禁止性"规定相抵触的、违反公序良俗和社会公共利益的行为,均属无效;选项 C:乘人之危所致的显失公

平行为,须严重损害了处于危难境地的当事人的利益。在本题中,乙以"市场价"买下该青花瓷瓶,并未损害乙的利益;选项 D:因胁迫而实施的单方民事行为,属于无效民事行为。

三、代理法律制度

(一) 有权代理

1. 代理

代理是指代理人在代理权限内,以"被代理人的名义"与"第三人"实施"法律行为",由此产生的法律后果直接由"被代理人承担"的一种法律制度。代理关系示意如图 1-3 所示。

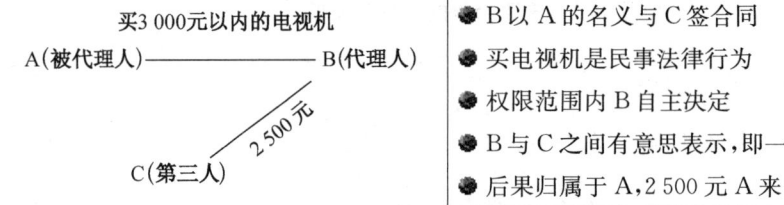

图 1-3 代理关系示意图

2. 代理的特征

可代理行为与不可代理行为对比如表 1-4 所示。

表 1-4 可代理行为与不可代理行为对比

可代理的行为	不得代理的行为
民事法律行为; 准民事法律行为;民事诉讼行为;财政、行政行为(如代理专利申请、商标注册、代理纳税)	人身性质(如立遗嘱、结婚等); 双方约定必须由本人亲自实施的(如表演等); 违法行为

【例题 1-11·单项选择题】 下列行为中,不构成代理的是(　　)。

A. 甲受公司委托,代为处理公司的民事诉讼纠纷

B. 乙受公司委托,以该公司名义与他人签订买卖合同

C. 丙受公司委托,代为申请专利

D. 丁受公司委托,代表公司在宴会上致辞

【答案】 D

【解析】 本题考核代理的适用范围。根据规定,代理是指代理人在代理权限内,以

被代理人的名义与第三人实施法律行为,由此产生的法律后果直接由被代理人承担的一种法律制度。选项 ABC 均构成代理;选项 D 中,丁不是与第三人实施法律行为,所以不构成代理。

(二) 无权代理

1. 无权代理的情形

(1) 没有代理权的代理行为。

(2) 超越代理权的代理行为。

(3) 代理权终止后的代理行为。

2. 无权代理的后果——效力待定的合同

无权代理的后果如图 1-4 所示。

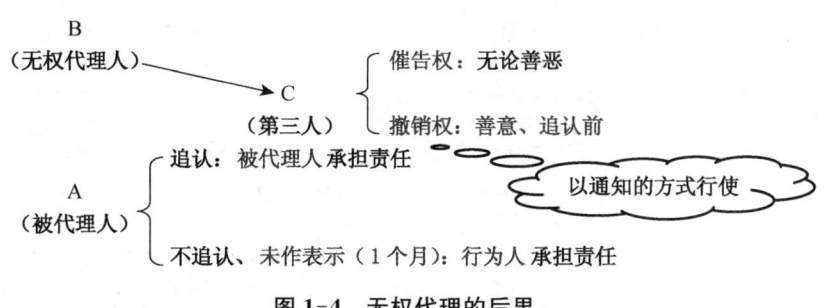

图 1-4 无权代理的后果

(1) 追认权:未经被代理人追认的,对被代理人不发生法律效力,由行为人承担责任。未作表示或表示拒绝的,视为拒绝追认,该合同不生效。

(2) 催告权:与无代理权的人签订合同的人可以催告被代理人在 1 个月内予以追认。

(3) 撤销权:合同被追认之前,"善意相对人"有撤销的权利。

越权代理与越权代表的区别如图 1-5 所示。

【越权代理 VS 越权代表】

| 越权代理属于无权代理,无权代理订立的合同属于效力待定的合同。 |  | 越权代表所订立的合同属于有效合同。 |

图 1-5 越权代理与越权代表的区别

【例题 1-12·多项选择题】 2×23 年 7 月 5 日,张华授权李丽以张华的名义将其一台笔记本电脑出售,价格不得低于 9 000 元。李丽的好友杜梅欲以 7 000 元的价格购买。李丽遂对杜梅说:"大家都是好朋友,张华说最低要 9 000 元,但我想 7 000 元卖给你,他肯定也会同意的。"李丽遂以张华的名义以7 000元将笔记本电脑卖给杜梅。下列说法中,正确的有( )。

A. 该买卖行为无效　　　　　　　B. 李丽是无权代理行为

C. 杜梅可以撤销该行为　　　　　D. 张华可以追认该行为

【答案】 BD

【解析】 本题考核无权代理。行为人没有代理权、超越代理权或者代理权终止后以被代理人名义订立的合同,未经被代理人追认,对被代理人不发生效力,由行为人承担责任,该合同属于效力待定合同,而不直接归为无效,因此选项A不正确;合同被追认之前,善意相对人有撤销的权利。杜梅不是善意相对人,因此选项C不正确。

3. 表见代理

表见代理是指无权代理人的代理行为客观上存在使相对人相信其有代理权的情况,且相对人主观上为善意,因而可以向被代理人主张代理的效力。表见代理示意图如图1-6所示。

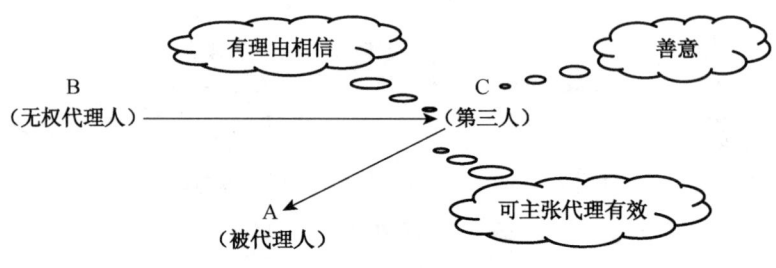

图1-6 表见代理示意图

狭义无权代理与表见代理的区别如表1-5所示。

表1-5 狭义无权代理与表见代理的区别

狭义无权代理	纯因代理人之过错	第三人可能善意、可能恶意
表见代理	被代理人(本人)有过失,才使第三人以为无权代理人有代理权	第三人一定是善意的

【例题1-13·单项选择题】 甲为乙公司业务员,负责某小区的订奶业务多年,每月月底在小区摆摊,更新订奶户并收取下月订奶款。2×23年5月29日,甲从乙公司辞职。5月30日,甲仍照常前往小区摆摊收取订奶款。订奶户不知内情,照例交款,甲亦如常开出盖有乙公司公章的订奶款收据。之后甲携款离开,下落不明。根据民事法律制度的规定,下列表述中,正确的是( )。

A. 甲的行为与乙公司无关,应由甲向订奶户承担合同履行义务

B. 甲的行为构成无权处分,应由乙公司向订奶户承担损害赔偿责任后,再向甲追偿
C. 甲的行为构成狭义无权代理,应由甲向订奶户承担损害赔偿责任
D. 甲的行为构成表见代理,应由乙公司向订奶户承担合同履行义务

【答案】 D

【解析】 本题考核表见代理的规定。根据规定,行为人没有代理权、超越代理权或者代理权终止后以被代理人名义订立合同,相对人有理由相信行为人有代理权的,该代理行为有效。本题中,由于合同签订人(甲)持有被代理人(乙公司)的盖有印章的订奶款收据,使得相对人(订奶户)相信其有代理权,因此构成表见代理,应由乙公司向订奶户承担合同履行义务。

四、诉讼时效制度

(一) 概念

诉讼时效制度是指权利人不在法定期间内行使权利失去诉讼保护的制度。诉讼时效期间届满,义务人产生诉讼时效抗辩权。

根据《民法典》规定,向人民法院请求保护民事权利的诉讼时效期间为3年。

诉讼时效期间届满的,义务人可以提出不履行义务的抗辩。

诉讼时效期间届满后,义务人同意履行的,不得以诉讼时效期间届满为由抗辩;义务人已自愿履行的,不得请求返还。诉讼时效时间轴如图1-7所示。

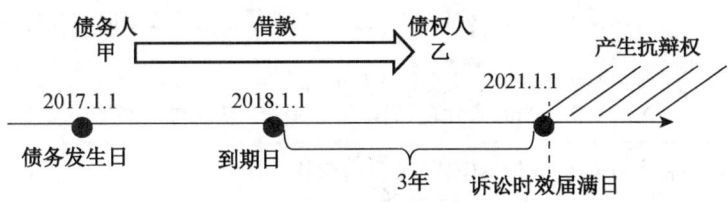

图1-7 诉讼时效时间轴

(二) 诉讼时效的适用范围

1. 适用

其主要适用于债权请求权。

2. 不适用

下列请求权不适用于以下情况:

(1) 请求停止侵害、排除妨害、消除危险。

(2) 不动产物权和登记的动产物权的权利人请求返还财产。

(3) 请求支付抚养费、赡养费或者扶养费。

(4) 形成权(适用除斥期间)。

(5) 确认请求权(如确认物权、确认合同效力)。

3. 不适用诉讼时效的"债权请求权"

(1) 支付存款本金及利息请求权。

(2) 兑付国债、金融债券以及向不特定对象发行的企业债券本息请求权。

(3) 基于投资关系产生的缴付出资请求权。

(三) 诉讼时效的期间与起算

不同情况下诉讼时效的起算如表1-6所示。

表1-6 不同情况下诉讼时效的起算

附条件或附期限的债	从条件成就或期限届满之日起算——成立之日
有履行期限的债	从履行期限届满之日起算
分期履行	从最后一期履行期限届满之日起算——分期计算
未定有履行期限或期限不明	(1) 依照《合同法》的规定可以确定：从履行期限届满之日起算； (2) 不能确定履行期限： ① 从债权人要求债务人履行义务的宽限期届满之日起算； ② 债务人在债权人第一次向其主张权利之时明确表示不履行义务的：从债务人明确表示不履行义务之日起算
侵权行为的赔偿请求	从受害人知道或应当知道其权利被侵害或者损害时起算(包括侵害事实和加害人) (1) 伤害明显：从受伤之日起算； (2) 伤害当时未发现，后经检查确诊：从伤势确诊之日起算
请求他人不作为的债权	自义务人违反不作为义务时起算
国家赔偿	自国家机关及其工作人员行使职权时的行为被依法确认为违法之日(行为作出之日)起算
可撤销合同	(1) 可撤销合同受除斥期间的限制，故一方当事人就撤销合同之诉主张诉讼时效抗辩的，法院不予支持； 【注意】撤销权为形成权，适用除斥期间，若用诉讼时效为理由，理由错误，法院不支持。 (2) 合同被撤销后，返还财产、赔偿损失请求权的诉讼时效期间从合同"被撤销之日"(行为开始之日)起计算

(四) 诉讼时效的中止与中断

诉讼时效的中止与中断如表1-7所示。

表 1-7 诉讼时效的中止与中断

	原因	发生时间	效果
中 止	客观因素：不可抗力、其他障碍	诉讼时效期间的最后 6 个月内	暂停
中 断	主观因素： (1) 权利人提起诉讼； (2) 当事人一方提出要求； (3) 当事人一方同意履行义务	诉讼时效进行中	重新计算
延 长	人民法院决定		延长

思考与练习

一、单项选择题

1. 陈某驾车因意外交通事故导致王某死亡，为此陈某赔偿受害人 18 万元。王某的家人为王某办理完丧事后，对王某的遗产进行了分割。引起上述侵权赔偿关系和继承关系发生的分别是（　　）。

   A. 行为、行为　　　B. 事件、事件　　　C. 行为、事件　　　D. 事件、行为

2. 肖特有音乐天赋，16 岁便不再上学，以演出收入为主要生活来源。肖特成长过程中，多有长辈馈赠：7 岁时受赠口琴 1 个，9 岁时受赠钢琴 1 架，15 岁时受赠名贵小提琴 1 把。对肖特行为能力及其受赠行为效力的判断，根据《民法典》相关规定，下列选项中，正确的是（　　）。

   A. 肖特尚不具备完全的民事行为能力

   B. 受赠口琴的行为无效，应由其法定代理人代理实施

   C. 受赠钢琴的行为无效，因与其当时的年龄智力不相当

   D. 受赠小提琴的行为无效，因与其当时的年龄智力不相当

3. 小刘从小就显示出很高的文学天赋，9 岁时写了小说《隐形翅膀》，并将该小说的网络传播权转让给某网站。小刘的父母反对该转让行为。下列说法中，正确的是（　　）。

   A. 小刘父母享有该小说的著作权，因为小刘是无民事行为能力人

   B. 小刘及其父母均不享有著作权，因为该小说未发表

   C. 小刘对该小说享有著作权，但网络传播权转让合同无效

   D. 小刘对该小说享有著作权，网络传播权转让合同有效

4. 关于民事法律关系,下列选项中,正确的是(　　)。

   A. 民事法律关系只能由当事人自主设立

   B. 民事法律关系的主体即自然人和法人

   C. 民事法律关系的客体包括不作为

   D. 民事法律关系的内容均由法律规定

5. 齐某扮成建筑工人模样,在工地旁摆放一尊廉价购得的旧蟾蜍石雕,冒充新挖出文物等待买主。甲曾以5 000元从齐某处买过一尊同款石雕,发现被骗后正在和齐某交涉时,乙过来询问。甲有意让乙也上当,以便要回被骗款项,未等齐某开口便对乙说:"我之前从他这买了一个貔貅,转手就赚了,这个你不要我就要了。"乙信以为真,以5 000元买下石雕。关于所涉民事法律行为的效力,下列说法中,正确的是(　　)。

   A. 乙可向甲主张撤销其购买行为

   B. 乙可向齐某主张撤销其购买行为

   C. 甲不得向齐某主张撤销其购买行为

   D. 乙的撤销权自购买行为发生之日起2年内不行使则消灭

6. 甲17岁,以个人积蓄1 000元在慈善拍卖会拍得明星乙表演用过的道具,市价约100元。事后,甲觉得道具价值与其价格很不相称,颇为后悔。关于这一买卖,下列说法中,正确的是(　　)。

   A. 买卖显失公平,甲有权要求撤销

   B. 买卖存在重大误解,甲有权要求撤销

   C. 买卖无效,甲为限制行为能力人

   D. 买卖有效

7. 潘某去某地旅游,当地玉石资源丰富,且盛行"赌石"活动,买者购买原石后自行剖切,损益自负。潘某花5 000元向某商家买了两块原石,切开后发现其中一块为极品玉石,市场估价上百万元。商家深觉不公,要求潘某退还该玉石或补交价款。下列选项中,正确的是(　　)。

   A. 商家无权要求潘某退货

   B. 商家可基于公平原则要求潘某适当补偿

   C. 商家可基于重大误解而主张撤销交易

   D. 商家可基于显失公平而主张撤销交易

8. 下列情形中,甲对乙不构成胁迫的是(　　)。

   A. 甲说,如不出借1万元,则举报乙犯罪。乙照办,后查实乙构成犯罪

   B. 甲说,如不将藏獒卖给甲,则举报乙犯罪。乙照办,后查实乙不构成犯罪

C. 甲说,如不购甲即将报废的汽车,将公开乙的个人隐私。乙照办

D. 甲说,如不赔偿乙撞伤甲的医疗费,则举报乙醉酒驾车。乙照办,甲取得医疗费和慰问金

9. 甲公司开发的系列楼盘由乙公司负责安装电梯设备。乙公司完工并验收合格投入使用后,甲公司一直未支付工程款,乙公司也未催要。诉讼时效期间届满后,乙公司组织工人到甲公司讨要。因高级管理人员均不在,甲公司新录用的法务小王,擅自以公司名义签署了同意履行付款义务的承诺函,工人们才散去。其后,乙公司提起诉讼。关于本案的诉讼时效,下列说法中,正确的是( )。

A. 甲公司仍可主张诉讼时效抗辩

B. 因乙公司提起诉讼,诉讼时效中断

C. 法院可主动适用诉讼时效的规定

D. 因甲公司同意履行债务,其不能再主张诉讼时效抗辩

10. 甲公司业务经理乙长期在丙餐厅签单招待客户,餐费由公司按月结清。后乙因故辞职,月底餐厅前去结账时,甲公司认为,乙当月的几次用餐都是招待私人朋友,因而拒付乙所签单的餐费。下列选项中,正确的是( )。

A. 甲公司应当付款

B. 甲公司应当付款,乙承担连带责任

C. 甲公司有权拒绝付款

D. 甲公司应当承担补充责任

二、多项选择题

1. 甲8周岁,多次在国际钢琴大赛中获奖,并获得大量奖金。甲的父母为了甲的利益,考虑到甲的奖金存放银行增值有限,遂将奖金全部购买了股票,但恰遇股市暴跌,甲的奖金损失过半。关于甲父母的行为,下列说法中,正确的有( )。

A. 甲父母应对投资股票给甲造成的损失承担责任

B. 甲父母不能随意处分甲的财产

C. 甲父母的行为构成无因管理,无须承担责任

D. 如主张赔偿,甲对父母的诉讼时效期间在进行中的最后6个月内因自己系无行为能力人而中止,待成年后继续计算

2. 甲出售房屋,乙同意购买。为了少缴纳税款,双方约定,房屋价款600万元,但双方签订的书面买卖合同写明的价款为200万元。后乙支付了600万元房款,甲也给乙办理了过户登记。不久,税务机关查知此事。对此,有关甲、乙房屋买卖合同的表述,正确

的有( )。

A. 甲、乙间价款为 600 万元的买卖合同无效

B. 甲、乙间价款为 200 万元的买卖合同无效

C. 乙已经取得房屋所有权

D. 乙不能取得房屋所有权

3. 甲委托乙采购一批电脑,乙受丙诱骗高价采购了一批劣质手机。丙一直以销售劣质手机为业,甲对此知情。关于手机买卖合同,下列表述中,正确的有( )。

A. 甲有权追认　　　　　　　　B. 甲有权撤销

C. 乙有权以甲的名义撤销　　　D. 丙有权撤销

4. 关于诉讼时效,下列选项中,正确的有( )。

A. 诉讼时效仅适用于请求权

B. 一般诉讼时效期间属可变期间

C. 诉讼时效期间均从权利人知道或应当知道权利被侵害时起计算

D. 诉讼时效期间届满后所受领的给付构成不当得利

5. 某公司因合同纠纷的诉讼时效问题咨询律师。关于律师的答复,下列选项中,正确的有( )。

A. 当事人不得违反法律规定,约定延长或者缩短诉讼时效期间、预先放弃诉讼时效利益

B. 当事人约定同一债务分期履行的,诉讼时效期间从最后一期履行期限届满之日起计算

C. 当事人在一审期间未提出诉讼时效抗辩的,二审期间不能提出该抗辩

D. 诉讼时效届满,当事人一方向对方当事人作出同意履行义务意思表示的,不得再以时效届满为由进行抗辩

三、案例题

1. 陈某驾车,不慎将王某撞伤,王某经抢救无效死亡,为此陈某赔偿受害人 18 万元。王某的家人为王某办理完丧事后,对王某的遗产进行了分割。请问:本案例引起法律关系的法律事实有哪些?

2. 高中生王某 15 周岁,在百货商场自作主张花费 1 500 元为自己买了一枚金戒指。王某的父母得知此事后,以王某不具有完全民事行为能力,购买金戒指未经父母同意为由,找到商场要求退货。请问:

(1) 王某购买金戒指的民事法律行为是否有效?为什么?

(2) 商场是否有权拒绝王某的父母的退货要求？

3. 甲从乙处购买黄牛一头，作价 500 元。乙明知该牛有病而告知甲该牛没病，甲认为该牛可能有病，但因价格便宜而愿意购买。在交易过程中，乙对甲说："如果发生纠纷，你必须在 3 个月内（自交易之日起算）起诉，否则我概不负责。"甲表示允诺。甲买回该牛后第 4 个月该牛因病死亡，遂发生纠纷。请问：

(1) 甲与乙之间的法律行为性质如何？

(2) 甲乙之间的法律行为效力如何？

(3) 甲如何进行自己的权利救济？

4. 2×19 年 12 月，胡某所在单位决定派他到加拿大学习两年，因办理出国手续一时钱不够用，遂向朋友张某借款 3 万元，并立字据约定胡某在出国前将钱还清。但胡某直到 2×20 年 7 月 27 日出国，都一直没有还钱。此前张某虽然经常来看望胡某，但也对钱的事只字未提。胡某在国外两年与张某也有过联系，但都没有说钱的事。2×23 年 8 月，胡某回国。2×23 年 10 月，张某因买房急需用钱，找到胡某，胡某当即表示，全部钱款月底还清，并在原来的字据上对此作了注明。11 月 5 日，当张某再次来找胡某要钱时，胡某却称，他的一个律师朋友说他们之间的债务已超过诉讼时效，可以不用还了。张某气愤至极，第二天就向法院提起了诉讼，要求胡某偿还 3 万元的本金和利息。请问：

(1) 胡某对王某债务的诉讼时效实际上是否已经届满？

(2) 胡某在 2×23 年 10 月在字据上对月底还钱作注明的行为有何种效力？

(3) 张某能否通过诉讼要回胡某所欠的钱？

第二章

企业法

重点、难点讲解及典型例题

一、个人独资企业的法律规定

(一) 一般规定

(1) 投资人为一个自然人,且只能是中国公民。

(2) 有合法的企业名称。个人独资企业名称中不得使用"有限""有限责任"或者"公司"字样。

(3) 有投资人申报的出资。投资人可以个人财产出资,也可以家庭共有财产作为个人出资。

(4) 有固定的生产经营场所和必要的生产经营条件。

(5) 有必要的从业人员。

【例题 2-1·单项选择题】 下列各项中,不符合个人独资企业法规定的是(　　)。

A. 投资人可以用个人所有的货币、土地使用权和劳务出资

B. 设立个人独资企业不需要最低注册资本

C. 企业的名称可以使用"工厂"等字样,但不能使用"公司"字样

D. 投资者不可以以家庭其他成员的财产出资

【答案】 A

【解析】 根据规定,劳务是合伙企业特有的出资方式,个人独资企业中,不能以劳务作为出资方式。

(二) 特殊规定

个人独资企业的投资人为具有中国国籍的自然人,但法律、行政法规禁止从事营利性活动的人,不得作为投资人申请设立个人独资企业。

法律、行政法规禁止从事营利性活动的人,如国家公务员、党政机关领导干部、警官、法官、检察官、商业银行工作人员等人员不得作为投资人申请设立个人独资企业。

由于个人独资企业是一个投资人以其个人财产对企业债务承担无限责任的经营实体,《中华人民共和国个人独资企业法》规定,个人独资企业财产不足以清偿债务的,投资人应当以其个人的其他财产予以清偿。如果个人独资企业投资人在申请企业设立登记时明确以其家庭共有财产作为个人出资的,应当依法以家庭共有财产对企业债务承担无限责任。

投资人对受托人或者被聘用的人员职权的限制,不得对抗善意第三人。

【例题 2-2·单项选择题】 根据个人独资企业法律制度的规定,下列关于个人独资企业投资人的表述中,正确的是( )。

A. 投资人只能以个人财产出资 B. 投资人可以是自然人、法人或其他组织
C. 投资人对企业债务承担无限责任 D. 投资人不得以土地使用权出资

【答案】 C

【解析】 根据规定,设立个人独资企业时,投资人可以以个人财产出资,也可以以家庭共有财产作为个人出资,因此选项 A 错误;个人独资企业,是指依照《个人独资企业法》在中国境内设立,由一个自然人投资,财产为投资人个人所有,投资人以其个人财产对企业债务承担无限责任的经营实体,因此选项 B 错误;投资人可以土地使用权和其他非货币财产出资,因此选项 D 错误。

二、合伙企业法律制度

(一)普通合伙企业

1. 设立条件

普通合伙企业的设立条件如表 2-1 所示。

表 2-1 普通合伙企业的设立条件

合伙人	人数:2 个以上合伙人 性质：自然人｛具有完全民事行为能力；外国个人可以｝ 　　　法人和其他组织｛国有独资公司、国有企业、上市公司及公益性事业单位、社会团体不得成为普通合伙人；外国企业可以｝
协　议	(1) 合伙协议应当由全体合伙人协商一致,以书面形式订立。 (2) 修改或者补充合伙协议,应当经全体合伙人一致同意;但是,合伙协议另有约定的除外。约定→一致同意。 (3) 合伙人违反协议:协商或调解→仲裁(有约定)→诉讼。 (4) 协议中未规定经营期限
出　资	时间：认缴或实缴出资——可以分期
	方式：普通合伙人可以用货币、实物、知识产权、土地使用权或者其他财产权利出资,也可用劳务出资
	作价：劳务出资(协商确定);其他出资(协商确定或评估)
	限额：无
名　称	标明"普通合伙"字样 未标明"普通合伙"字样,责令改正,处以 2 000~10 000 元的罚款

【例题 2-3·多项选择题】 某普通合伙企业合伙协议的下列约定中,符合合伙企业法律制度规定的有( )。

A. 合伙人甲是执业医生,以劳务出资

B. 合伙人乙是有限责任公司,以现金出资

C. 合伙人丙是上市公司,以机器设备出资

D. 合伙人丁是当地人民医院,以场地出资

【答案】 AB

【解析】 本题考核普通合伙企业的设立。国有独资公司、国有企业、上市公司及公益性的事业单位、社会团体不得成为普通合伙人。

2. 合伙企业财产

合伙企业财产包括合伙人的出资、以合伙企业名义取得的收益和依法取得的其他财产(如接受赠与的财产)。

财产份额转让的分类如表 2-2 所示。

表 2-2 财产份额转让的分类

对外转让	对内转让
(1) 条件:除合伙协议另有约定外,普通合伙人向合伙人以外的人转让其在合伙企业中的全部或者部分财产份额时,须经其他合伙人一致同意。(约定→一致同意) (2) 优先购买权:合伙人向合伙人以外的人转让其在合伙企业中的财产份额的,在同等条件下,其他合伙人有优先购买权;但是合伙协议另有约定的除外。(约定→优先购买权)	普通合伙人之间转让其在合伙企业中的全部或者部分财产份额时,应当通知其他合伙人

财产份额出质如图 2-1 所示。

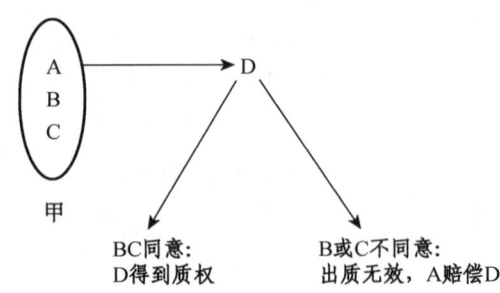

图 2-1 财产份额出质

【例题 2-4·单项选择题】 某普通合伙企业合伙人甲,在未告知其他合伙人的情况

下,以其在合伙企业中的财产份额出质。其他合伙人知悉后表示反对。根据合伙企业法律制度的规定,下列关于该出质行为效力的表述中,正确的是(　　)。

A. 有效　　　　B. 无效　　　　C. 可撤销　　　　D. 效力未定

【答案】B

【解析】本题考核普通合伙人的财产份额出质。根据规定,合伙人以其在合伙企业中的财产份额出质的,须经其他合伙人一致同意;未经其他合伙人一致同意,其行为无效,由此给善意第三人造成损失的,由行为人依法承担赔偿责任。

3. 合伙人的权利与义务

合伙人的权利与义务如表2-3所示。

表2-3　合伙人的权利与义务

权　利	(1) 合伙人对执行合伙事务享有同等(NOT按照出资比例)的权利; (2) 执行合伙事务的合伙人对外代表合伙企业; (3) 不执行合伙事务的合伙人的监督权利; (4) (所有)合伙人查阅合伙企业会计账簿等财务资料的权利; (5) 合伙人有提出异议的权利和撤销委托的权利
义　务	(1) 合伙事务执行人向不参加执行事务的合伙人报告企业经营状况和财务状况; (2) 合伙人不得自营或者同他人合作经营与本合伙企业相竞争的业务;★——法定事项 (3) 除合伙协议另有约定或经全体合伙人一致同意外,合伙人不得同本合伙企业进行交易(约定→一致同意→NO)

法定与约定的对比如表2-4所示。

表2-4　法定与约定的对比

法　定	(1) 普通合伙人以其财产份额出质必须经其他合伙人一致同意; (2) 将普通合伙人除名必须经其他合伙人一致同意; (3) 普通合伙人死亡,继承人为无民事行为能力人或者限制民事行为能力人的,经全体合伙人一致同意,可以依法成为有限合伙人; 【总结】口诀:一起记名字(一致同意:继名质) (4) 合伙企业解散时如指定一个或者数个合伙人,或者委托第三人担任清算人的,应当经全体合伙人过半数同意; (5) 普通合伙人不得从事同本企业相竞争的业务; (6) 普通合伙企业的合伙协议不得约定将全部利润分配给部分合伙人或者由部分合伙人承担全部亏损; (7) 普通合伙人之间转让在合伙企业中的全部或者部分财产份额时,应当"通知"其他合伙人; (8) 有限合伙人可以按照合伙协议的约定向合伙人以外的人转让其在有限合伙企业中的财产份额,但应当提前30日"通知"其他合伙人

(续表)

约 定 (一致同意)	除合伙协议另有约定外,合伙企业的下列事项应当经全体合伙人一致同意: (1) 改变合伙企业的名称; (2) 改变合伙企业的经营范围、主要经营场所的地点; (3) 处分合伙企业的不动产; (4) 转让或者处分合伙企业的知识产权和其他财产权利; (5) 以合伙企业名义为他人提供担保; (6) 聘任合伙人以外的人担任合伙企业的经营管理人员; (7) 修改或者补充合伙协议; (8) 普通合伙人同本合伙企业进行交易; (9) 普通合伙人向合伙人以外的人转让其在合伙企业中的全部或部分财产份额时; (10) 新合伙人入伙; (11) 普通合伙人死亡或被依法宣告死亡,继承人具备完全民事行为能力的,取得普通合伙人资格; (12) 普通合伙人转变为有限合伙人,或者有限合伙人转变为普通合伙人。 【总结】口诀:继承担保交份额,入伙转变改协议,聘人处置不动产,改变范围地点名

【例题 2-5·单项选择题】 根据合伙企业法律制度的规定,除合伙协议另有约定外,下列事项中,需全体合伙人一致同意的是( )。

A. 聘请合伙人以外的人担任企业的财务负责人

B. 出售合伙企业名下的动产

C. 合伙人以其个人财产为他人提供担保

D. 聘请会计师事务所承办合伙企业的审计业务

【答案】 A

【解析】 本题考核合伙事务执行的决议办法。根据规定,除合伙协议另有约定,处分合伙企业的不动产的,须经全体合伙人一致同意,因此选项 B 错误;以合伙企业名义为他人提供担保的,须经全体合伙人一致同意,因此选项 C 错误;聘任合伙人以外的人担任合伙企业的经营管理人员须经全体合伙人一致同意,因此选项 A 应一致同意,选项 D 不需要一致同意。

4. 与第三人关系

合伙企业的债务清偿如图 2-2 所示。

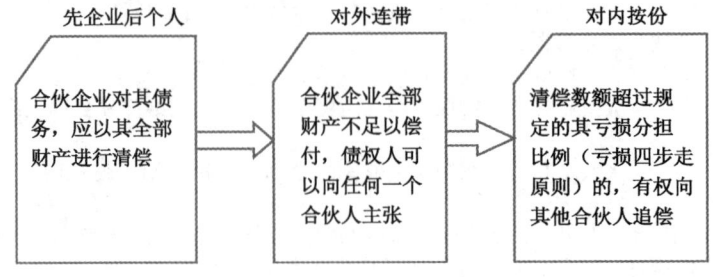

图 2-2 合伙企业的债务清偿

合伙人的债务清偿的两不得和两可以如图2-3所示。

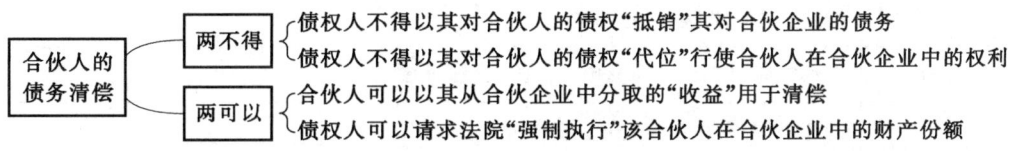

图2-3 合伙人的债务清偿的两不得和两可以

【例题2-6·单项选择题】 某合伙企业欠甲到期借款3万元,该合伙企业合伙人乙亦欠甲到期借款2万元;甲向该合伙企业购买了一批产品,应付货款5万元。下列表述中,符合合伙企业法律制度规定的是(   )。

A. 甲可将其所欠合伙企业5万元货款与该合伙企业所欠其3万元到期借款以及合伙人乙所欠其2万元到期借款相抵销,甲无需再向合伙企业偿付货款

B. 甲只能将其所欠合伙企业5万元货款与该合伙企业所欠其3万元到期借款进行抵销,因此,甲仍应向该合伙企业偿付2万元

C. 甲只能将其所欠合伙企业5万元货款与乙所欠其2万元到期借款进行抵销,因此,甲仍应向该合伙企业偿付3万元

D. 甲所欠合伙企业之债务与该合伙企业及乙所欠其债务之间均不能抵销

【答案】 B

【解析】 本题考核合伙企业与第三人关系。合伙人发生与合伙企业无关的债务,相关债权人不得以其债权抵销其对合伙企业的债务。所以甲不能以其对合伙人乙的2万元债权抵销欠合伙企业的剩余2万元债务。因此选项B正确。

5. 入伙与退伙

(1) 入伙的程序为:新合伙人入伙,除合伙协议另有约定,应当经全体合伙人一致同意。(约定→一致同意)

(2) 入伙的责任承担为:(约定事项)新合伙人对入伙前合伙企业的债务承担无限连带责任。入伙的新合伙人与原合伙人享有同等权利,承担同等责任;入伙协议另有约定的,从其约定。

(3) 退伙的相关内容如表2-5所示。

普通合伙人丧失民事行为能力不一定导致当然退伙。丧失民事行为能力的普通合伙人的退伙情况如图2-4所示。

表 2-5 退伙的相关内容

协 议	约定了合伙期限＋一致同意	
通 知	未约定期限＋无不利影响＋提前 30 日通知	
当然退伙★	① 自然人死亡或者被依法宣告死亡； ② 个人丧失偿债能力； ③ 法人或其他组织依法被吊销营业执照、责令关闭、撤销，或被宣告破产； ④ 必须具有相关资格而丧失该资格； ⑤ 合伙人在合伙企业中的全部财产份额被强制执行 【总结】口诀：人死财空资格无	实际发生之日为生效日
除 名	(法定事项)下列情形之一，经其他合伙人一致同意，可以决议将其除名： ① 未履行出资义务； ② 因故意或者重大过失给合伙企业造成损失； ③ 执行合伙事务时有不正当行为； ④ 发生合伙协议约定的事由	被除名人接到除名通知之日为生效日（异议 30 日诉讼）

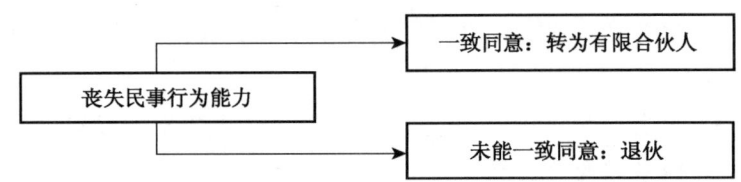

图 2-4 丧失民事行为能力的普通合伙人的退伙情况

效力：退伙人对退伙前发生的合伙企业债务，承担无限连带责任。★

【例题 2-7·多项选择题】 根据合伙企业法律制度的规定，下列各项中，属于普通合伙企业的合伙人当然退伙情形的有(　　)。

A. 作为合伙人的自然人被依法宣告死亡
B. 作为合伙人的自然人被依法认定为无民事行为能力人
C. 作为合伙人的法人依法被宣告破产
D. 合伙人在合伙企业中的全部财产份额被人民法院强制执行

【答案】 ACD

【解析】 本题考核合伙人退伙。合伙人被依法认定为无民事行为能力人或者限制民事行为能力人的，经其他合伙人一致同意，可以依法转为有限合伙人，普通合伙企业依法转为有限合伙企业，因此选项 B 的情况下，不会导致合伙人当然退伙。

6. 特殊普通合伙企业

特殊普通合伙人造成损失的责任承担如表 2-6 所示。

表 2-6　特殊普通合伙人造成损失的责任承担

原　因	该责任人	其他合伙人
故意或者重大过失给合伙企业造成损失	无限连带责任	以财产份额为限承担有限责任
非故意或者重大过失给企业造成损失	无限连带责任	

(二) 有限合伙企业

1. 有限合伙企业设立

有限合伙企业的设立如表 2-7 所示。

表 2-7　有限合伙企业的设立

合伙人	(1) 有限合伙企业由 2 个以上 50 个以下合伙人设立。 注：普通合伙企业为 2 个人以上。 (2) 有限合伙企业至少应当有 1 个普通合伙人和 1 个有限合伙人。 注：有限合伙企业仅剩有限合伙人的,应当解散；有限合伙企业仅剩普通合伙人的,转为普通合伙企业。 (3) 国有独资公司、国有企业、上市公司以及公益性的事业单位、社会团体不得成为普通合伙人,可以成为有限合伙人
出资方式	有限合伙人不得以劳务出资,普通合伙人可以以劳务出资
名　称	有限合伙企业名称中应当标明"有限合伙"字样

2. 有限合伙企业的事务执行

有限合伙企业由"普通合伙人"执行合伙事务,"有限合伙人"不执行合伙事务,不得对外代表有限合伙企业。

普通合伙人与有限合伙人的区别如表 2-8 所示。

表 2-8　普通合伙人与有限合伙人的区别

项　目		普通合伙人	有限合伙人
合伙人	人数	普通合伙企业：2 个人以上	有限合伙企业：2~50 个人
	完全民事行为能力	√	√/×
	国独公司、国有企业、上市公司、公益事业单位、社会团体	×	√

(续表)

项　目		普通合伙人	有限合伙人
出　资	劳务	√	×
事务执行	事务执行人	执行合伙事务	不执行合伙事务
	关联交易	约定→一致同意→×	约定→√
	竞业	×	约定→√
损益分配		不得约定将全部利润分配给部分合伙人。	不得将全部利润分配给部分合伙人，协议另有约定除外
财产权利	对外转让出资	约定→一致同意	提前30日通知其他合伙人
	出质	一致同意，否则无效	约定→√
入　伙		对入伙前的债务承担无限连带责任	对入伙前的债务以认缴的出资额为限承担责任
退　伙	责任	对退伙前发生的债务承担无限连带责任	对退伙前发生的债务，以其退伙时取回的财产承担责任
	丧失偿债能力	当然退伙	无须退伙
	丧失行为能力	经其他合伙人一致同意，可转为有限合伙人，普通合伙企业转为有限合伙企业。未能一致同意只能退伙	无须退伙
	继承	①继承人完全：约定→一致同意，取得普通合伙人资格。②继承人为无或限制：一致同意，成为有限合伙人	依法取得
性质转变		普→有：前无限，后有限	有→普：前后都无限

【例题 2-8·多项选择题】 甲、乙分别为某有限合伙企业的普通合伙人和有限合伙人。后甲变更为有限合伙人，乙变更为普通合伙人。下列关于甲、乙对其合伙人性质互换前的企业债务承担的表述中，符合合伙企业法律制度规定的有（　　）。

　　A. 甲对其作为普通合伙人期间的企业债务承担有限责任
　　B. 甲对其作为普通合伙人期间的企业债务承担无限连带责任
　　C. 乙对其作为有限合伙人期间的企业债务承担无限连带责任

D. 乙对其作为有限合伙人期间的企业债务承担有限责任

【答案】 BC

【解析】 本题考核合伙人身份转变。有限合伙人转变为普通合伙人的,对其作为有限合伙人期间有限合伙企业发生的债务承担无限连带责任。普通合伙人转变为有限合伙人的,对其作为普通合伙人期间合伙企业发生的债务承担无限连带责任。

【例题 2-9·单项选择题】 某有限合伙企业合伙协议的下列约定中,符合合伙企业法律制度规定的是( )。

A. 普通合伙人以现金出资,有限合伙人以劳务出资

B. 合伙企业成立后前三年的利润全部分配给普通合伙人

C. 有限合伙人甲对外代表本合伙企业,执行合伙事务

D. 合伙企业由普通合伙人1人、有限合伙人99人组成

【答案】 B

【解析】 本题考核有限合伙企业。选项A:有限合伙人不得以劳务出资;选项B:有限合伙企业不得将全部利润分配给部分合伙人,但是合伙协议另有约定的除外;选项C:有限合伙企业由普通合伙人执行合伙事务,有限合伙人不执行合伙企业事务,不得对外代表有限合伙企业;选项D:有限合伙企业由2个以上50个以下合伙人设立。

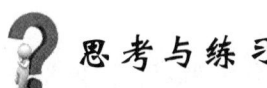

思考与练习

一、单项选择题

1. 甲个人独资企业(以下简称"A企业")准备在青岛设立分支机构,下列说法中,不正确的是( )。

A. 甲企业对分支机构的经营承担无限责任

B. 甲企业应当向分支机构所在地的登记机关申请登记,领取营业执照

C. 甲企业的投资人最终对分支机构承担无限责任

D. 甲企业应当向甲企业的登记机关申请登记,领取营业执照

2. "李老汉私房菜"是李甲投资开设的个人独资企业。关于该企业遇到的法律问题,下列选项中,正确的是( )。

A. 如李甲在申请企业设立登记时,明确表示以其家庭共有财产作为出资,则该企业是以家庭成员为全体合伙人的普通合伙企业

B. 如李甲一直让其子李乙负责企业的事务管理,则应认定为以家庭共有财产作为企

业的出资

　　C. 如李甲决定解散企业,则在解散后5年内,李甲对企业存续期间的债务,仍应承担偿还责任

　　D. 如李甲死后该企业由其子李乙与其女李丙共同继承,则该企业必须分立为两家个人独资企业

3. 关于合伙企业与个人独资企业的表述,下列选项中,正确的是(　　)。

　　A. 两者的投资人都只能是自然人

　　B. 两者的投资人都一律承担无限责任

　　C. 个人独资企业可申请变更登记为普通合伙企业

　　D. 合伙企业不能申请变更登记为个人独资企业

4. 王东、李南、张西约定共同开办一家餐馆,王东出资20万元并负责日常经营,李南出资10万元,张西提供家传菜肴配方,但李南和张西均只参与盈余分配而不参与经营劳动。开业2年后,餐馆亏损严重,李南撤回了出资,并要求王东和张西出具了"餐馆经营亏损与李南无关"的字据。下列选项中,正确的是(　　)。

　　A. 王东、李南为合伙人,张西不是合伙人

　　B. 王东、张西为合伙人,李南不是合伙人

　　C. 王东、李南、张西均为合伙人

　　D. 王东和张西所出具的字据无效

5. 逐道茶业是一家生产销售野生茶叶的普通合伙企业,合伙人分别为赵、钱、孙。合伙协议约定如下:第一,赵、钱共同担任合伙事务执行人;第二,赵、钱共同以合伙企业名义对外签约时,单笔标的额不得超过30万元。下列选项中,正确的是(　　)。

　　A. 赵单独以合伙企业名义,与甲茶农达成协议,以12万元的价格收购其茶园的茶叶,该协议为有效约定

　　B. 孙单独以合伙企业名义,与乙茶农达成协议,以10万元的价格收购其茶园的茶叶,该协议为无效约定

　　C. 赵、钱共同以合伙企业名义,与丙茶叶公司签订价值28万元的明前茶销售合同,该合同为有效约定

　　D. 赵、钱共同以合伙企业名义,与丁茶叶公司签订价值35万元的明前茶销售合同,该合同为无效约定

6. 甲将其在某合伙企业中的财产份额转让与乙,双方签订转让协议。后甲的债权人丙请求对该财产份额强制执行。下列判断中,正确的是(　　)。

　　A. 如果转让协议已经取得其他合伙人的一致同意,则丙无权请求强制执行

B. 如果转让协议尚未取得其他合伙人的一致同意,丙只有在其他合伙人表示不同意的情况下,才有权请求强制执行

C. 无论转让协议是否取得其他合伙人的一致同意,丙都无权请求强制执行

D. 无论转让协议是否取得其他合伙人的一致同意,丙都有权请求强制执行

7. 2×19年5月,贾某以一套房屋作为投资,与几位朋友设立一家普通合伙企业,从事软件开发。2×23年6月,贾某举家移民海外,故打算自合伙企业中退出。对此,下列选项中,(　　)是正确的。

A. 在合伙协议未约定合伙期限时,贾某向其他合伙人发出退伙通知后,即发生退伙效力

B. 因贾某的退伙,合伙企业须进行清算

C. 退伙后贾某可向合伙企业要求返还该房屋

D. 贾某对退伙前合伙企业的债务仍须承担无限连带责任

8. 国有企业甲、合伙企业乙、自然人丙协商,拟共同投资设立一合伙企业从事贸易业务。根据我国《合伙企业法》的规定,下列选项中,正确的是(　　)。

A. 拟设立的合伙企业可以是普通合伙企业,亦可以是有限合伙企业

B. 乙不能以劳务作为出资方式

C. 三方可以约定丙按固定数额分配红利而不承担亏损

D. 三方可以约定不经全体合伙人一致同意而吸收新的合伙人

9. 根据我国《合伙企业法》的规定,关于合伙人,下列选项中,(　　)是正确的。

A. 有限责任公司不能成为普通合伙人

B. 个人丧失偿债能力的,不能成为普通合伙人

C. 无民事行为能力人或者限制民事行为能力人,可以成为有限合伙人

D. 夫妻不能在同一个合伙企业中同时作为普通合伙人

10. 陈某是一有限合伙企业的有限合伙人。下列选项中,错误的是(　　)。

A. 若陈某被法院判决认定为无民事行为能力人,其他合伙人可以因此要求其退伙

B. 若陈某死亡,其继承人可以取得陈某在有限合伙企业中的资格

C. 若陈某转为普通合伙人,其必须对其作为有限合伙人期间企业发生的债务承担无限连带责任

D. 如果合伙协议没有限制,陈某可以不经过其他合伙人同意而将其在合伙企业中的财产份额出质

11. 2×22年3月,周、吴、郑、王以普通合伙企业形式开办一家湘菜馆。2×23年7月,吴某因车祸死亡,其妻欧某为唯一继承人。在下列情形中,不影响欧某通过继承的方

式取得该合伙企业的普通合伙人资格的是(　　)。

　　A. 吴某之父对欧某取得合伙人资格表示异议

　　B. 合伙协议规定合伙人须具有国家一级厨师资格证,欧某不具有

　　C. 郑某不愿意接纳欧某为合伙人

　　D. 欧某因夫亡突遭打击,精神失常,经法院宣告为无民事行为能力人

　12. 甲、乙、丙、丁四人合伙设立一粮油加工企业,甲出资1万元,乙负责购买机器,丙提供自家闲置的西房作为厂房,丁因为懂加工技术,由其负责日常的经营和维修工作。在企业创建的第一年,企业效益很好,共盈利4万元,甲、乙、丙、丁四人各分得1万元。然而市场变化莫测,粮油加工产品滞销,该合伙企业发生了一系列事情。请根据有关法律,若丙退伙时该企业亏损4万元,丙分担了1万元,而甲、乙、丁三人仍无力偿还剩余3万元债务,则下列说法中,正确的是(　　)。

　　A. 丙已经退伙,因此对剩余3万元债务不再承担清偿责任

　　B. 丙虽已退伙,仍对3万元债务负连带责任

　　C. 丙虽已退伙,仍需对3万元债务按实际盈余比例承担责任

　　D. 丙虽已退伙,仍需以其在合伙企业所获利润偿付合伙企业债务

　13. 甲、乙、丙三个自然人订立一份普通合伙协议。该协议的下列内容中,不符合《合伙企业法》规定的是(　　)。

　　A. 甲的出资为现金12万元和劳务作价5 000元

　　B. 乙的出资为现金8 000元,于合伙企业成立后半年内缴付

　　C. 丙的出资为作价9万元的汽车一辆,不办理过户,丙保留对该车的处分权

　　D. 合伙企业的经营期限,于合伙企业成立满半年时再协商确定

　14. 某普通合伙企业为内部管理与拓展市场的需要,决定聘请陈东为企业经营管理人。对此,下列表述中,正确的是(　　)。

　　A. 陈东可以同时具有合伙人身份

　　B. 对陈东的聘任须经全体合伙人的一致同意

　　C. 陈东作为经营管理人,有权以合伙企业的名义对外签订合同

　　D. 合伙企业对陈东对外代表合伙企业权利的限制,不得对抗第三人

　15. 李军退休后于2×23年3月,以20万元加入某有限合伙企业,成为有限合伙人。后该企业的另一名有限合伙人退出,李军便成为唯一的有限合伙人。2×23年6月,李军不幸发生车祸,虽经抢救保住性命,但已成为植物人。下列表述中,正确的是(　　)。

　　A. 就李军入伙前该合伙企业的债务,李军仅需以20万元为限承担责任

　　B. 如李军因负债累累而丧失偿债能力,该合伙企业有权要求其退伙

C. 因李军已成为植物人,故该合伙企业有权要求其退伙

D. 因唯一的有限合伙人已成为植物人,故该有限合伙企业应转为普通合伙企业

二、多项选择题

1. 根据个人独资企业法律制度的规定,下列各项中,可以用作个人独资企业名称的有（　　）。

   A. 云滇针织品有限公司　　　　　　B. 昆海化妆品经销公司

   C. 樱园服装设计中心　　　　　　　D. 霞光婚纱摄影工作室

2. 雀凤投资是有限合伙企业,从事私募股权投资活动。2×23年3月,三江有限公司决定入伙雀凤投资,成为其有限合伙人。下列选项中,错误的有（　　）。

   A. 如合伙协议无特别约定,则须经全体普通合伙人一致同意,三江公司才可成为新的有限合伙人

   B. 对入伙前雀凤投资的对外负债,三江公司仅以实缴出资额为限承担责任

   C. 三江公司入伙后,有权查阅雀凤投资的财务会计账簿

   D. 如合伙协议无特别约定,则三江公司入伙后,原则上不得自营与雀凤投资相竞争的业务

3. 通源商务中心为一家普通合伙企业,合伙人为赵某、钱某、孙某、李某、周某。就合伙事务的执行,合伙协议约定由赵某、钱某二人负责。下列表述中,正确的有（　　）。

   A. 孙某仍有权以合伙企业的名义对外签订合同

   B. 对赵某、钱某的业务执行行为,李某享有监督权

   C. 对赵某、钱某的业务执行行为,周某享有异议权

   D. 赵某以合伙企业名义对外签订合同时,钱某享有异议权

4. 甲、乙、丙、丁设立一普通合伙企业,乙是合伙事务的执行人。企业存续期间,甲转让部分合伙份额给丁用于偿债并告知了乙、丙。后甲经乙同意又将部分份额送给其情人杨某。甲妻知情后与甲发生冲突,失手杀死甲而被判刑。甲死后,其妻和16岁的儿子要求继承甲在合伙企业中的份额,各合伙人同意甲妻和甲子的请求。下列表述中,正确的有（　　）。

   A. 丁受让甲的合伙份额为有效　　　　B. 杨某能够取得甲赠与的合伙份额

   C. 甲妻可以取得合伙人资格　　　　　D. 甲子可以取得合伙人资格

5. 汪、钱、潘、刘共同投资设立了一个有限合伙企业,其中汪、钱为普通合伙人,潘、刘为有限合伙人。后因该合伙企业长期拖欠供货商货款,企业资产不足以清偿到期债务。依照我国相关法律的规定,下列选项中,正确的有（　　）。

A. 债权人可以根据企业破产法申请该合伙企业破产

B. 债权人可以要求任一合伙人清偿全部债务

C. 债权人只能要求汪、钱清偿全部债务

D. 如果该合伙企业被宣告破产,则汪、钱仍需承担无限连带责任

6. 根据《合伙企业法》的规定,关于入伙与退伙,下列选项中,正确的有( )。

A. 若入伙协议约定新合伙人对入伙前合伙企业的债务不承担责任,该约定无效

B. 若合伙人在合伙企业中的全部财产份额被法院强制执行,其对此后合伙企业发生的债务不承担责任

C. 若合伙人死亡或者被依法宣告死亡,其继承人自动取得合伙人资格

D. 有限合伙中的有限合伙人有权参与决定普通合伙人入伙、退伙等事宜

7. 甲、乙、丙、丁欲设立一有限合伙企业,合伙协议中约定了如下内容,其中不符合法律规定的有( )。

A. 甲仅以出资额为限对企业债务承担责任,同时被推举为合伙事务执行人

B. 丙以其劳务出资,为普通合伙人,其出资份额经各合伙人商定为5万元

C. 合伙企业的利润由甲、乙、丁三人分配,丙仅按营业额提取一定比例的劳务报酬

D. 经全体合伙人同意,有限合伙人可以全部转为普通合伙人,普通合伙人也可以全部转为有限合伙人

8. 张某向陈某借款50万元作为出资,与李某、王某成立一家普通合伙企业。2年后借款到期,张某无力还款。对此,下列说法中,不正确的有( )。

A. 经李某和王某同意,张某可将自己的财产份额作价转让给陈某,以抵销部分债务

B. 张某可不经李某和王某同意,将其在合伙中的份额进行出质,用获得的贷款偿还债务

C. 陈某可直接要求法院强制执行张某在合伙企业中的财产以实现自己的债权

D. 陈某可要求李某和王某对张某的债务承担连带责任

9. 甲、乙、丙于2×20年成立一家普通合伙企业,三人均享有合伙事务执行权。2×23年3月1日,甲被法院宣告为无民事行为能力人。3月5日,丁因不知情找到甲商谈一笔生意,甲以合伙人身份与丁签订合同。下列选项中,错误的是( )。

A. 因丁不知情,故该合同有效,对合伙企业具有约束力

B. 乙与丙可以甲丧失行为能力为由,一致决议将其除名

C. 乙与丙可以甲丧失行为能力为由,一致决议将其转为有限合伙人

D. 如甲因丧失行为能力而退伙,其退伙时间为其无行为能力判决的生效时间

10. 甲与乙、丙成立一合伙企业,并被推举为合伙事务执行人,乙、丙授权甲在3万元

以内的开支及 30 万元内的业务可以自行决定。甲在任职期间内实施的下列行为中,法律禁止或无效的行为包括(　　)。

A. 自行决定一次支付广告费 5 万元

B. 未经乙、丙同意,与某公司签订 50 万元的合同

C. 未经乙、丙同意,将自有房屋以 1 万元租给合伙企业

D. 与其妻一道经营与合伙企业相同的业务

11. 2×23 年 6 月,刘璋向顾谐借款 50 万元用来炒股,借期 1 个月,结果恰遇股市动荡,刘璋到期不能还款。经查明,刘璋为某普通合伙企业的合伙人,持有 44% 的合伙份额。下列说法中,正确的有(　　)。

A. 顾谐可主张以刘璋自该合伙企业中所分取的收益来清偿债务

B. 顾谐可主张对刘璋合伙份额进行强制执行

C. 对刘璋的合伙份额进行强制执行时,其他合伙人不享有优先购买权

D. 顾谐可直接向合伙企业要求对刘璋进行退伙处理,并以退伙结算所得来清偿债务

12. 君平昌成律师事务所是一家采取特殊普通合伙形式设立的律师事务所,曾君、郭昌是其中的两名合伙人。在一次由曾君主办、郭昌辅办的诉讼代理业务中,因两人的重大过失而泄露客户商业秘密,导致该所对客户应承担巨额赔偿责任。关于该客户的求偿,下列说法中,正确的有(　　)。

A. 向该所主张全部赔偿责任　　B. 向曾君主张无限连带赔偿责任

C. 向郭昌主张补充赔偿责任　　D. 向该所其他合伙人主张连带赔偿责任

三、不定项选择题

王某、张某、田某、朱某共同出资 180 万元,于 2×21 年 8 月成立绿园商贸中心(普通合伙)。其中王某、张某各出资 40 万元,田某、朱某各出资 50 万元;就合伙事务的执行,合伙协议未特别约定。

1. 2×22 年 9 月,鉴于王某、张某业务能力不足,经合伙人会议决定,王某不再享有对外签约权,而张某的对外签约权仅限于每笔交易额 3 万元以下。关于该合伙人决议,下列选项中,正确的是(　　)。

A. 因违反合伙人平等原则,剥夺王某对外签约权的决议应为无效

B. 王某可以此为由向其他合伙人主张赔偿其损失

C. 张某此后对外签约的标的额超过 3 万元时,须事先征得王某、田某、朱某的同意

D. 对张某的签约权限制,不得对抗善意相对人

2. 2×23 年 1 月,田某以合伙企业的名义,自京顺公司订购价值 80 万元的节日礼品,

准备在春节前转销给某单位。但对这一礼品订购合同的签订,朱某提出异议。下列选项中,正确的是( )。

A. 因对合伙企业来说,该合同标的额较大,故田某在签约前应取得朱某的同意

B. 朱某的异议不影响该合同的效力

C. 就田某的签约行为所产生的债务,王某无须承担无限连带责任

D. 就田某的签约行为所产生的债务,朱某须承担无限连带责任

3. 2×23年4月,朱某因抄底买房,向刘某借款50万元,约定借期四个月。四个月后,因房地产市场不景气,朱某亏损不能还债。关于刘某对朱某实现债权,下列选项中,正确的是( )。

A. 可代位行使朱某在合伙企业中的权利

B. 可就朱某在合伙企业中分得的收益主张清偿

C. 可申请对朱某的合伙财产份额进行强制执行

D. 就朱某的合伙份额享有优先受偿权

四、案例题

1. 甲、乙、丙拟设A有限合伙企业(以下简称"A企业"),合伙协议约定:甲为普通合伙人,以实物作价出资3万元;乙、丙为有限合伙人,各以5万元现金出资,丙自企业成立之日起2年内缴纳出资;甲执行A企业事务,并由A企业每月支付报酬3 000元;A企业定期接受审计,由甲和乙共同选定承办审计业务的会计师事务所;A企业的盈利在丙未缴纳5万元出资前全部分配给甲和乙。

要求:根据上述情况和《合伙企业法》的有关规定,回答下列问题:

(1) 合伙协议可否约定每月支付甲3 000元报酬?请简要说明理由。

(2) 合伙协议有关乙参与承办审计的会计师事务所的约定可否被视为乙在执行合伙企业事务?请简要说明理由。

(3) 合伙协议可否约定A企业的利润全部分配给甲和乙?请简要说明理由。

2. 甲、乙、丙是多年好友,2×23年3月,三人协商共同出资举办一家合伙企业,从事建筑材料买卖。三人口头约定了有关合伙的事项,并约定由甲负责进货,乙负责销售,丙负责保管及账目。经营期间,甲因健康原因在家休养了3个月。这期间,由丙从某瓷砖厂进了一批货,形成3万余元的欠款。甲病愈后回来上班,要求查看一下这3个月的账目,乙和丙认为甲不出力反而不信任他们,于是便拒绝了甲的要求,并告知生意不景气,亏损了5 000多元,甲很不高兴。一天,甲在进货途中因违章驾驶发生交通事故,致行人刘某受重伤,花去医疗费56 000余元。丙见此情况声明退伙,并私自开走自己出资的汽车,又

拉走货物一宗。甲又病倒在床上不能理事。看到合伙已难以维持下去,乙便将合伙的剩余存货以低价全部买下,自己继续经营。瓷砖厂找到乙要求偿还欠款,被乙拒绝,理由是瓷砖由丙购进的,而他们三个合伙人约定丙是不负责进货的,故让瓷砖厂找丙索要欠款。刘某伤愈出院后要求支付医疗费和赔偿金,乙说刘某是被甲撞伤的,与他无关,让刘某找甲索赔。请思考:在这个案例中,有哪些做法或说法是错误的?

(提示:从合伙人的权利与义务、合伙人的无限连带责任等方面去考虑。)

3. 甲、乙、丙、丁四位合伙人签订书面协议,共同出资设立合伙企业,合伙协议未约定利润分配比例,共同推举甲为合伙企业的事务执行人,对外代表合伙企业;丁为合伙企业的会计。同时协议还规定,甲代表合伙企业对外签订的合同总标的超过100万元的,均先由全体合伙人一致同意方可实行。

企业经营一段时间后,丙将持有合伙企业财产份额的一部分转让给乙,并通知其他合伙人,将另一部分转让给A,并经其他合伙人一致同意。

甲代表合伙企业与B公司签订一价值为200万元的供货合同。由B公司预付30万元的定金,合伙企业收到定金后一个月内发出全部货物。实际合同履行时,B公司按期支付30万元的定金,但合伙企业一直未能供货,合同手续齐全,过程合法。

B公司经过了解,发现合伙企业会计记录掩盖了严重亏损、无力履行合同的事实,从而引起纠纷,并出现以下分歧性意见:

(1) 合伙人乙认为甲与B公司签订合同违反了合伙企业内部的规定,该合同无效,故合伙企业不承担违约责任。

(2) 合伙人甲认为本企业不具备独立法人资格,会计记录真实与否无关紧要。

(3) A认为该项合同是在自己入伙之前签订的,一切损失与自己无关。

(4) 丁认为丙在向乙转让合伙企业的财产份额时,未经其他合伙人同意,合伙企业的所有损失应由丙一人承担。

(5) B公司认为因为合伙企业违约给自己造成损失45万元,合伙企业除应向B公司双倍返还定金外,还应支付赔偿金45万元。

根据现行法律的规定评点以上观点的正误,并说明理由。

4. 2×23年,周某、马某和秦某共同投资设立甲普通合伙企业,在合伙协议中约定:周某出资5万元货币,马某以作价8万元的实物出资,秦某以劳务出资。周某和马某共同执行合伙企业事务,并对合伙企业债务承担无限连带责任;秦某不执行合伙企业事务,以其认缴的出资额为限对合伙企业债务承担责任。合伙企业经营期限为1年。合伙协议对其他事项未作约定。甲合伙企业存续期间发生以下事实:

(1) 2月,因企业资金不足,故引进刘某作为有限合伙人。

(2) 3月，周某欲转让其在合伙企业中的份额给赵某，周某、马某和秦某同意，刘某不同意。

(3) 4月，马某死亡，其儿子是唯一继承人，但不愿意成为合伙人。

(4) 8月，周某、秦某和刘某一致同意解散合伙企业。

要求：根据上述事实和合伙企业法律制度的规定，回答下列问题。

(1) 秦某以劳务出资是否符合法律规定？并说明理由。

(2) 合伙协议的约定哪里不符合法律规定？并说明理由。

(3) 周某能否将合伙企业份额转让给赵某？并说明理由。

(4) 马某儿子不愿意成为合伙人，马某的财产份额应该怎么处理？

(5) 周某、秦某和刘某能否决定解散合伙企业？

第三章 公司法

重点、难点讲解及典型例题

一、公司的概述

（一）公司的特征

公司是指股东依法以投资方式设立，以营利为目的，以其认缴的出资额或认购的股份为限对公司承担责任，公司以其全部独立法人财产对公司债务承担责任的企业法人。

企业的类型如图 3-1 所示。

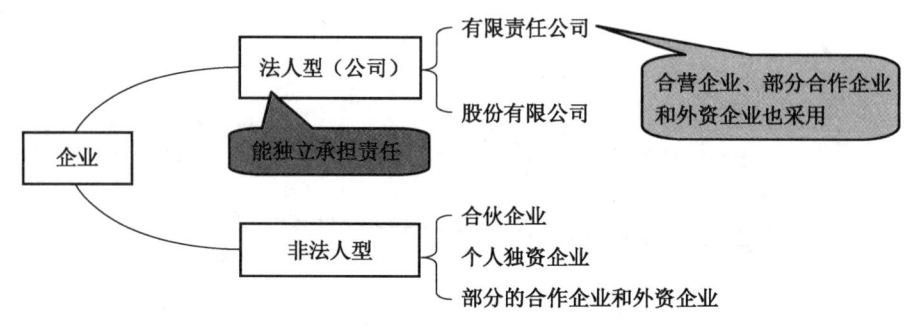

图 3-1 企业的类型

（二）公司的行为能力

1. 投资能力的限制

公司投资能力的限制如表 3-1 所示。

表 3-1 公司投资能力的限制

决议	向其他企业投资,董事会或股东会(股东大会)决议
数额	公司章程对投资总额及单项数额有限额,不得超过限额——约定事项
对象	公司可以向其他企业投资,除法律另有规定外,不得成为对所投资企业的债务承担连带责任的出资人

2. 担保能力的限制

担保能力的限制如图 3-2 所示。

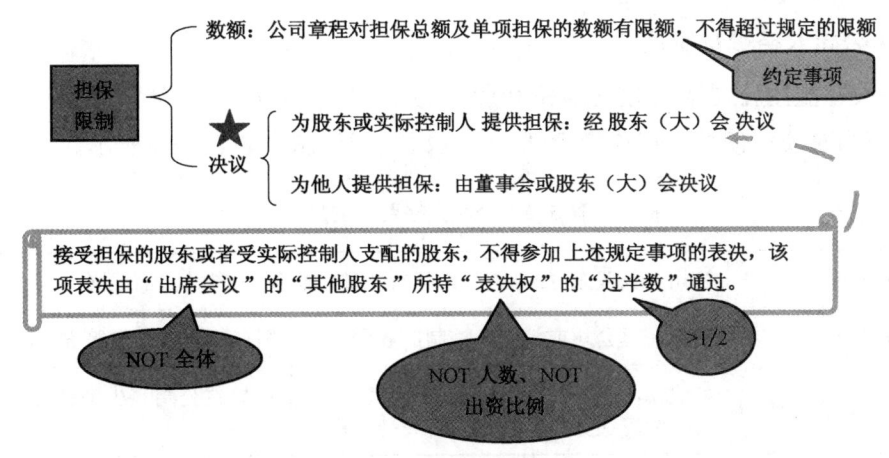

图 3-2 担保能力限制

3. 借款的行为能力限制

公司借款行为能力限制如表 3-2 所示。

表 3-2 公司借款行为能力限制

决议	除非公司章程有特别规定或股东会的同意,董事、经理不得将公司资金借给他人
对象	不得直接或者通过子公司向董事、监事、高级管理人员提供借款。 【补充】 高级管理人员包括经理、副经理、财务负责人,上市公司还包括董事会秘书

【例题 3-1·多项选择题】 根据《中华人民共和国公司法》(以下简称《公司法》),关于公司提供担保的说法,正确的有( )。

A. 公司可以对外提供担保,但不可以为本公司股东或者实际控制人提供担保

B. 董事会、股东会或者股东大会均有权决定公司对外提供担保事宜

C. 公司章程可以对公司提供担保的数额作出限制性规定

D. 公司股东会或者股东大会可以决定为本公司股东提供担保,但是具体事项表决时需由公司半数以上股东同意才能通过

【答案】 BC

【解析】 本题考核公司对外提供担保的规定。公司向其他企业投资或者为他人提供担保,依照公司章程的规定,由董事会或者股东会、股东大会决议;公司章程对投资或者担保的总额及单项投资或者担保的数额有限额规定的,不得超过规定的限额。公司为公司股东或者实际控制人提供担保的,必须经股东会或者股东大会决议。受公司担保的股东或者受实际控制人支配的股东,不得参加对该担保事项的表决。该项表决由出席会议的其他股东所持表决权的过半数通过。

(三) 公司人格否认制度

公司股东滥用公司法人独立地位和股东有限责任,逃避债务,严重损害公司债权人利益的,应当对公司债务承担连带责任。公司人格否认制度如表3-3所示。

表3-3 公司人格否认制度

纵向人格混同	公司与其股东(如母子公司间)在财产、业务、人员等方面混同
横向人格混同	受同一母公司或控制人控制的数个公司在财产、业务、人员等方面混同
清偿能力不正常降低	如股东不履行出资义务、抽逃出资、转移资产导致公司丧失清偿能力,或拒不履行清算义务致使债权人丧失受偿机会

二、有限责任公司

(一) 设立条件

(1) 人数:1~50人。

(2) 注册资本:无最低限,可分期。

(3) 公司章程如下:① 有限责任公司:由股东共同制定公司章程;② 国有独资公司:由国有资产监督管理机构制定,或者由董事会制订报国有资产监督管理机构批准。

【例题3-2·单项选择题】 根据公司法律制度的规定,下列有关有限责任公司股东出资方式的表述中,正确的是(   )。

A. 经全体股东同意,股东可以用劳务出资
B. 全体股东的无形资产出资额不得超过注册资本的20%
C. 全体股东的货币出资金额不得低于注册资本的30%
D. 股东可以用其持有的符合法定条件的其他有限责任公司的股权出资

【答案】 D

【解析】 本题考核有限责任公司设立的财产条件。根据规定,股东可以用货币出资,也可以用实物、知识产权、土地使用权等可以用货币估价并可以依法转让的非货币财产作价出资;但是,法律、行政法规规定不得作为出资的财产除外。劳务出资是普通合伙人的特有出资方式,公司股东不得用劳务作为出资,选项A错误;另外,全体股东的货币出资金额不得低于有限责任公司注册资本的30%,这一政策在新公司法中已取消。因此,选项BC错误。

(二) 组织机构

1. 股东会会议制度

(1) 股东会的定期会议由公司章程规定。

(2)股东会的临时会议制度为：① 代表1/10以上表决权的股东；② 1/3以上的董事；③ 监事会或不设监事会的公司的监事。股东会临时会议如表3-4所示。

表3-4 股东会临时会议

召集	首次	由"出资最多"的股东召集和主持
	以后	董事长→副董事长→半数以上董事推举一名董事→监事会或者不设监事会的监事→代表1/10以上表决权的股东
通知		会议召开15日以前通知全体股东,但公司章程另有规定或者全体股东另有约定的除外——先约定后法定
一般决议		由公司章程规定
特别决议		必须经"代表"(全体)"2/3以上表决权"的股东通过：① 修改公司章程；② 增加或者减少注册资本的决议；③ 公司合并、分立、解散；④ 变更公司形式

【例题3-3·单项选择题】 某有限责任公司股东甲、乙、丙、丁分别持有公司5%、20%、35%和40%的股权,该公司章程未对股东行使表决权及股东会决议方式作出规定。下列关于该公司股东会会议召开及决议作出的表述中,符合《公司法》规定的是(　　)。

A. 甲可以提议召开股东会临时会议
B. 只有丁可以提议召开股东会临时会议
C. 只要丙和丁表示同意,股东会即可作出增加公司注册资本的决议
D. 只要乙和丁表示同意,股东会即可作出变更公司形式的决议

【答案】 C

【解析】 本题考核股东会会议制度。根据《公司法》的规定,代表1/10以上表决权的股东,1/3以上的董事,监事会或者不设监事会的公司的监事提议召开临时会议的,应当召开临时会议。有限责任公司股东会议作出修改公司章程、增加或者减少注册资本的决议,以及公司合并、分立、解散或者变更公司形式的决议,必须经代表2/3以上表决权的股东通过。

2. 董事会会议制度

董事会会议制度如表3-5所示。

表3-5 董事会会议制度

人数	3～13人 【注意】股份有限公司的董事5～19人
职工代表	(1) 两个以上的国有企业或其他两个以上的国有投资主体投资设立的有限公司：应当有； (2) 其他：可以有 【注意】股份有限公司的董事中可以有职工代表

(续表)

董事长	(1)"可以"设副董事长； (2)董事长、副董事长的产生办法由公司章程规定。 【注意】股份有限公司的董事长、副董事长由全体董事过半数选举产生
任期	不得超3年,连选可连任
召开条件	无 【注意】股份有限公司的召开条件是过半数的董事出席方可举行
召集	董事长→副董事长→半数以上董事推举一名董事
表决方式	按章程规定,一人一票。——与出资比例无关

【例题3-4·多项选择题】 下列关于有限责任公司董事会的表述中,不符合《公司法》规定的有(　　)。

A. 董事会成员中应当有公司职工代表

B. 董事任期由公司章程规定,但每届任期不得超过3年

C. 董事长和副董事长依法由公司董事会选举产生

D. 董事长和副董事长不召集和主持董事会的,必须由全体董事共同推举一名董事召集和主持

【答案】 ACD

【解析】 本题考核有限责任公司董事会。根据我国《公司法》规定,两个以上的国有企业或者其他两个以上的国有投资主体投资设立的有限责任公司,其董事会成员中应当有公司职工代表,其他有限责任公司董事会成员中也可以有,不是应当有。董事长、副董事长的产生办法由公司章程规定而不是由公司董事会选举产生。董事长和副董事长不召集和主持董事会的,由半数以上董事共同推举一名董事召集和主持,而不是必须由全体董事共同推举。

3. 监事会会议制度

有限责任公司和股份有限公司监事会会议制度的对比如表3-6所示。

表3-6 有限责任公司和股份有限公司监事会会议制度的对比

项　目	有限责任公司	股份有限公司
会议次数	每年至少召开1次	每6个月至少召开1次
提议召开的会议	提议召开临时股东会	提议召开临时董事会、临时股东大会
必要性	规模小可以不设立	必须设立

(三) 一人有限责任公司

1. 出资

(1) 取消了注册资本最低限。

(2) 允许分期出资。

2. 股东

(1) 一人有限责任公司股东的性质为一个自然人或一个法人。

【注意】公司登记中需注明法人独资或自然人独资,并在营业执照中载明。

(2) 股东开设一人有限责任公司的限制为:一个自然人只能投资设立一个一人有限责任公司,该一人有限责任公司不能投资设立新的一人有限责任公司。

【注意】该规定只适用于自然人,不适用于法人。

3. 组织机构

不设股东会。股东会职权由股东行使,作出的决定应当采用书面形式,并由股东签字后置备于公司。

4. 强制审计

一人有限责任公司应当在每一会计年度终了时编制财务会计报告,并经会计师事务所审计。

【注意】(1) 股份有限公司在公开发行证券时披露的财务会计报告必须经过审计,年度财务会计报告也必须经过审计。

(2) 公开发行公司债券的发行人应当按照规定在债券存续期内披露中期报告和经具有从事证券服务业务资格的会计师事务所审计的年度报告。

(3) 非上市公众公司的年度财务会计报告应当经会计师事务所审计。

5. 法人人格否定

一人有限责任公司的股东不能证明公司财产独立于股东自己财产的,应当对公司债务承担连带责任。——举证责任在股东

【例题3-5·单项选择题】 根据公司法律制度的规定,下列关于一人有限责任公司的表述中,正确的是(   )。

A. 一人有限责任公司应设股东会

B. 一人有限责任公司应在每一会计年度终了时编制财务会计报告,但不必经会计师事务所审计

C. 一人有限责任公司的股东可以是自然人,也可以是法人

D. 公司债权人要求股东对公司债务承担连带责任的,有义务证明该公司的财产不独立于股东自己的财产

【答案】 C

【解析】 本题考核一人公司的规定。一人有限责任公司不应设股东会,选项 A 的表述错误;一人有限责任公司应当在每一会计年度终了时编制财务会计报告,并经会计师事务所审计,选项 B 的表述错误;一人有限责任公司的股东不能证明公司财产独立于股东自己财产的,应当对公司债务承担连带责任,选项 D 中所说的举证责任的表述错误。

(四) 国有独资公司

国有独资公司不设股东会,由国有资产监督管理机构行使股东会职权。国有独资公司人员安排如图 3-3 所示。

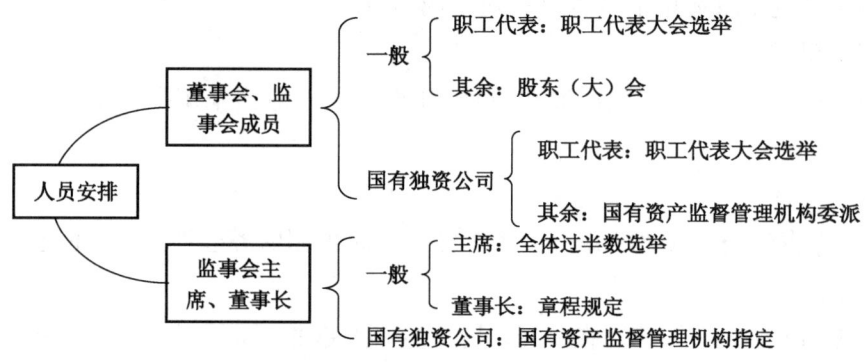

图 3-3 国有独资公司人员安排

【例题 3-6·单项选择题】 下列关于国有独资公司的表述中,符合公司法律制度规定的是( )。

A. 国有独资公司不设股东会,由国有资产监督管理机构行使股东会职权
B. 国有独资公司的董事会获得国有资产监督管理机构授权,可以决定公司合并事项
C. 国有独资公司监事会的职工代表由国有资产监督管理机构委派
D. 国有独资公司的董事会成员全部由国有资产监督管理机构委派

【答案】 A

【解析】 本题考核国有独资公司。国有资产监督管理机构可以授权公司董事会行使股东会的部分职权,决定公司的重大事项,但公司的合并、分立、解散、增加或者减少注册资本和发行公司债券,必须由国有资产监督管理机构决定,选项 B 错误。监事会成员中的职工代表由公司职工代表大会选举产生,选项 C 错误。董事会成员由国有资产监督管理机构委派;但是,董事会成员中的职工代表由公司职工代表大会选举产生,选项 D 错误。

（五）有限责任公司的股权转让

1. 内部转让
有限责任公司的股东之间可以相互转让其全部或者部分股权。

2. 外部转让
有限责任公司股权外部转让如图3-4所示。

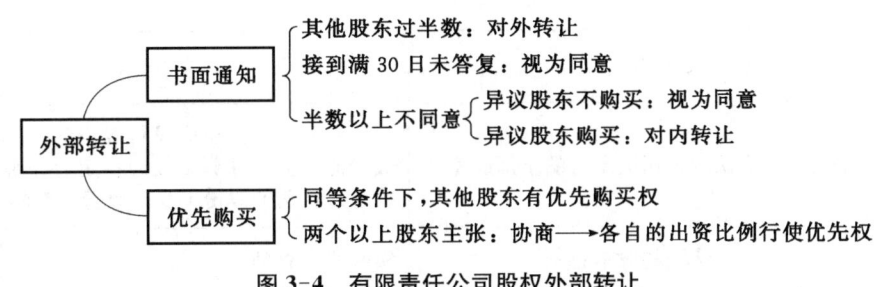

图3-4　有限责任公司股权外部转让

3. 强制转让
人民法院依照强制执行程序转让股东的股权时，应当通知公司及全体股东，其他股东在同等条件下有优先购买权。其他股东自人民法院通知之日起满20日不行使优先购买权的，视为放弃优先购买权。

4. 继承转让
在公司章程没有规定的情况下，自然人股东死亡后，其合法继承人可以直接继承股东资格。

【注意】在未作约定的情况下，合法继承人无论是否具备完全民事行为能力，均可以直接继承股东资格。

5. 股权回购请求权
有下列情形之一的，对股东会该项决议投反对票的股东可以请求公司按照合理的价格收购其股权，退出公司：

（1）公司连续5年不向股东分配利润，而公司该5年连续盈利，并且符合公司法规定的分配利润条件的。

（2）公司合并、分立、转让主要财产的。

（3）公司章程规定的营业期限届满或者章程规定的其他解散事由股东会会议通过决议修改章程使公司存续的。

如果协商不成，自股东会会议决议通过之日起60日内，股东与公司不能达成股权收购协议的，股东可以自股东会会议决议通过之日起90日内向人民法院提起诉讼。

三、股份有限公司

(一) 设立条件

股份有限公司的设立条件如表 3-7 所示。

表 3-7 股份有限公司的设立条件

项 目	发起设立	募集设立
设立方式	由发起人认购公司应发行的全部股份	由发起人认购公司应发行股份的一部分,其余股份向社会公开募集或向特定对象募集,其中发起人认购的股份不少于股份总数的35%
注册资本	认购的股本总额 一般无法定注册资本最低限额	实收股本总额
期限	可分期	不分期
发起人数	2~200 发起人,半数以上的发起人在中国境内有住所(看国籍) 【链接】 普通合伙企业合伙人2人以上,有限合伙企业合伙人2~50人	
章程	(1) 股份有限公司由发起人制订公司章程;采用募集方式设立的须经创立大会通过。 (2) 公司章程对公司、股东、董事、监事、高级管理人员均具有约束力。——只针对发起人	

1. 设立程序

(1) 发起设立：协议→认购→设立登记。

(2) 募集设立：协议→缴纳→创立大会→设立登记。

创立大会的相关规定如下：

(1) 发起人应当自股款缴足之日起 30 日内主持召开公司创立大会。

(2) 创立大会应有代表股份总数"过半数"的发起人、认股人出席,方可举行。

(3) 创立大会必须经"出席会议"的认股人所持表决权"过半数"通过。

董事会应于创立大会结束后 30 日内,依法向公司登记机关申请设立登记。

2. 发起人责任

(1) 对股款的处理：公司不能成立时,对认股人已缴纳的股款,负返还股款并加算银行同期存款利息的连带责任。

(2) 对债务和费用的处理如图 3-5 所示。

(3) 侵权赔偿的处理如图 3-6 所示。

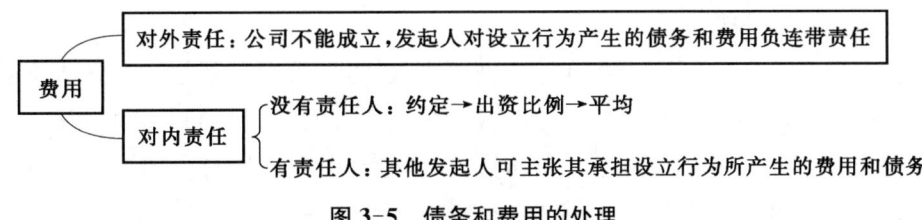

图 3-5 债务和费用的处理

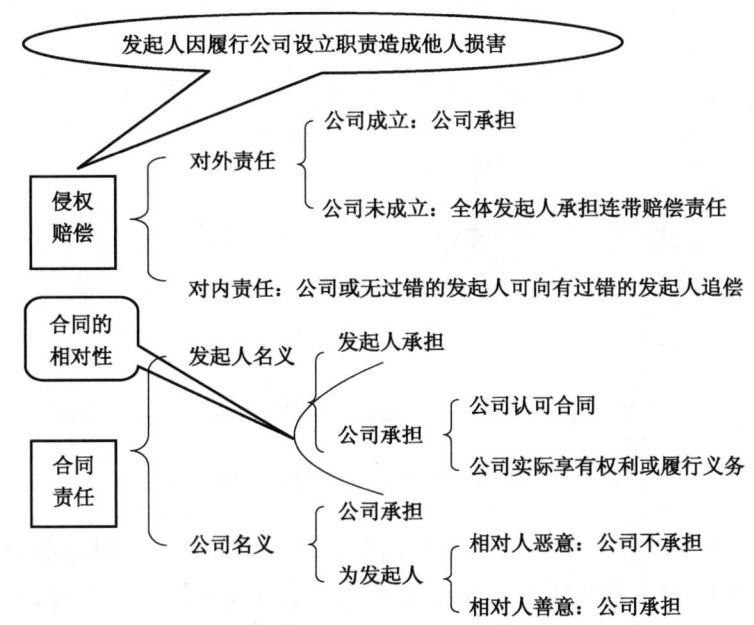

图 3-6 侵权赔偿的处理

【例题 3-7·单项选择题】 在乙有限责任公司设立过程中,出资人甲以乙公司名义与他人签订一份房屋租赁合同,所租房屋供筹建乙公司之用。乙公司成立后,将该房屋作为公司办公用房,但始终未确认该房屋租赁合同。下列关于房屋租赁合同责任承担的表述中,符合公司法律制度规定的是( )。

A. 甲承担
B. 乙承担
C. 甲、乙连带承担
D. 先由甲承担,乙承担补充责任

【答案】 B

【解析】 本题考核公司的设立。发起人以设立中公司名义对外签订合同,公司成立后合同相对人请求公司承担合同责任的,人民法院应予支持。

(二)组织机构

1. 股东大会会议制度

公司股东大会会议的形式如下:

(1) 年会：每年一次。

(2) 临时股东大会：有下列情形之一的，应当在两个月内召开临时股东大会：① 董事人数不足《公司法》规定人数（小于 5 人）或者公司章程所定人数的 2/3 时；② 公司未弥补的亏损达实收股本总额的 1/3（≥1/3）时；③ 单独或者合计持有公司 10% 以上股份的股东请求时；④ 董事会认为必要时（董事长、董事不可以）；⑤ 监事会提议召开时（监事不可以）。召集的程序如下：① 年会：20 日前；② 临时股东大会：15 日前；③ 发行无记名股票的公司：30 日前。

股份有限公司股份大会的召集如图 3-7 所示。

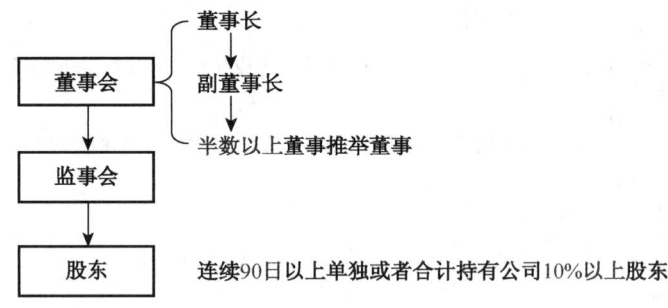

图 3-7 股份有限公司股东大会的召集

(3) 股东的临时提案权如下：① 单独或者合计持有公司 3% 以上股份的股东，可以在股东大会召开 10 日前提出临时提案并书面提交董事会；② 董事会应当在收到提案后两日内通知其他股东，并将该临时提案提交股东大会审议；③ 股东大会不得对通知中未列明的事项作出决议。

股份有限公司股东大会的表决的相关内容如图 3-8 所示。

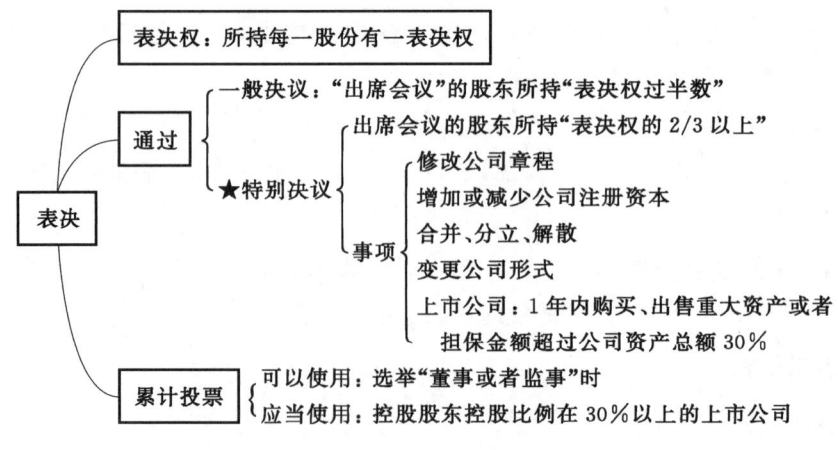

图 3-8 股份有限公司股东大会的表决

注：股东大会的签名为主持人、出席会议的董事。

【例题 3-8·单项选择题】 根据规定,下列设定条件中,属于应当召开临时股东大会的法定情形的有( )。

A. 公司未弥补的亏损达公司股本总额 1/4

B. 董事人数不足法定人数的 3/4

C. 监事会提议召开

D. 董事长认为有必要召开

【答案】 C

【解析】 本题考核临时股东大会的召开。有下列情形之一的,应当在两个月内召开临时股东大会：董事人数不足本法规定人数或者公司章程所定人数的 2/3 时；公司未弥补的亏损达实收股本总额 1/3 时；单独或者合计持有公司 10% 以上股份的股东请求时；董事会认为必要时；监事会提议召开时；公司章程规定的其他情形。

2. 董事会会议制度

股份有限公司董事会会议制度的相关内容如表 3-8 所示。

表 3-8 股份有限公司董事会会议制度的相关内容

人数	5～19 人
代表	可以有职工代表
董事长	董事长和副董事长由董事会以全体董事的过半数选举产生 【补充】 法定代表人：依照章程规定,由"董事长、执行董事或者总经理"担任
任期	不得超过 3 年
定期会议	每年度至少召开 2 次会议,10 日前通知
临时会议	① 表 10% 以上表决权的股东提议；② 1/3 以上董事提议；③ 监事会提议

出席要求："过半数"的董事出席方可举行。

董事会会议的决议：① 必须经"全体"董事的过半数（>1/2）通过；② 董事因故不能出席会议的,可以"书面"委托其他"董事"代为出席。

董事会会议的记录：董事会的决议违反法律、行政法规或者公司章程、股东大会决议,致使公司遭受严重损失的,"参与决议"的董事对公司负赔偿责任；但经证明在表决时曾"表明异议"并"记载于会议记录"的,该董事可以免责。

经理：

(1) 股份有限公司设经理；公司董事会可以决定由董事会成员兼任经理。

(2)公司不得直接或者通过子公司向董事、监事、高级管理人员提供借款。

【例题 3-9·多项选择题】 下列关于股份有限公司董事会的表述中,符合公司法律制度规定的有( )。

A. 董事会成员为 5～19 人,且人数须为单数
B. 董事会成员中应有一定比例的独立董事
C. 董事会会议应有过半数的董事出席方可举行
D. 董事会作出决议须经全体董事的过半数通过,董事会决议的表决实行一人一票

【答案】 CD

【解析】 本题考核股份公司董事会的规定。根据《公司法》规定,股份有限公司董事会的成员为 5～19 人,目前法律没有董事人数应为单数的规定,选项 A 的表述错误;上市公司董事会成员中应有一定比例的独立董事,因此选项 B 的说法错误。

3. 监事会会议制度

股份有限公司监事会会议制度的相关内容如表 3-9 所示。

表 3-9 股份有限公司监事会会议制度的相关内容

人数	不得少于 3 人
代表	监事会应当包括职工代表,职工代表的比例不得低于 1/3。职工代表由职代会选举产生
主席	全体监事过半数选举产生 【链接】 董事长、副董事长的产生办法由全体董事过半数选举产生
频率	每 6 个月至少召开 1 次,监事可以提议召开临时监事会
决议	经"半数以上"监事通过
任期	任期 3 年,连选可以连任。 【注意】董事、监事任期届满未及时改选,或董事、监事在任期内辞职"导致董事会、监事会成员低于法定人数的",在改选出的董事、监事就任前,原董事、监事仍应当履行职务
限制	董事、高级管理人员(经理、副经理、财务负责人)不得兼任监事★

(三)股份发行和转让

1. 股份发行

(1)公司向发起人、国家授权投资的机构、法人发行的股票,应当为记名股票,并应当记载该发起人、机构或者法人名称,不得另立户名或者以代表人姓名记名。

(2)股票发行价格可以按票面金额,也可以超过票面金额,但不得低于票面金额。

(3)同股同权、同股同价:① 同种类的每一股份应当具有同等权利;② 同次发行的

同种类股票,每股的发行条件和价格应当相同。

2. 股份转让

1) 发起人

(1) 发起人持有的本公司股份,自公司成立之日起 1 年内不得转让。

(2) 公司公开发行股份前已发行的股份,自股票在证券交易所上市交易之日起 1 年内不得转让。

2) 董事、监事、高级管理人员

(1) 自公司股票上市交易之日起 1 年内不得转让。

(2) 在任职期间每年转让的股份不得超过其所持有本公司股份总数的 25%(≤25%)。

注:上市公司董事、监事和高级管理人员所持股份不超过 1 000 股的,可以一次性全部转让,不受 25% 转让比例的限制。

(3) 离职后 6 个月内,不得转让其所持有的本公司股份。

注:因司法强制执行、继承、遗赠等导致股份变动的除外。

(4) 在下列期间不得买卖本公司股票:① 上市公司定期报告公告前 30 日内;② 上市公司业绩预告、业绩快报公告前 10 日内;③ 自可能对本公司股票交易价格产生重大影响的重大事项发生之日或在决策过程中,至依法披露后 2 个交易日内;④ 证券交易所规定的其他期间。

3. 股票质押

公司不得接受本公司的股票作为质押权的标的。

【例题 3-10·单项选择题】 下列关于股份有限公司股票转让限制的表述中,符合公司法律制度规定的是( )。

A. 股东转让其股份,必须在依法设立的证券交易所进行

B. 发起人持有的本公司股份,自公司成立之日起 1 年内不得转让

C. 公司公开发行股份前已发行的股份,自公司股票在证券交易所上市交易之日起 3 年内不得转让

D. 公司董事、监事、高级管理人员离职 1 年内,不得转让所持有的本公司股份

【答案】 B

【解析】 本题考核股份有限公司股票转让。股东转让其股份,应当在依法设立的证券交易场所进行或者按照国务院规定的其他方式进行;选项 A 错误。公司公开发行股份前已发行的股份,自公司股票在证券交易所上市交易之日起 1 年内不得转让,选项 C 错误。董事、监事、高级管理人员离职后半年内,不得转让其所持有的本公司股份,选项 D 错误。

（四）上市公司

1. 上市公司股东大会的特别职权

上市公司股东大会的特别职权如表 3-10 所示。

表 3-10 上市公司股东大会的特别职权

股东大会审批	上市公司在 1 年内购买、出售重大资产或者担保金额超过公司资产总额 30%	经出席会议的股东所持表决权的 2/3 以上通过
	① 单笔担保额超过最近一期经审计净资产 10% 的担保； ② 上市公司及其控股子公司的对外担保总额，超过最近一期经审计净资产 50% 以后的任何担保； ③ 为资产负债率超过 70% 的担保对象提供的担保； ④ 对股东、实际控制人、关联方提供的担保； ⑤ 由董事会审批的对外担保，但出席董事会的无关联关系董事人数不足 3 人	出席会议的股东所持表决权过半数通过 注：对股东、实际控制人、关联方提供的担保，该股东或实际控制人支配的股东不得参与，经出席会议的其他股东所持表决权过半数通过
董事会审批	上述情形以外的对外担保情形	经出席董事会的 2/3 以上董事审议同意，同时满足董事会的一般要求（全体董事过半数）

2. 上市公司关联关系董事的表决权排除制度

（1）上市公司董事与董事会会议决议事项所涉及的企业有关联关系的，不得对该项决议行使表决权，也不得代理其他董事行使表决权。

（2）由过半数的无关联关系董事出席可举行，须经无关联关系董事过半数通过。

（3）出席董事会的无关联关系董事人数不足 3 人，将该事项提交上市公司股东大会。

3. 独立董事的要求

上市公司独立董事的要求如表 3-11 所示。

表 3-11 上市公司独立董事的要求

提名	上市公司董事会、监事会、单独或者合并持有上市公司已发行股份 1% 以上的股东可以提出独立董事候选人，并经股东大会选举决定
任期	(1) 每届任期与其他董事任期相同，连选可以连任，连任时间不得超过 6 年。 (2) 独立董事如果连续 3 次未亲自出席董事会会议，应由董事会提请股东大会撤换
人数	上市公司董事会成员中应当至少 1/3 为独立董事
股权激励	股权激励计划的激励对象可以包括上市公司的董事、监事、高级管理人员、核心技术（业务）人员，以及公司认为应当激励的其他员工，但不应包括独立董事

四、股东权利与义务

(一) 股东权利的内容

有限责任公司和股份有限公司股东权利的对比如表 3-12 所示。

表 3-12 有限责任公司和股份有限公司股东权利的对比

项 目	有限责任公司	股份有限公司
表决权	按照出资比例行使表决权,但公司章程另有规定的除外。——约定→出资比例	所持每一股份有一表决权。但公司持有的本公司股份没有表决权
新股优先认购权	有权优先按照实缴的出资比例认缴出资;但全体股东可事先约定不按出资比例优先认缴出资。——约定→实缴比例	无优先认购权,除非发行新股时通过配售的决议
股利分配请求权	按照实缴的出资比例分取红利。但全体股东约定不按出资比例分取红利的除外。——约定→实缴比例	按照股东持有的股份比例分配,但章程规定不按持股比例分配除外——约定→股份比例
知情权	(1) 股东有权查阅、复制公司章程、股东会会议记录、董事会会议决议、监事会会议决议和财务会计报告。 (2) 股东可以要求查阅公司会计账簿。股东要求查阅公司会计账簿,应当提出书面请求。公司有合理根据认为有不正当目的,可能损害公司合法利益的,可以拒绝提供查阅,并应当自股东提出书面请求之日起 15 日内书面答复股东并说明理由。	股东有权查阅公司章程、股东名册、债券存根、股东大会会议记录、董事会会议决议、监事会会议决议、财务会计报告

【例题 3-11·多项选择题】 甲为一有限责任公司的小股东,不参与公司经营管理。根据公司法律制度的规定,下列文件中,甲有权查阅和复制的有( )。

A. 股东会会议记录 B. 财务会计报告
C. 公司会计账簿 D. 公司章程

【答案】 ABD

【解析】 本题考核股东权利的内容。选项 ABD:有限责任公司的股东有权"查阅、复制"公司章程、股东会会议记录、董事会会议决议、监事会会议决议和财务会计报告;选项 C:股东可以要求查阅公司会计账簿,但无权复制。

(二) 股东代表诉讼

股东代表诉讼如图 3-9 所示。

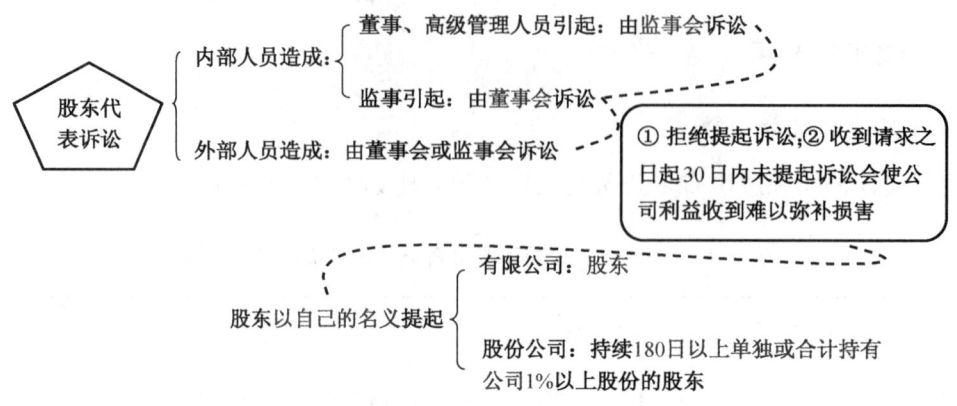

图 3-9 股东代表诉讼

(三) 股东出资责任

股东出资责任如图 3-10 所示。

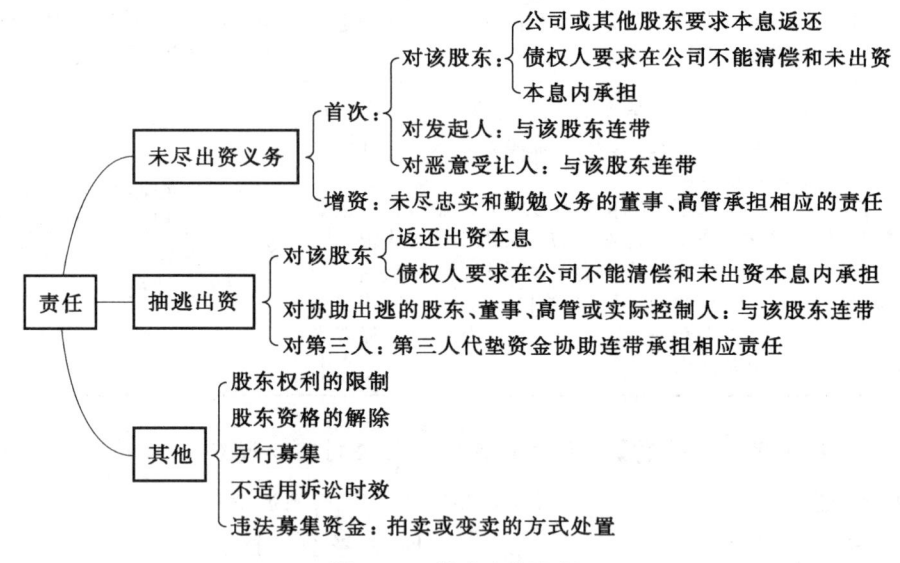

图 3-10 股东出资责任

1. 出资义务

(1) 公司有权通过章程或者股东(大)会决议,对该类股东的利润分配请求权、新股优先认购权、剩余财产分配请求权等权利予以限制。

(2) 有限公司股东未履行出资义务或者抽逃全部出资,经公司催告缴纳或者返还,其在合理期限内仍未缴纳或者返还出资,公司可以通过股东会决议解除股东资格。

(3) 如果公司章程或股东(大)会决议未对股东权利设置限制,法院可能在判决中认定未出资或出资不足的股东的股东权利应受限制。

2. 善意行使股权

公司股东滥用股东权利给公司或者其他股东造成损失的,应当依法承担赔偿责任。

(四) 董事、监事、高级管理人员的义务

1. 忠实义务

(1) "董事、高级管理人员"不得有下列行为:

① 违反公司章程的规定,未经股东(大)会或者董事会同意,将公司资金借贷给他人或者以公司财产为他人提供担保;

② 违反公司章程的规定或未经股东(大)会同意,与本公司订立合同或者进行交易;

③ 未经股东(大)会同意,利用职务便利为自己或者他人谋取属于公司的商业机会,自营或者为他人经营与所任职公司同类的业务。

(2) 处理:

① 违反上述规定所得收入应当归公司所有;

② 给公司造成损失,应当承担赔偿责任。

2. 勤勉义务

(1) 商业判断规则:只要公司管理者在决策时没有利益冲突,是在当时掌握的信息和认知条件下作出的诚实、善意的决策,即使该决策事后被证明是失败的,也不能追究其责任。

(2) 公司董事、监事、高级管理人员执行公司职务时违反法律、行政法规或者公司章程规定,给公司造成损失的,应当承担赔偿责任。

(3) 公司股东(大)会要求董事、监事、高级管理人员列席会议的,董事、监事、高级管理人员应当列席并接受股东的质询。

【例题3-12·多项选择题】 某有限责任公司的董事李某拟将其所有的一套商住两用房屋以略低于市场价格的条件卖给公司作为办公用房。根据公司法律制度的规定,下列表述中,正确的有( )。

A. 该交易在获得公司监事会批准后可以进行

B. 该交易在获得公司董事会批准后可以进行

C. 该交易在获得公司股东会批准后可以进行

D. 如果公司章程中规定允许此种交易,该交易可以进行

【答案】 CD

【解析】 本题考核公司董事、监事、高级管理人员的职责。公司章程规定或者股东大会同意除外,董事、高级管理人员不得同本公司订立合同或者进行交易。

五、公司的财务会计

1. 财务会计报告

（1）公司财务会计报告应当由董事会负责编制，并对其真实性、完整性和准确性负责。

（2）公司聘用、解聘承办公司审计业务的会计师事务所，由股东（大）会或者董事会决定。

（3）股份有限公司的财务会计报告应当在召开股东大会年会的20日前置备于本公司，供股东查阅；公开发行股票的股份有限公司必须公告其财务会计报告。

2. 利润分配顺序

五年补亏→缴纳所得税→弥补在税前利润弥补亏损之后仍存在的亏损→提取法定公积金→提取任意公积金→向股东分配利润

3. 公积金

公司公积金的类型、来源及用途如表3-13所示。

表3-13 公司公积金的类型、来源及用途

类　型		来　源	用　途
资本公积金		股票溢价发行的溢价款	扩大经营+转增资本，不得用于弥补亏损
盈余公积金	法定公积金	按照公司税后利润的10%提取，当法定公积金累计额为公司注册资本的50%以上时可以不再提取。补亏后才提取法定公积金。	弥补亏损+扩大经营+转增资本（法定公积金转增资本后留存的不得少于转增前注册资本的25%）
	任意公积金	按股东（大）会决议，没限制	

【例题3-13·单项选择题】某公司注册资本为100万元。2008年，该公司提取的法定公积金累计额为60万元，提取的任意公积金累计额为40万元。当年，该公司拟用公积金转增公司资本50万元。下列有关公司拟用公积金转增资本的方案中，不符合公司法律制度规定的是（　　）。

A. 用法定公积金10万元、任意公积金40万元转增资本

B. 用法定公积金20万元、任意公积金30万元转增资本

C. 用法定公积金30万元、任意公积金20万元转增资本

D. 用法定公积金40万元、任意公积金10万元转增资本

【答案】　D

【解析】 法定公积金：用法定公积金转增资本时，转增后所留存的法定公积金不得少于转增前注册资本的 25%，在本题中，法定公积金最多可以转增 35 万元（60－100×25%＝35 万元）；任意公积金不受 25% 的限制。

六、合并、分立、增资、减资

1. 合并程序

（1）步骤：签协议→编资产负债表和财产清单→作出决议（特别）→通知债权人→登记。

（2）通知债权人：公司应当自作出合并决议之日起 10 日内通知债权人，并于 30 日内在报纸上公告。债权人自接到通知书之日起 30 日内，未接到通知书的自公告之日起 45 日内，可以要求公司清偿债务或者提供相应的担保。

2. 分立

公司应当自作出分立决议之日起 10 日内通知债权人，并于 30 日内在报纸上公告。

注：没有赋予债权人请求公司清偿债务或者提供相应担保的权利。

公司分立前的债务由分立后的公司承担连带责任。但是，公司在分立前与债权人就债务清偿达成的书面协议另有约定的除外。

无论公司分立是否导致原公司债务转移，都必须经过全体债权人的同意；未经债权人同意，分立不对其发生效力，债权人可以要求分立后的公司共同承担连带责任。

3. 增资与减资

公司减少注册资本时，应当自作出减少注册资本决议之日起 10 日内通知债权人，并于 30 日内在报纸上公告。债权人自接到通知书之日起 30 日内，未接到通知书的自公告之日起 45 日内，有权要求公司清偿债务或者提供相应的担保。

七、解散与清算

1. 公司解散的原因

公司解散的原因如表 3-14 所示。

表 3-14 公司解散的原因

一般解散	① 公司章程规定的营业期限届满或者公司章程规定的其他解散事由出现； ② 股东会或者股东大会决议解散； ③ 因公司合并、分立需要解散
强制解散	依法被吊销营业执照、责令关闭或者被撤销
司法解散	人民法院依法予以解散

(1) 公司持续2年以上无法召开股东会或股东大会,公司经营管理发生严重困难。

(2) 股东表决时无法达到法定或公司章程规定的比例,持续2年以上不能作出有效的股东会或者股东大会决议,公司经营管理发生严重困难。

(3) 公司董事长期冲突,且无法通过股东会或股东大会解决,公司经营管理发生严重困难。

(4) 经营管理发生其他严重困难,公司继续存续会使股东利益受到重大损失的情形。

2. 公司清算

公司清算的情形如表 3-15 所示。

表 3-15 公司清算的情形

自行清算	解散事由出现之日起 15 日内	① 有限责任公司:股东组成。 ② 股份有限公司:董事或股东大会确定的人员组成
强制清算	下列情形之一,债权人申请法院指定清算组进行清算时,法院应予受理(债权人未提,股东申请): ① 公司解散逾期(解散事由出现之日起 15 日)不成立清算组进行清算的; ② 虽然成立清算组但故意拖延清算的; ③ 违法清算可能严重损害债权人或股东利益。	① 股东、董事、监事、高级管理人员; ② 社会中介机构; ③ 中介机构中具备相关专业知识并取得执业资格的人员

 思考与练习

一、单项选择题

1. 关于公司分类的说法,错误的是( )。

A. 我国《公司法》中仅规定了有限责任公司和股份有限公司两种类型

B. 凡是在我国登记设立的公司,无论其资本是否来源于外资,也无论外资比例,都是中国公司

C. 人合公司与资合公司的区分标准是公司的信用

D. 公司区别于合伙企业的重要特征在于其营利性

2. 甲公司设立了全资子公司乙公司,乙公司与丙公司共同出资设立了丁公司,乙公司占丁公司全部股份的 70%,乙公司的总经理陈某为丁公司的董事长,下列说法中,不正确的是( )。

A. 根据丁公司章程的规定,丁公司向甲公司提供担保的,必须经股东会决议

B. 丁公司对甲公司提供担保的,乙公司不得参与表决

C. 甲公司是丁公司的控股股东

D. 丁公司拟转让设备,甲公司授意陈某以低于市场的价格将设备转让给甲公司,甲公司对丁公司承担赔偿责任

3. 关于股东出资的表述正确的是(　　)。

A. 自己负债,其债权人可以执行它对公司的出资

B. 甲自己负债,其债权人可以执行它对公司的出资

C. 公司负债,其债权人可以执行甲的财产

D. 公司负债,若甲出资不足,则债权人可以执行该未出资额

4. 王某为有限责任公司的监事,甲公司主要经营办公家具销售业务。任职期间,王某代理乙公司从国外进口一批办公家具并将其销售给丙公司。下列有关该行为说法正确的是(　　)。

A. 王某的行为不违反了公司法律制度的规定

B. 甲公司可以决定将其从事上述行为所得收入收归本公司所有

C. 如果经过董事会同意的,王某可以从事以上的活动

D. 甲公司可以决定撤销王某的行为,但是不能将其取得的收入归入本公司

5. 下列关于竞业禁止的表述中,正确的是(　　)。

A. 公司的董事绝对禁止　　　　B. 合伙的普通合伙人相对禁止

C. 合伙的有限合伙人相对自由　　D. 公司的监事相对禁止

6. 某有限责任公司股东甲请求公司收购其持有的公司股份。下列理由中,符合法律规定的是(　　)。

A. 公司有违法经营情形的

B. 公司经营管理发生严重困难的

C. 公司增资、减资的

D. 公司章程规定的营业期限届满,但股东会议通过决议修改章程使公司存续的

7. 顺丰机电股份有限公司的管理层对董事会议事规则和表决程序有不同的理解。下列选项中,正确的是(　　)。

A. 董事会会议应有2/3的董事出席方可举行

B. 董事会作出决议,必须经全体董事的过半数通过

C. 在董事会成员为偶数时,经股东会同意,董事长一人可以有两票的权利

D. 董事会会议应每年召开一次

8. 审议、通过一人有限责任公司章程的主体是(　　)。

A. 公司职工代表大会　　　　　　B. 董事会
C. 股东　　　　　　　　　　　　D. 股东和公司职工代表

9. 根据我国《公司法》的规定,外国公司是指(　　)。

A. 依照外国法律在中国境外设立的公司

B. 公司住所地在中国境外的公司

C. 公司控制股东为外国人的公司

D. 公司经济活动中心在中国境外的公司

10. 根据我国《公司法》的规定,下列关于股份有限公司监事会的表述中,错误的是(　　)。

A. 监事会成员中必须有公司职工代表

B. 监事会主席和副主席由全体监事过半数选举产生

C. 监事会行使职权所必需的费用,经股东大会批准后由公司承担

D. 监事可以列席董事会会议

11. 关于股份有限公司的发起人,下列说法中,正确的是(　　)。

A. 发起人在公司成立后经股东大会同意转变为股东

B. 发起人应为2人以上200人以下

C. 过半数的发起人应具有中国国籍

D. 发起人只能是自然人

12. 当发生公司发行的股份未缴足的情形时,依法负有连带认缴责任的主体是(　　)。

A. 全体股东　　B. 全体董事　　C. 全体发起人　　D. 所有认股人

13. 公司增资是指公司依法增加(　　)。

A. 注册资本　　B. 净资产　　　C. 税后利润　　　D. 资产总额

14. 某有限责任公司有甲、乙、丙三个股东,丙持股40%。现丙为了顺利离婚,欲将其持有的公司股权的一半让与即将与之离婚的妻子,下列说法中,正确的是(　　)。

A. 在任何情况下,甲、乙均享有优先购买权

B. 丙必须就此事书面通知甲、乙并征求他们的同意

C. 在符合转让条件的情况下,受让人丙妻应当将股权转让款支付给公司

D. 未经工商变更登记,受让人丙妻不能取得公司股东资格

15. 香根餐饮有限公司有股东甲、乙、丙三人,分别持股51%、14%与35%。经营数年后,公司又开设一家分店,由丙任其负责人。后因公司业绩不佳,甲召集股东会,决议将公司的分店转让。对该决议,丙不同意。下列表述中,正确的是(　　)。

A. 丙可以该决议程序违法为由,主张撤销

B. 丙可以该决议损害其利益为由,提起解散公司之诉

C. 丙可以要求公司按照合理的价格收购其股权

D. 公司可以丙不履行股东义务为由,以股东会决议解除其股东资格

16. 甲、乙、丙成立一家科贸有限公司,约定公司注册资本100万元,甲、乙、丙各按20％、30％、50％的比例出资。甲、乙缴足了出资,丙仅实缴30万元。公司章程对于红利分配没有特别约定。当年年底公司进行分红。下列说法中,正确的是(   )。

A. 丙只能按30％的比例分红

B. 应按实缴注册资本80万元,由甲、乙、丙按各自的实际出资比例分红

C. 由于丙违反出资义务,其他股东可通过决议取消其当年分红资格

D. 丙有权按50％的比例分红,但应当承担未足额出资的违约责任

17. 股票和债券是我国《证券法》规定的主要证券类型。关于股票与债券的比较,下列表述中,正确的是(   )。

A. 有限责任公司和股份有限公司都可以成为股票和债券的发行主体

B. 股票和债券具有相同的风险性

C. 债券的流通性强于股票的流通性

D. 股票代表股权,债券代表债权

18. 甲、乙、丙、丁、戊五人共同组建一有限公司。出资协议约定甲以现金10万元出资,甲已缴纳6万元出资,尚有4万元未缴纳。某次公司股东会上,甲请求免除其4万元的出资义务。股东会五名股东,其中四名表示同意,投反对票的股东丙向法院起诉,请求确认该股东会决议无效。对此,下列表述中,正确的是(   )。

A. 该决议无效,甲的债务未免除

B. 该决议有效,甲的债务已经免除

C. 该决议需经全体股东同意才能有效

D. 该决议属于可撤销,除甲以外的任一股东均享有撤销权

19. 公司在经营活动中可以以自己的财产为他人提供担保。关于担保的表述中,下列选项中,正确的是(   )。

A. 公司经理可以决定为本公司的客户提供担保

B. 公司董事长可以决定为本公司的客户提供担保

C. 公司董事会可以决定为本公司的股东提供担保

D. 公司股东会可以决定为本公司的股东提供担保

20. 甲、乙、丙三人共同设立云台有限责任公司,出资比例分别为70％、25％、5％。

自 2×22 年开始,公司的生产经营状况严重恶化,股东之间互不配合,不能作出任何有效决议,甲提议通过股权转让摆脱困境被其他股东拒绝。下列选项中,正确的是(　　)。

　　A. 只有控股股东甲可以向法院请求解散公司

　　B. 只有甲、乙可以向法院请求解散公司

　　C. 甲、乙、丙中任何一人都可向法院请求解散公司

　　D. 不应解散公司,而应通过收购股权等方式解决问题

二、多项选择题

1. 德胜公司注册地在萨摩国并在该国设有总部和分支机构,但其主要营业地点为中国深圳,是一家由我国台湾地区凯旋集团公司全资设立的法人企业。由于决策失误,德胜公司在中国欠下樱花公司 700 万元债务。下列关于该笔债务责任承担的说法中,错误的有(　　)。

　　A. 该债务应以深圳主营机构以及德胜公司在萨摩国的总部和分支机构的全部财产来清偿

　　B. 如果该笔债务是由于凯旋公司的控股股东郭凯敏先生滥用股东权利所致,由此导致德胜公司难以清偿该笔债务,则樱花公司有权主张郭凯敏与德胜公司一起对该笔债务承担连带责任;而德胜公司也可以主张郭凯敏对其承担赔偿责任

　　C. 如果该债务是由于凯旋公司违背市场规律的决策失误所导致的,则樱花公司有权主张凯旋公司与德胜公司一起对其承担连带责任

　　D. 如凯旋公司难以清偿到期债务,濒临破产,则债权人樱花公司可以请求法院强制执行凯旋投入德胜公司的财产以及在德胜公司享有的股权

2. 下列各项中,属于有限责任公司董事会行使的职权有(　　)。

　　A. 股东之间互相转让出资

　　B. 聘任公司经理并决定其报酬事项

　　C. 聘任公司财务部经理并决定其报酬事项

　　D. 制定公司的具体规章

3. 某股份有限公司的董事会由 11 人组成,其中董事长 1 人,副董事长 2 人。该董事会某次会议发生的下列行为中,不符合公司法规定的有(　　)。

　　A. 因董事长李某不能履行职务,由副董事长孙某执行职务

　　B. 通过了增加公司注册资本的决议

　　C. 通过了解聘公司现任经理,由副董事长孙某兼任经理并给予年薪 20 万元的决议

　　D. 会议所有事项载入会议记录后,由主持会议的副董事长孙某和记录员张某签名

存档

4. 2×23年5月,甲、乙、丙、丁四人拟设立一家有限责任公司。关于该公司的注册资本与出资,下列表述中,正确的有( )。

A. 公司注册资本可以登记为1元人民币

B. 公司章程应载明其注册资本

C. 公司营业执照不必载明其注册资本

D. 公司章程可以要求股东出资须经验资机构验资

5. 关于某公司的利润分配,下列表述中,正确的有( )。

A. 甲股东对该有限公司尚未足额出资,不分

B. 乙股东对该发起设立的股份公司尚未出资,分

C. 股东会决议,提取法定公积金

D. 甲未出资,不能成为募集设立股份公司的股东

6. 汪某与李某拟设立一注册资本为50万元的有限责任公司,其中汪某出资60%,李某出资40%。在他们拟订的公司章程中,下列条款合法的有( )。

A. 公司不设董事会,公司的法人代表由公司经理担任

B. 公司不设监事会,公司的执行监事由股东汪某担任

C. 公司利润在弥补上一年度亏损并提取公积金后,由股东平均分配

D. 公司经营期限届满前,股东不得要求解散公司

7. 顺昌有限公司等5家公司作为发起人,拟以募集方式设立一家股份有限公司。关于公开募集程序,下列表述中,正确的有( )。

A. 发起人应与依法设立的证券公司签订承销协议,由其承销公开募集的股份

B. 证券公司应与银行签订协议,由该银行代收所发行股份的股款

C. 发行股份的股款缴足后,须经依法设立的验资机构验资并出具证明

D. 由发起人主持召开公司创立大会,选举董事会成员、监事会成员与公司总经理

8. 甲、乙、丙设立一有限公司,制定了公司章程。下列约定中,合法的有( )。

A. 甲、乙、丙不按照出资比例分配红利

B. 由董事会直接决定公司的对外投资事宜

C. 甲、乙、丙不按照出资比例行使表决权

D. 由董事会直接决定其他人经投资而成为公司股东

9. 关于有限责任公司和股份有限公司,下列表述中,正确的有( )。

A. 有限责任公司体现更多的人合性,股份有限公司体现更多的资合性

B. 有限责任公司具有更多强制性规范,股份有限公司通过公司章程享有更多的意思

自治

C. 有限责任公司和股份有限公司的注册资本都可以在公司成立后分期缴纳,但发起设立的股份有限公司除外

D. 有限责任公司和股份有限公司的股东在例外情况下都有可能对公司债务承担连带责任

10. 甲为某有限公司股东,持有该公司15%的表决权股。甲与公司的另外两个股东长期意见不合,已2年未开成公司股东会,公司经营管理出现困难,甲与其他股东多次协商未果。在此情况下,甲可以采取下列哪些措施解决问题(   )。

A. 请求法院解散公司

B. 请求公司以合理的价格收购其股权

C. 将股权转让给另外两个股东退出公司

D. 经另外两个股东同意撤回出资以退出公司

11. 金某是甲公司的小股东并担任公司董事,因其股权份额仅占10%,在5人的董事会中也仅占1席,其意见和建议常被股东会和董事会否决。金某为此十分郁闷,遂向律师请教维权事宜。在金某讲述的下列事项中,金某可以以股东身份对公司提起诉讼的事项有(   )。

A. 股东会决定:为确保公司的经营秘密,股东不得查阅公司会计账簿

B. 董事会任期届满,但董事长为了继续控制公司,拒绝召开股东会改选董事

C. 董事会不顾金某反对制订了甲公司与另一公司合并的方案

D. 股东会决定:公司监事调查公司经营情况时,若无法证明公司经营违法的,其调查费用自行承担

12. 甲、乙两公司拟募集设立一股份有限公司。在获准向社会募股后实施的下列行为中,违法的有(   )。

A. 其认股书上记载:认股人一旦认购股份就不得撤回

B. 与某银行签订承销股份和代收股款协议,由该银行代售股份和代收股款

C. 在招股说明书上告知:公司章程由认股人在创立大会上共同制订

D. 在招股说明书上告知:股款募足后将在60日内召开创立大会

13. 下列有关股东会议的说法中,错误的有(   )。

A. 有限责任公司和采用发起设立方式设立的股份有限公司的首次股东会议都是由出资最多的股东召集和主持的

B. 有限责任公司的股东按照出资比例行使表决权,股份有限公司按照股东所持有的股份(每一股份有一表决权)来行使表决权,公司章程都可以有另外的规定

C. 有限责任公司和股份有限公司股东会议的召集依次为董事会(或执行董事)、监事会(或监事)、1/10 表决权的股东(股份有限公司要求连续 90 日以上单独或者合计持有公司 10%以上股份的股东)

D. 对于股东会议的主持,有限责任公司和股份公司依次都为董事长、副董事长、半数以上的董事共同推荐一名董事以及代表 1/10 以上表决权的股东(股份有限公司要求连续 90 日以上单独或者合计持有公司 10%以上股份的股东)

14. 赵某为一股份有限公司的股东,公司成立 1 年来,他对于公司经营过程中的一些情形不满,欲行使相关权利保护自己的合法权益,下列说法中,错误的有(　　)。

A. 赵某欲了解公司的财务状况,有权向公司提出书面申请,要求查阅公司的会计账簿,公司如果以可能泄露商业秘密为由拒绝,则赵某有权向法院提起诉讼要求查阅

B. 如赵某为公司发起人,他欲通过转让股票的方式来退出公司,而公司章程规定,发起人自公司成立之日起 2 年内不得转让所持股份,赵某能够依法转让其所持股份

C. 若赵某对公司转让主要财产的股东大会决议坚决反对,则赵某有权在股东会决议通过之后向公司主张收购其股权

D. 公司经营管理发生严重困难,赵某认为如公司继续存续会使股东利益受到重大损失,自己是持有公司全部股东表决权 10%以上的股东,有权请求人民法院解散公司

15. 下列关于公司机关人员的表述中,正确的有(　　)。

A. 章程规定:董事秘书王某为高管(其实和该董事为不正当男女关系)

B. 财务会计,不是高管

C. 李某,严重缺心眼,不能担任监事

D. 赵某,裸体打出租,被女司机骂为神经病,不能担任经理

E. 钱某,副经理,被法院宣告为限制行为能力人,公司决议开除

F. 周某,大股东,严重侵占公司财产,被股东会开除股东资格

三、不定项选择题

1. 甲公司出资 70%,乙公司出资 30%,它们共同设立有限责任公司丙(注册资本 2 000 万元),双方的《投资协议》约定:丙公司董事会成员为 3 人,第一任董事长由乙公司推荐、财务总监由甲公司推荐;股东拒绝参加股东会会议的,不影响股东会决议的效力。请回答:

(1) 若丙公司章程对《投资协议》的内容予以确认,则丙公司董事会的下列何种行为中,符合法律规定的是(　　)。

A. 选举乙公司董事长帅某为丙公司董事长

B. 任命公司监事、甲公司代表马某为财务总监

C. 任命帅某为公司总经理

D. 决定斥资500万元参股某广告公司

(2) 丙公司成立后签订了收购乙公司资产的合同并已支付部分价款。甲公司为获得丙公司的经营控制权,于某日提请召开临时董事会,该次临时董事会作出的下列何种决议中,违反公司法规定的是( )。

A. 收购乙公司资产的未付价款暂停支付

B. 同意甲公司代表秦某辞去丙公司监事职务,改任丙公司董事

C. 任命秦某担任丙公司总经理

D. 解除帅某的公司总经理职务

(3) 为控制丙公司,秦某以甲公司的名义和丙公司董事的名义提请召开临时股东会,并于合法时间内通知了乙公司,乙公司和帅某未到会。秦某与代表甲公司的另一董事决定由秦某主持会议,并作出了更换公司董事和董事长的临时股东会决议。下列关于该股东会决议效力的说法中,正确的是( )。

A. 该股东会提议程序违法,故决议无效

B. 该股东会召集和主持程序违法,故决议无效

C. 该股东会无乙公司参加,故决议无效

D. 该股东会程序合法,且乙公司是自动弃权,故决议有效

2. 紫霞股份有限公司是一家从事游戏开发的非上市公司,注册资本5 000万元,已发行股份总额为1 000万股。公司成立后经营状况一直不佳,至2×21年年底公司账面亏损3 000万元。2×22年年初,公司开发出一款游戏,备受玩家追捧,市场异常火爆,年底即扭亏为盈,税前利润达7 000万元。请回答以下问题:

(1) 2×22年年底,为回馈股东多年的付出,紫霞公司决定分配利润。此时公司的法定公积金余额仅为5万元。就此次利润分配行为,下列选项正确的是( )。

A. 公司应提取的法定公积金数额为400万元

B. 公司可提取法定公积金的上限为税后利润的一半,即3 500万元

C. 经股东会决议,公司可提取任意公积金1 000万元

D. 公司向股东可分配利润的上限为3 605万元

(2) 如紫霞公司在2×22年年底的分配利润中,最后所提取的各项公积金数额总计为2 800万元,关于该公积金的用途,下列选项正确的是( )。

A. 可用于弥补公司2×22年年度的实际亏损

B. 可将其中的1 500万元用于新款游戏软件的研发

C. 可将其中1 000万元的任意公积金全部用于公司资本的增加

D. 可将其中1 000万元的法定公积金用于公司资本的增加

(3) 进入2×23年,紫霞公司保持良好的发展势头。为进一步激励员工,公司于8月决定收购本公司的部分股份,用于职工奖励。关于此问题,下列选项中,正确的是(　　)。

A. 公司此次可收购的本公司股份的上限为100万股

B. 公司可动用任意公积金作为此次股份收购的资金

C. 收购本公司股份后,公司可在两年内完成实施对职工的股份奖励

D. 如在2×23年年底公司仍持有所收购的股份,则在利润分配时不得对该股份进行利润分配

3. 张某有200万元资金,打算在烟台投资设立一家注册资本为300万元左右的餐饮企业。关于如何设立与管理企业,请回答以下问题:

(1) 下列选项中,张某可以选择的企业类型是(　　)。

A. 与他人共同出资设立一家合伙企业

B. 单独出资设立一家个人独资企业

C. 与韩国商人共同设立一家中外合作经营企业

D. 与他人共同出资设立一家股份有限责任公司

(2) 如张某拟设立一家一人有限责任公司,下列表述中,正确的是(　　)。

A. 注册资本不能低于50万元

B. 可以再参股其他有限公司

C. 只能由张某本人担任法定代表人

D. 可以再投资设立一家一人有限责任公司

(3) 如张某拟设立一家个人独资企业,下列表述中,正确的是(　　)。

A. 该企业的名称中不能含有"公司"字样

B. 如张某死亡,其继承人可以继承投资人的身份

C. 如该企业解散,必须由法院指定的清算人进行清算

D. 该企业应当依法缴纳企业所得税

四、案例题

1. 某股份有限公司(以下简称"公司")于2×19年6月在上海证券交易所上市。

2×20年以来,公司发生了下列事项:

(1) 2×20年5月,董事赵某将所持公司股份20万股中的2万股卖出;2×21年3月,董事钱某将所持公司股份10万股中的25 000股卖出;董事孙某因出国定居,于2×20

年7月辞去董事职务,并于2×21年3月将其所持公司股份5万股全部卖出。

(2)监事李某于2×20年4月9日以均价每股8元价格购买5万股公司股票,并于2×20年9月10日以均价每股16元价格将上述股票全部卖出。

(3)公司股东大会于2×20年5月8日通过决议,由公司收购本公司股票900万股,即公司已发行股份总额的6%,用于奖励本公司职工。同年6月,公司从资本公积金中出资收购上述股票,并将其中的600万股转让给公司职工,剩余的300万股拟在2×23年10月转让给即将被吸收合并于该公司的另一企业的职工。

要求:根据本题所述内容,分别回答下列问题:

(1)赵某、钱某和孙某卖出所持公司股票的行为是否符合法律规定?并分别说明理由。

(2)李某买卖公司股票的行为是否符合法律规定?并说明理由。

(3)公司收购用于奖励职工的本公司股票数额是否符合法律规定?并说明理由。公司从资本公积金中出资收购用于奖励职工的本公司股票的行为是否符合法律规定?并说明理由。公司预留300万股股票拟在2×21年10月转让其他职工的行为是否符合法律规定?并说明理由。

2. 2×20年1月,甲、乙、丙、丁、戊共同投资设立鑫荣新材料有限公司(以下简称"鑫荣公司"),从事保温隔热高新建材的研发与生产。该公司注册资本为2 000万元,各股东认缴的出资比例分别为44%、32%、13%、6%、5%。其中,丙将其对大都房地产开发有限公司所持股权折价成260万元作为出资方式,经验资后办理了股权转让手续。甲任鑫荣公司董事长与法定代表人,乙任公司总经理。

(1)鑫荣公司成立后业绩不佳,股东之间的分歧日益加剧。2×20年12月18日,该公司召开股东会,在乙的策动下,乙、丙、丁、戊一致同意,限制甲对外签约合同金额在100万元以下,如超出100万元,甲须事先取得股东会同意。甲拒绝在决议上签字。此后公司再也没有召开股东会。

(2)2×21年12月,甲认为产品研发要想取得实质进展,必须引进隆泰公司的一项新技术。甲未与其他股东商量,即以鑫荣公司法定代表人的身份,与隆泰公司签订了金额为200万元的技术转让合同。

(3)2×22年5月,乙为资助其女赴美留学,向朋友张三借款50万元,以其对鑫荣公司的股权作为担保,并办理了股权质权登记手续。

(4)2×22年9月,大都房地产公司资金链断裂,难以继续支撑,不得不向法院提出破产申请。经审查,该公司尚有资产3 000万元,但负债已高达3亿元,各股东包括丙的股权价值几乎为零。

(5) 2×23年1月,鉴于鑫荣公司经营状况不佳及大股东与管理层间的矛盾,小股东丁与戊欲退出公司,以避免更大损失。

要求:根据上述内容,回答以下问题:

(1) 2×20年12月18日股东大会决议的效力如何?为什么?

(2) 甲以鑫荣公司名义与隆泰公司签订的技术转让合同效力如何?为什么?

(3) 乙为张三设定的股权质押效力如何?为什么?

(4) 大都房地产公司陷入破产,丙是否仍然对鑫荣公司享有股权?为什么?

(5) 丁与戊可以通过何种途径保护自己的权益?

3. 2×21年7月8日,甲、乙、丙拟共同出资设立一有限责任公司,并制定了公司章程,其有关要点如下:

(1) 公司注册资本总额为400万元。

(2) 甲、丙各以货币100万元出资。首次出资均为50万元,其余出资均应在公司成立之日起2年内缴付;乙以房屋作价出资200万元,公司成立后一周内办理房屋产权转移手续。

(3) 2×21年8月8日,甲、丙依约缴付了首次出资。10月8日,公司成立,10月12日,乙将房屋产权依约转移给公司。2011年8月5日,甲履行了后续出资义务。2×22年年底,公司取得可分配红利100万元。

(4) 2×23年1月10日,甲、乙、丙就100万元红利的分配发生争执,此时丙尚未缴付剩余出资。经查,乙作价出资的房屋实际价值仅为100万元。因公司的章程没有约定红利分配方法。甲、乙、丙分别提出了自己的主张:甲认为应按2∶2∶1的比例分配;乙认为应按1∶2∶1的比例分配;丙认为应按1∶1∶1的比例分配。

要求:根据《公司法》的规定,回答下列问题:

(1) 公司章程中约定的首次出资额是否符合法律规定;简要说明理由。

(2) 乙作价出资的房屋实际价值为100万元,低于公司章程所定的200万元,对此,甲、乙、丙应如何承担民事责任?

(3) 对公司可分配的100万元红利,甲、乙、丙应按何种比例分配?简要说明理由。

4. 甲、乙共同成立A有限责任公司(简称"A公司"),注册资本200万元,其中,甲持有60%股权,乙持有40%股权。2×22年8月25日,控股股东甲聘请李某担任公司总经理,负责公司日常经营管理。双方约定,除基本工资外,李某可从公司每年税后利润中提取1%作为奖金。同时,A公司股东会决议:同意李某向A公司增资20万元,其中,李某以其姓名作价10万元出资,其余10万元出资以李某未来从A公司应分配的奖金中分期缴纳。

2×23年1月初,乙要求退资。经股东会同意,1月20日,A公司与乙签订退资协议,约定A公司向乙返还80万元出资款。1月28日,A公司向乙支付80万元后,在股东名册上将乙除名,同时,A公司宣布减资80万元,并向债权人发出了通知和公告。债权人丙接到通知后,当即提出异议,认为股东出资后不得撤回,并要求A公司立即清偿债务。A公司则以丙的债权尚未到期为由拒绝清偿。

要求:根据上述内容,分别回答下列问题:

(1)李某可否以姓名出资?李某担任公司总经理有否不当之处?并说明理由。

(2)李某以未来从A公司可分得的奖金分期缴纳出资款是否符合法律规定?李某是否取得股东资格并说明理由。

(3)丙以股东出资后不得撤回为由反对乙退资的主张是否成立?并说明理由。

(4)丙是否有权要求A公司清偿未到期债务?并说明理由。

(5)李某可从公司每年税后利润中优先提取1%作为奖金,是否有效?

第四章

企业破产法

重点、难点讲解及典型例题

一、企业破产法的适用范围

1. 主体适用范围

(1) 主体适用范围是所有的企业法人。

(2) 可以参照适用破产法的主体主要是合伙企业、资不抵债的民办学校、个人独资企业等。

2. 地域适用范围

我国《中华人民共和国企业破产法》(以下简称《企业破产法》),对债务人在中华人民共和国领域外的财产发生效力。

3. 破产原因

不能清偿到期债务,并且资产不足以清偿全部债务或者明显缺乏清偿能力。

破产情形如表 4-1 所示。

表 4-1　破产情形列示

债务人不能清偿到期债务,且资不抵债	债务人提出破产＋资不抵债情况形式审查即可判断
债务人不能清偿到期债务,且明显缺乏清偿能力	(1) 债权人提出破产 (2) 债务人提出破产＋资不抵债状况形式审查难以判断

注:对债务人丧失清偿能力、发生破产原因的认定,不以其他对其债务负有清偿义务者(如连带责任人、担保人)也丧失清偿能力、不能代为清偿为条件。只要债务人本人不能清偿到期债务即为发生破产原因,其他人对其负债的连带责任、担保责任,不能视为债务人的清偿能力或其延伸。

【例题 4-1·单项选择题】　甲公司的债权人向法院申请甲破产清算,下列情形中符合规定的是(　　)。

A. 甲公司主张对其债务负有连带责任的乙公司并未丧失清偿能力而不具备破产原因的,人民法院支持

B. 甲公司所欠的全部债务尚未到期的,甲公司不具备破产原因

C. 甲公司虽然长期亏损且经营扭亏困难而无法清偿债务,但公司账面资产大于负

债,此时不属于明显缺乏清偿能力

D. 甲公司虽然经人民法院强制执行无法清偿债务,但公司账面资产大于负债,此时不属于明显缺乏清偿能力

【答案】 B

【解析】 相关当事人以对债务人的债务负有连带责任的人未丧失清偿能力为由,主张债务人不具备破产原因的,人民法院应不予支持,因此选项A不符合规定。下列情形同时存在的,人民法院应当认定债务人不能清偿到期债务:(1)债权债务关系依法成立;(2)债务履行期限已经届满;(3)债务人未完全清偿债务,因此选项B符合规定。债务人账面资产虽大于负债,但存在下列情形之一的,法院应当认定其明显缺乏清偿能力:(1)因资金严重不足或者财产不能变现等原因,无法清偿债务;(2)法定代表人下落不明且无其他人员负责管理财产,无法清偿债务;(3)经人民法院强制执行,无法清偿债务;(4)长期亏损且经营扭亏困难,无法清偿债务;(5)导致债务人丧失清偿能力的其他情形;选项C、D的表述不符合规定。

二、破产申请和受理

1. 提出破产申请的当事人

提出破产申请的当事人如表4-2所示。

表4-2 提出破产申请的当事人

债权人	重整、破产清算。 ① 破产企业的职工作为债权人可以申请破产,但是应经职工代表大会或全体职工会议通过。 ② 对破产人特定财产有担保的债权人有破产申请权。 ③ 企业法人已解散但未清算或未在合理期限内清算完毕,债权人申请债务人破产清算的,除了债务人举证证明未出现破产原因,法院应当受理
债务人	重整、和解、破产清算
清算组	法院指定的清算组在清理时,发现公司财产不足清偿债务的,可以与债权人协商制订有关债务清偿方案,清偿方案经全体债权人确认且不损害其他利害关系人利益的,法院可依清算组的申请裁定予以认可。债权人对债务清偿方案不予确认或人民法院不予认可的,清算组应向人民法院申请宣告破产
税务机关和社会保险机构	只有对债务人的破产清算申请权,不享有重整申请权
国务院金融监督管理机构	商业银行、证券公司、保险公司等金融机构出现破产原因,国务院金融监督管理机构可以向人民法院提出对该金融机构进行重整或破产清算

注：和解申请只能由债务人提出。

2. 受理的规定

破产受理的规定如表 4-3 所示。

表 4-3 破产受理的规定

	债务人等申请	债权人申请
受理期限	收到破产申请之日起 15 日内裁定（特殊情况，上级批准，延长 15 日）	5 日法院通知债务人→7 日债务人提异议→异议期满 10 日法院裁定
受理送达	裁定作出之日起 5 日内送达申请人	裁定作出之日起 5 日内送达债务人→债务人自裁定送达之日起 15 日提交文件
通知债权人	人民法院自裁定受理破产申请之日起 25 日内通知已知债权人，并予以公告	
管理人	人民法院裁定受理破产申请的，应当同时指定管理人	
不受理	自"裁定"作出之日起 5 日内送达申请人并说明理由	对裁定不服，自裁定送达之日起 10 日内向上一级人民法院提起上诉
受理后驳回	人民法院受理破产申请后至破产宣告前，可以裁定驳回申请	【总结】破产案件中，一般裁定不能上诉，只对不受理申请和驳回申请的裁定有权上诉

3. 破产受理效力

破产受理效力如表 4-4 所示。

表 4-4 破产受理效力

决定者		管理人决定解除或者继续履行合同
解除的情形		① 管理人自破产申请受理之日起两个月内未通知对方当事人； ② 管理人自收到对方当事人催告之日起 30 日内未答复； ③ 管理人决定继续履行合同的，对方当事人有权要求管理人提供担保，管理人不提供担保的。 【注意】超过通知或答复的法定期限，管理人即丧失要求对方继续履行合同的选择权，但如果是此后双方均同意继续履行合同，合同仍可继续履行
选择权的限制	只能履行	① 企业为他人提供担保的合同； ② 保险公司破产时尚未履行完毕的保险合同特别是人寿保险合同； ③ 除严重影响变价价值且无法分别处分，破产企业对外出租不动产的合同如房屋租赁合同
	只能解除	金融衍生品交易合同，进入破产程序时要提前终止，进行净额结算

(续表)

决定者	管理人决定解除或者继续履行合同
次 数	只享有一次性的合同选择履行权,不得反向再次或多次行使 【注意】并不排斥其在选择合同继续履行后,再依据《合同法》有关规定及双方的约定要求解除合同,或在解除合同后,当事人之间又协商签订新的有关合同
表 示	明示或默示(以实际行为表明履行,包括买卖合同中接收对方交付的标的物、租赁合同中接收租金且对履行不提出异议)

【例题 4-2·单项选择题】 2×22 年 7 月,甲、乙两公司签订一份买卖合同。按照合同约定,双方已于 2×22 年 8 月底前各自履行了合同义务的 50%,并应于 2×22 年年底将各自剩余的 50% 的合同义务履行完毕。2×22 年 10 月,人民法院受理了债务人甲公司的破产申请。2×22 年 10 月 31 日,甲公司管理人收到了乙公司关于是否继续履行该买卖合同的催告,但直至 2×22 年 12 月初,管理人尚未对乙公司的催告做出答复。下列关于该买卖合同的表述中,正确的是( )。

A. 乙公司应当继续履行合同
B. 乙公司无需继续履行合同
C. 乙公司有权要求管理人就合同履行提供担保
D. 乙公司有权就合同约定的违约金申报债权

【答案】 B

【解析】 本题考核破产申请的受理。根据规定,人民法院受理破产申请后,管理人对破产申请受理前成立而债务人和对方当事人均未履行完毕的合同有权决定解除或者继续履行,并通知对方当事人。管理人自破产申请受理之日起 2 个月内未通知对方当事人,或者自收到对方当事人催告之日起 30 日内未答复的,视为解除合同。所以本题情形视为解除合同,乙公司无需继续履行合同。

三、管理人制度

1. 产生办法

管理人由人民法院指定。债权人会议认为管理人不能依法、公正执行职务或者有其他不能胜任职务情形的,可以申请人民法院予以更换。

债权人会议对管理人的人选只有建议权,最终由法院指定或更换。

2. 管理人的种类

(1) 清算组。其担任管理人时的案件范围:① 破产申请受理前,根据规定已经成立的清算组,法院认为符合有关规定的案件;② 纳入国家计划的国有企业政策性破产案件;

③ 金融机构破产案件。

(2) 依法设立的律师事务所、会计师事务所、破产清算事务所等社会中介机构。

(3) 中介机构中具有相关专业知识并取得执业资格的人员。

对于事实清楚、债权债务关系简单、债务人财产相对集中的企业破产案件,可指定管理人名册中的个人为管理人。

3. 任职条件

(1) 有下列情形之一的,不得担任管理人:① 因故意犯罪受过刑事处罚;② 曾被吊销相关专业执业证书;③ 与本案有利害关系;④ 人民法院认为不宜担任管理人的其他情形。

(2) 因利害关系不得担任管理人。

【例题 4-3·多项选择题】 根据企业破产法律制度的规定,下列注册会计师中,不得担任管理人的有(   )。

A. 注册会计师甲曾担任债务人公司的独立董事至人民法院受理破产申请 2 年前卸任

B. 注册会计师乙的父亲是债务人公司的控股股东

C. 注册会计师丙因个人原因负债数额巨大,但与债务人公司无关

D. 注册会计师丁最近 3 年来一直为债务人公司作外部审计工作,熟悉该企业情况

【答案】 ABD

【解析】 本题考核不得担任管理人的规定。(1) 选项 A:现在担任或者在人民法院受理破产申请前 3 年内曾经担任债务人、债权人的董事、监事、高级管理人员,不得担任管理人;(2) 选项 B:与债权人或者债务人的控股股东、董事、监事、高级管理人员存在夫妻、直系血亲、三代以内旁系血亲或者近姻亲关系,不得担任管理人;(3) 选项 C:与债务人、债权人有未了结的债权债务关系,不得担任管理人;(4) 选项 D:在人民法院受理破产申请前 3 年内,曾为债务人提供相对固定的中介服务,不得担任管理人。

4. 管理人的职责与责任

(1) 管理人的一般职责如表 4-5 所示。

表 4-5 管理人的一般职责

财产管理	① 接管债务人的财产、印章和账簿、文书等资料; ② 调查债务人财产状况,制作财产状况报告; ③ 决定债务人的内部管理事务; ④ 决定债务人的日常开支和其他必要开支; ⑤ 管理和处分债务人的财产
代表权	① 在第一次债权人会议召开之前,决定继续或者停止债务人的营业; ② 代表债务人参加诉讼、仲裁或者其他法律程序; ③ 提议召开债权人会议; ④ 对双方均未履行完毕的合同,有权决定是否解除或者继续履行

(2) 管理人的报告职责为：管理人一般报告债权人委员会；未设立的，及时报告法院，第一次债权人会议前，应征得法院许可。管理人的报告职责如表 4-6 所示。

表 4-6 管理人的报告职责

重要财产权益转让	① 涉及土地、房屋等不动产权益的转让； ② 探矿权、采矿权、知识产权等财产权的转让； ③ 全部库存或者营业的转让； ④ 债权和有价证券的转让
重要负担行为	① 借款； ② 设定财产担保； ③ 履行债务人和对方当事人均未履行完毕的合同； ④ 放弃权利； ⑤ 担保物的取回

四、债务人财产制度

1. 破产费用与共益债务

(1) 破产费用和共益债务由债务人财产随时清偿。破产费用与共益债务优先于无财产担保债权的受偿权。

(2) 债务人财产不足以清偿所有"破产费用和共益债务"的，先行清偿破产费用。

(3) 债务人财产不足以清偿所有"破产费用或者共益债务"的，按照比例清偿。

(4) 如果债务人财产不足以支付破产费用，应当受理破产案件，并作出破产宣告，作出终结破产程序的裁定。

2. 债务人财产范围

(1) 债务人受理时的财产范围如表 4-7 所示。

表 4-7 债务人受理时的财产范围

一般财产	除债务人所有的货币、实物，债务人依法享有的可以用货币估价并可以转让的债权、股权、知识产权、用益物权等财产和财产权益，均应认定为债务人财产
担保财产	① 债务人已依法设定担保物权的特定财产，应当认定为债务人财产。 ② 对债务人的特定财产在担保物权消灭或者实现担保物权后的剩余部分，在破产程序中可用以清偿破产费用、共益债务和其他破产债权

(2) 破产申请受理后至破产程序终结前的财产包括：① 破产申请受理后至破产程序终结前财产的增值，包括孳息等；② 财产追回：确认无效或可撤销后追回的，股东补足的出资等；③ 执行回转的财产：破产申请受理后，有关债务人财产的执行程序未中止的，采取执行

措施的相关单位应当予以纠正。依法执行回转的财产,法院应当认定为债务人财产。

(3)破产申请受理后至破产程序终结前,不包括的财产范围为:① 债务人基于仓储、保管、承揽、代销、借用、寄存、租赁等合同或者其他法律关系占有、使用的他人财产;② 债务人在所有权保留买卖中尚未取得所有权的财产;③ 所有权专属于国家且不得转让的财产。

五、破产撤销权与无效行为

1. 破产无效行为

(1)为逃避债务而隐匿、转移财产的。

(2)虚构债务或者承认不真实的债务的。

在丧失清偿能力时隐匿、转移财产,本身就是客观上损害债权人利益的无效行为,行为作出必然违法。

管理人主张被隐匿、转移财产的实际占有人返还债务人财产,或者主张债务人虚构债务或者承认不真实债务的行为无效并返还债务人财产的,法院应予支持。

2. 破产撤销权

破产撤销的提出者为管理人。

破产撤销的情形如下:

(1)受理破产申请前6个月内有以下情节:债务人有破产原因,仍对个别债权人进行清偿,但是个别清偿使债务人财产受益的除外。

(2)受理破产申请前1年内有以下情节之一:① 无偿转让财产;② 以明显不合理的价格进行交易;③ 对没有担保的债务提供担保;④ 对未到期的债务提前清偿。

破产撤销的情形如表4-8所示。

表4-8 破产撤销的情形

有担保不可撤	债务人对以自有财产设定担保物权的债权进行的个别清偿,管理人请求撤销,人民法院不予支持。但是,债务清偿时担保财产的价值低于债权额的除外
必要的不可撤	债务人对债权人进行的以下个别清偿,管理人请求撤销的,人民法院不予支持: ① 债务人为维系基本生产需要而支付水费、电费等的; ② 债务人支付劳动报酬、人身损害赔偿金的; ③ 使债务人财产受益的其他个别清偿
恶意可以撤	债务人经诉讼、仲裁、执行程序对债权人进行的个别清偿,管理人请求撤销的,人民法院不予支持。但是,债务人与债权人恶意串通损害其他债权人利益的除外

【例题4-4·单项选择题】 假设人民法院于2×23年9月10日受理某企业法人破产案件,12月10日作出破产宣告裁定。在破产企业清算时,下列选项中,管理人可依法

行使撤销权的是( )。

A. 该企业于2×22年4月1日对没有财产担保的债务以价值10万元的机器设备提供了抵押

B. 该企业于2×23年2月20日对应于同年8月1日到期的债务提前予以清偿

C. 该企业于2×23年1月1日将价值25万元的车辆作价8万元转让他人

D. 该企业于2×22年5月8日与其债务人签订协议,放弃其15万元债权

【答案】 C

【解析】 本题考核破产程序中的撤销权。根据规定,人民法院受理破产申请前1年内,涉及债务人财产的特定情况的,管理人有权行使撤销权。选项C属于以明显不合理的价格进行交易的情形,且发生在人民法院受理破产申请前1年,因此是可以由管理人撤销的。选项B尽管是在人民法院受理破产申请前1年内发生的对未到期债务提前清偿的情况,但该债务在破产申请受理前已经到期,因此不属于可撤销的行为。

【例题4-5·单项选择题】 2×23年9月,人民法院受理了甲公司的破产案件,管理人接管甲公司后,发现甲公司曾在2×22年12月时提前清偿了乙公司的100万元债务,经查,甲公司欠乙公司的债务在2×23年8月时到期,对此,下列说法正确的是( )。

A. 该笔提前清偿债务的行为,管理人应当请求人民法院撤销

B. 管理人请求撤销甲公司该清偿行为的,人民法院不予支持

C. 由于提前清偿债务的行为发生在破产受理前1年内,因此该行为可以由其他债权人申请人民法院予以撤销

D. 由于该笔债务的到期日在破产受理日前6个月内,因此属于可撤销行为

【答案】 B

【解析】 本题考核对未到期债务提前清偿的特别规定。根据规定,破产申请受理前1年内债务人提前清偿的未到期债务,在破产申请受理前已经到期,管理人请求撤销该清偿行为的,人民法院不予支持。但是,该清偿行为发生在破产申请受理前6个月内且债务人有破产原因的除外。

3. **取回权**

(1) 人民法院受理破产申请后,债务人占有的不属于债务人的财产,该财产的权利人可以通过管理人取回。(通常只限于取回"原物")

(2) 债务人重整期间,权利人要求取回债务人合法占有的权利人的财产,不符合双方事先约定条件的,人民法院不予支持。但是,因管理人或者自行管理的债务人违反约定,可能导致取回物被转让、毁损、灭失或者价值明显减少的除外。重整不得取回(除非有约定或有破坏)。

(3) 行使代偿取回权的情形如下：

债务人占有的他人财产毁损、灭失，因此获得的保险金、赔偿金、代偿物"尚未交付给债务人"，或者代偿物"虽已交付给债务人但能与债务人财产予以区分"的，权利人主张取回就此获得的保险金、赔偿金、代偿物的，人民法院应予支持。

(4) 不能区分时的处理如下：

保险金、赔偿金已经交付给债务人，或者代偿物已经交付给债务人且不能与债务人财产予以区分的，人民法院应当按照表4-9处理。

表4-9　财产破产、灭失发生在破产申请受理前后的处理

财产毁损、灭失发生在破产申请受理前	权利人因财产损失形成的债权，作为普通破产债权清偿
财产毁损、灭失发生在破产申请受理后	管理人或者相关人员执行职务导致权利人损害产生的债务，作为共益债务清偿

(5) 人民法院受理破产申请时，出卖人已将买卖标的物向作为买受人的债务人发运，债务人"尚未收到"且"未付清全部价款"的，出卖人可以取回在运途中的标的物。但是，管理人可以支付全部价款，请求出卖人交付标的物。

出卖人通过通知承运人或者实际占有人中止运输、返还货物、变更到达地，或者将货物交给其他收货人等方式，对在运途中标的物主张了取回权但未能实现，或者在货物未达管理人前已向管理人主张取回在运途中标的物，在买卖标的物到达管理人后，出卖人向管理人主张取回的，管理人应予准许。

出卖人对在运途中标的物未及时行使取回权，在买卖标的物到达管理人后向管理人行使在运途中标的物取回权的，管理人不应准许。

在途时行使取回权，实际取回可在到达买受人后。出卖人向管理人表示行使取回权，即发生取回法律效力。

【例题4-6·单项选择题】 人民法院受理债务人甲公司破产申请时，乙公司依照其与甲公司之间的买卖合同已向买受人甲公司发运了该合同项下的货物，但甲公司尚未付价款。乙公司得知甲公司破产申请被受理后，立即通过传真向甲公司的管理人要求取回在运途中的货物。管理人收到乙公司传真后不久，即收到了乙公司发运的货物。下列表述中，正确的是（　　）。

A．乙公司有权取回该批货物

B．乙公司无权取回该批货物，但可以就买卖合同价款向管理人申报债权

C．管理人已取得该批货物的所有权，但乙公司有权要求管理人立即支付全部价款

D．管理人已取得该批货物的所有权，但乙公司有权要求管理人就价款支付提供担保

【答案】 A

【解析】 本题考核点是出卖人取回权。根据规定,人民法院受理破产申请时,出卖人已将买卖标的物向作为买受人的债务人发运,债务人尚未收到且未付清全部价款的,出卖人可以取回在运途中的标的物。但是,管理人可以支付全部价款,请求出卖人交付标的物。只要货物尚在运途中,出卖人向管理人表示行使取回权,即发生取回法律效力;即使管理人其后收到货物,也仅处于保管人的地位。

4. 抵销权

抵销权的行使主体为债权人主动。

债权人应当向管理人提出抵销主张。管理人不得主动抵销债务人与债权人的互负债务,但抵销使债务人财产受益的除外。

抵销权必须在破产财产最终分配确定之前行使。

(1) 管理人收到债权人提出的主张债务抵销的通知后,经审查无异议的,抵销自管理人收到通知之日起生效。

(2) 管理人对抵销主张有异议的,应当在约定的异议期限内或者自收到主张债务抵销的通知之日起 3 个月内向人民法院提起诉讼。无正当理由逾期提起的,人民法院不予支持。

(3) 人民法院判决驳回管理人提起的抵销无效诉讼请求的,该抵销自管理人收到主张债务抵销的通知之日起生效。

5. 破产债权

(1) 申报期:自法院发布受理破产申请公告之日起 30 日至 3 个月。

(2) 未能按期申报的处理如下:

① 在人民法院确定的债权申报期限内,债权人未申报债权的,可以在破产财产最后分配前补充申报;但是,此前已进行的分配,不再对其补充分配。

② 确认补充债权发生的费用,由补充申报人承担。费用仅限于依破产程序审查和确认补充申报债权所实际发生的费用,不得按照法院审理诉讼案件的标准收费。

(3) 破产债权的确认如下:

① 债权人申报之债权需经确认后才能在破产程序中行使权利。凡经发生法律效力的裁判所确认的债权,原则上不在审查确认之列,应直接列入债权确认表中。

② 经核查后仍存在异议的债权,由人民法院裁定该异议债权是否列入债权确认表内。该项裁定无实体法律效力,不影响债权人等利害关系人提起债权确认诉讼的权利。

【例题 4-7 · 多项选择题】 根据《企业破产法》的规定,下列选项中,可以作为破产债权申报的有( )。

A. 破产宣告时尚未到期的债权

B. 破产宣告时附停止条件的债权

C. 破产案件受理前成立的有财产担保的债权

D. 管理人决定解除破产企业未履行的合同,除实际损失之外,依合同约定应支付给对方当事人的违约金

【答案】 ABC

【解析】 本题考核点是债权申报。未到期的债权,在破产申请受理时视为到期。所以选项 A 正确。附条件、附期限的债权和诉讼、仲裁未决的债权,债权人可以申报。所以选项 B 正确。破产案件受理前成立的债权,无论有无担保,均可以申报。所以选项 C 正确。管理人或者债务人依照《企业破产法》规定解除合同的,对方当事人以因合同解除所产生的损害赔偿请求权申报债权,不包括违约金。所以选项 D 错误。

六、债权人会议

1. 表决权

(1) 第一次债权人会议:申报债权者。

(2) 以后的债权人会议:只有债权得到确认才有表决权,包括有担保和无担保的债权人。

债权人的表决权如表 4-10 所示。

表 4-10 债权人的表决权

有担保债权且未放弃优先受偿权的债权人	对通过和解协议、通过破产财产分配不得行使表决权
债权存在争议	可以参加债权人会议,但不得行使表决权,除法院能够为其临时确定债权额者
债务人的职工和工会的代表	没有表决权。如存在职工劳动债权不能从破产财产中获得全额优先受偿,或是在重整程序中债权人会议决议通过影响其清偿利益的重整计划草案等情况,职工债权人应享有表决权

2. 列席人员

(1) 债务人的法定代表人有义务列席债权人会议。

(2) 管理人应当列席债权人会议。

(3) 经法院决定,债务人的财务管理人员和其他经营管理人员有义务列席债权人会议。

【例题 4-8 · 多项选择题】 根据企业破产法的规定,债权人会议表决的下列事项中,对债务人的特定财产享有担保权且未放弃优先受偿权利的债权人享有表决权的有( )。

A. 通过重整计划　　　　　　　　B. 通过和解协议
C. 通过破产财产的分配方案　　　D. 通过破产财产的变价方案

【答案】 AD

【解析】 本题考核点是债权人的表决权。根据规定,对债务人的特定财产享有担保权的债权人,未放弃优先受偿权利的,对于通过和解协议草案和通过破产财产的分配方案的决议不享有表决权,因此选项B、C不正确。

3. 召集情形

债权人会议召集情形如表4-11所示。

表4-11　债权人会议召集情形

项　目	第一次	以后的会议
情形	人民法院召集	① 人民法院认为必要时 ② 管理人、债权人委员会、占债权总额1/4以上的债权人向债权人会议主席提议时
时间	债权申报期限届满之日起15日内	管理人应当提前15日通知已知的债权人

(1) 债权人会议主席主持债权人会议。

(2) 债权人会议设主席1人,由人民法院在有表决权的债权人中指定。

4. 债权人会议决议

债权人会议决议如表4-12所示。

表4-12　债权人会议决议

一般情况	出席会议的有表决权的债权人过半数(>1/2)通过,并且其所代表的债权额占"无财产担保债权总额"的1/2以上(≥1/2)
和　解	出席会议的有表决权的债权人过半数通过,并且其所代表的债权额占"无财产担保债权总额"的2/3以上
重　整	出席会议的有表决权的债权人过半数通过,并且其所代表的债权额占债权总额的2/3以上

对于在该决议事项上有表决权的全体债权人均有约束力。和解决议、破产财产分配决议对有财产担保的债权人没有约束力。

【例题4-9·多项选择题】 根据企业破产法的规定,下列关于债权人会议的表述中,正确的有(　　)。

A. 所有债权人都可以参加债权人会议,并享有表决权

B. 第一次债权人会议由人民法院召开

C. 所有申报债权者均有权参加第一次债权人会议

D. 债权人会议的决议,由出席会议的有表决权的债权人过半数通过即可

【答案】 BC

【解析】 本题考核点是债权人会议。有财产担保的债权人对破产财产分配和和解协议草案的决议没有表决权,因此选项 A 的说法错误;债权人会议的决议,由出席会议的有表决权的债权人过半数通过,并且其所代表的债权额占无财产担保债权总额的 1/2 以上。但是,本法另有规定的除外。因此选项 D 的说法是错误的。

5. 债权人委员会

债权人委员会选任机关由债权人会议根据需要确定。由债权人会议选任的债权人代表和 1 名债务人的职工代表或者工会代表组成。债权人委员会成员不得超过 9 人,由人民法院以书面决定认可。

债权人委员会的职权如下:

(1) 监督债务人财产的管理和处分。

(2) 监督破产财产分配。

(3) 提议召开债权人会议。

七、重整、和解与破产清算

(一) 重整申请

1. 重整期间

重整期间是指自人民法院裁定债务人重整之日起至重整程序终止。重整的类型如表 4-13 所示。

表 4-13 重整的类型

直接重整	债务人	资产不足以清偿全部债务或者明显缺乏清偿能力
	债权人	当债务人不能清偿到期债务时
转入重整	债务人	受理破产申请后宣告债务人破产前,债权人申请对债务人进行破产清算,债务人可以向人民法院申请重整
	10%出资人	受理破产申请后宣告债务人破产前,出资额占债务人注册资本 1/10 以上的出资人,可以向人民法院申请重整
	其他	如国务院金融监督管理机构可以向人民法院提出对金融机构进行重整的申请

注：重整期间不包括重整计划得到批准后的执行期间。

2. 管理者

（1）经债务人申请，法院批准，债务人可在管理人的监督下自行管理财产和营业事务。

（2）管理人负责管理财产和营业事务，可聘任经营管理者。

3. 重整期间的效力

重整期间的效力限制如表4-14所示。

表4-14 重整期间的效力限制

担保权受限	重整期间，对债务人的特定财产享有的担保权暂停行使
新担保不受限	重整期间，债务人或者管理人为继续营业而借款，可为该借款设定担保
取回权受限	债务人合法占有的他人财产，该财产的权利人在重整期间要求取回的，应当符合事先约定的条件
分红权受限	重整期间，债务人的出资人不得请求投资收益分配
转让权受限	重整期间，债务人的董事、监事、高级管理人员不得向第三人转让其持有的债务人的股权。但是，经人民法院同意的除外

（二）和解申请

和解申请的类型如表4-15所示。

表4-15 和解申请的类型

直接和解	债务人可以直接向法院申请和解
转向和解	债务人可以在人民法院受理破产申请后宣告债务人破产前债务人为了避免倒闭，可以向人民法院申请和解

1. 和解协议的制定、表决

（1）债务人申请和解，应当提出和解协议草案。债务人或者管理人向人民法院和债权人会议提交重整计划草案。

（2）由出席会议的有表决权的债权人过半数同意，并且其所代表的债权额占无财产担保债权总额的2/3以上。表决无须分组。

（3）债权人会议通过和解协议的，由人民法院裁定认可，并予以公告。

2. 和解协议效力

（1）对债务人和全体和解债权人（无财产担保债权）均有约束力。

和解程序对就债务人特定财产享有担保权的权利人无约束力，该权利人自人民法院裁定和解之日即受理和解申请、启动和解程序之日起,可以对担保物行使权利。

(2) 对债务人的保证人和其他连带债务人所享有的权利,不受和解协议的影响。

3. 和解协议终止

(1) 如果债务人不能执行或者不执行和解协议的,人民法院经和解债权人请求,应当裁定终止和解协议的执行,并宣告债务人破产。

(2) 和解协议终止的效力包括:

① 债权人在和解协议中作出的债权调整的承诺失去效力。

② 为和解协议的执行提供的担保继续有效。

③ 债权人因执行和解协议所受的清偿仍然有效,债权未受清偿的部分只有在其他同顺位债权人同自己所受的清偿达到同一比例时,才能继续接受分配。

重整与和解的对比如表4-16所示。

表4-16 重整与和解的对比

项 目		重 整	和 解
申请人	直 接	债务人;债权人	债务人
	受理申请后、宣告破产前	债务人;出资额占债务人注册资本1/10以上的出资人;其他债权人	债务人
制定人		债务人/管理人	债务人	—
执行人		债务人	债务人	—
表 决	分 组	不分组	—
	出席会议有表决权的债权人＞1/2+债权额占债权总额≥2/3	出席会议有表决权的债权人＞1/2+债权额占无财产担保债权总额≥2/3	—
效 力	债务人	√	√
	债权人	有担保/无担保	无担保
	保证人	×	×
	连带债务人	×	×
执行成功		债务人不再承担清偿责任		
执行不成		债权调整的承诺失去效力;因执行计划所受的清偿仍然有效;为执行提供的担保继续有效		

(三)破产清算程序

1. 别除权

(1) 别除权人享有破产申请权,也应当申报债权。

(2) 别除权的优先受偿权不受破产清算与和解程序的限制,但在重整程序中受到一定限制。

【例题 4-10·多项选择题】 根据企业破产法的规定,对破产人的特定财产享有担保权的权利人,对该特定财产享有优先受偿的权利。下列选项中,构成该项优先受偿权的有( )。

A. 破产人为他人债务提供的保证担保

B. 破产人为自己的债务提供的质押担保

C. 破产人为他人债务提供的抵押担保

D. 第三人为破产人的债务提供的抵押担保

【答案】 BC

【解析】 本题考核点是别除权。对破产人的特定财产享有担保权的权利人,对该特定财产享有优先受偿的权利。选项 A 是没有"特定财产"的保证担保;选项 D 不是"破产人"提供的担保,均不能构成优先受偿权(别除权)。

2. 破产财产的变价和分配

1) 一般企业

(1) 有财产担保的债权。

(2) 破产费用和共益债务。

(3) 职工债权(破产人所欠职工的工资和医疗、伤残补助、抚恤费用,所欠的应当划入职工个人账户的基本养老保险、基本医疗保险费用,以及法律、行政法规规定应当支付给职工的补偿金)。

对债务人的董事、监事和高级管理人员工资按同期平均工资标准予以调整。

政府或第三方就劳动债权的垫款,可以在破产程序中按照职工债权的受偿顺序优先获得清偿。

(4) 破产人欠缴的除前项的社会保险费用和破产人所欠税款。破产财产的变价和分配如表 4-17 所示。

表 4-17 破产财产的变价和分配

项 目	劳动报酬	社会保险费用
为继续营业	共益债务	共益债务
一般情况	职工债权	职工债权、除前项以外的社会保险费用

破产企业在受理前因欠缴税款产生的滞纳金属于普通债权;受理后因欠缴税款产生的滞纳金不属于破产债权,不予清偿。

(5) 普通破产债权。破产财产不足以清偿同一顺序的清偿要求的,按照比例分配。

2) 商业银行

(1) 商业银行不能支付到期债务,经国务院银行业监督管理机构同意,由法院宣告其破产。

(2) 商业银行破产清算时,在支付清算费用、所欠职工工资和劳动保险费用后,应当优先支付个人储蓄存款的本金和利息。

破产财产受领的分配顺序如表 4-18 所示。

表 4-18 破产财产受领分配顺序

附生效或解除条件的债权	管理人提存	① 在最后分配公告日,生效条件未成就或解除条件成就的,应当分配给其他债权人; ② 在最后分配公告日,生效条件成就或者解除条件未成就的,应当交付给债权人
未受领的破产财产分配额		债权人自最后分配公告之日起满 2 个月仍不领取的,视为放弃受领分配的权利,管理人或者法院将提存的分配额分配给其他债权人
诉讼或仲裁未决的债权		自破产程序终结之日起满 2 年仍不能受领分配的,法院应当将提存的分配额分配给其他债权人

【例题 4-11·单项选择题】 甲商业银行破产清算时,已支付清算费用、所欠职工工资和劳动保险费用。根据企业破产法律制度的规定,其尚未清偿的下列债务中,应当优先偿还的是( )。

A. 购买办公设备所欠货款　　　　　B. 欠缴监管机构的罚款
C. 企业账户中的存款本金及利息　　D. 个人储蓄存款的本金及利息

【答案】 D

【解析】 本题考核破产清算。商业银行破产清算时,在支付清算费用、所欠职工工资和劳动保险费用后,应当优先支付个人储蓄存款的本金和利息。

3. 破产程序的终结

人民法院应当自收到管理人终结破产程序的请求之日起 15 日内作出是否终结破产程序的裁定。管理人应当自破产程序终结之日起 10 日内,向破产人的原登记机关办理注销登记。

自破产程序终结之日起 2 年内,有下列情形之一,债权人可请求法院按照破产财产分配方案进行追加分配：

(1) 发现在破产案件中有可撤销行为、无效行为或者债务人的董事、监事和高级管理人员利用职权从企业获取非正常收入和侵占企业财产的情况，应当追回财产的。

(2) 发现破产人有应当供分配的其他财产的。

在破产清算程序终结后2年内，债权人可以追回财产应用于"对全体债权人"分配。在破产清算程序终结2年之后，债权人可以追回财产应用于"个别清偿"。

思考与练习

一、单项选择题

1. 甲公司因负债被债权人申请破产，人民法院受理了该破产申请。根据《企业破产法》，破产申请受理后所实施的行为，符合法律规定的是（ ）。

   A. 甲公司提前向乙公司清偿18万元债务

   B. 管理人为维护甲公司的利益，解除了甲公司与丙公司订立但双方均未履行的保管合同

   C. 丁公司向甲公司清偿了20万元

   D. 乙法院因民事执行需要查封了甲公司一栋已出租的门市房并继续执行，不予中止

2. 2×23年6月1日，人民法院受理了对甲公司提起的破产申请。根据企业破产法律制度的规定，下列人员中，有资格担任管理人的是（ ）。

   A. 3年前被吊销执业证书，但现已重获执业资格的会计师乙

   B. 曾于2×18年1月1日至2×19年12月31日担任甲公司法律顾问的丙律师事务所

   C. 甲公司董事丁

   D. 甲公司监事会主席的妻子戊

3. 根据《最高人民法院关于适用〈中华人民共和国企业破产法〉若干问题的规定（二）》的规定，下列财产应认定为债务人财产的是（ ）。

   A. 债务人企业中属于国家所有的厂房和土地

   B. 债务人企业基于承揽合同占有他人的加工材料

   C. 破产受理后债务人企业银行存款的利息

   D. 债务人在所有权保留买卖中尚未取得所有权的财产

4. 根据企业破产法律制度的规定，人民法院受理破产申请前6个月内，涉及债务人

财产的下列行为中,管理人有权请求人民法院予以撤销的是( )。

　　A. 向他人无偿转让企业财产

　　B. 支付职工劳动报酬

　　C. 支付人身损害赔偿金

　　D. 在设定债务的同时,并为该债务提供财产担保

5. 下列有关取回权的说法中,正确的是( )。

　　A. 财产若有毁损和灭失,只能申报普通债权

　　B. 有代偿物的且尚未交付给债务人的,权利人可以主张取回该代偿物

　　C. 有代偿物的且已交付给债务人的,权利人不能主张取回该代偿物

　　D. 破产受理之后发生毁损和灭失的且没有保险金和赔偿金,只能申报普通债权

6. 根据企业破产法的规定,下列情形中,债权人可以行使抵销权的是( )。

　　A. 甲享有债务人120万元的债权,同时又是债务人股东,在债务人破产时,甲尚有100万元的分期出资额未缴纳

　　B. 乙享有债务人120万元的债权,但在听说债务人申请破产后,购买了债务人100万元的货物并拒绝支付货款而形成债务

　　C. 丙应付债务人100万元的货款,在债务人破产申请被受理后,从另一债权人手中以六折的价格买入了100万元的债权

　　D. 丁应付债务人100万元的货款,在债务人的破产申请被受理后,继续向债务人提供了100万元的货物,未能及时收到货款而形成债权

7. 根据企业破产法律制度的规定,下列各项中,属于债权人会议职权的是( )。

　　A. 调查债务人的财产状况,制作财产状况报告

　　B. 决定债务人的日常开支

　　C. 决定债务人的内部管理事务

　　D. 通过债务人财产的管理方案

8. 根据企业破产法的规定,下列关于债权人委员会的表述中,正确的是( )。

　　A. 在债权人会议中应当设置债权人委员会

　　B. 债权人委员会的成员人数最多不得超过7人

　　C. 债权人委员会中的债权人代表由人民法院指定

　　D. 债权人委员会中应当有1名债务人企业的职工代表或者工会代表

9. 对具有破产原因而又有再生希望的企业,经利害关系人申请,人民法院可以依法裁定重整。关于债务人及其出资人重整期间权利义务的说法,正确的是( )。

　　A. 债务人合法占有他人财产,该财产的权利人要求取回,债务人应当无条件予以

返还

    B. 债务人的出资人不能请求投资收益分配

    C. 债务人为继续营业而借款的,不得为该借款提供担保

    D. 经人民法院批准,债务人可以自行管理财产而不接受管理人的监督

10. 破产企业甲公司在破产案件受理前因欠缴税款产生滞纳金。下列关于该滞纳金在破产程序中清偿顺位的表述中,符合破产法律制度规定的是( )。

    A. 该滞纳金与欠缴税款处于相同受偿顺位

    B. 该滞纳金属于普通债权,受偿顺位劣后于欠缴税款

    C. 该滞纳金劣后于普通债权受偿

    D. 该滞纳金不属于破产债权,在破产程序中不予清偿

二、多项选择题

1. 下列各项中,关于破产申请的提出,说法正确的有( )。

    A. 税务机关和社会保险机构享有对债务人的破产清算申请权

    B. 债务人和债权人都可以提出和解申请

    C. 负有清算责任的清算组也可以提出破产申请

    D. 商业银行、证券公司、保险公司等金融机构有法定破产原因的,国务院金融监督管理机构可以向人民法院提出对该金融机构进行重整、和解或者破产清算的申请

2. 根据《企业破产法》,关于破产申请受理程序的说法,正确的有( )。

    A. 以申请人未预先交纳诉讼费用为由,对破产申请提出异议的,人民法院不予支持

    B. 法院不予受理破产申请和驳回破产申请均应以裁定形式作出

    C. 债务人应在人民法院受理破产申请的裁定送达之日起 45 日内,向人民法院提交财产状况说明、债务债权清册、财务会计报告等资料

    D. 人民法院裁定受理破产申请后,应当自裁定受理破产申请之日起 30 日内通知已知债权人,并予以公告

3. 人民法院受理了甲企业的破产案件,经清查,甲企业债务人财产共 280 万元(不含担保财产),共需支付破产案件诉讼费用 20 万元;管理、变价债务人财产的费用 320 万元;因债务人不当得利所产生的债务 100 万元和债务人财产致人损害所产生的债务 50 万元,关于甲企业的清偿问题,下列说法正确的有( )。

    A. 管理人应当提请人民法院终结破产程序

    B. 应支付诉讼费用 11.43 万元;支付管理、变价债务人财产的费用 182.86 万元;支付因债务人不当得利所产生的债务 57.14 万元;支付债务人致人损害所产生的债务

28.57万元

C. 应支付诉讼费用16.47万元；支付管理、变价债务人财产的费用263.53万元，剩余债务不再支付

D. 应支付诉讼费用20万元；支付管理、变价债务人财产的费用177.02万元；支付因债务人不当得利所产生的债务55.32万元；支付债务人致人损害所产生的债务27.66万元

4. 根据企业破产法律制度的规定，下列债务中，债权人应在人民法院确定的期限内进行债权申报的有（　　）。

　　A. 债务人所欠税款　　　　　　　　B. 债务人所欠银行未到清偿期的借款
　　C. 债务人所欠职工工资　　　　　　D. 债务人所欠职工医疗费

5. 下列关于和解的表述中，符合企业破产法规的有（　　）。

　　A. 和解申请只能由债务人一方提出
　　B. 和解申请只能由债权人一方提出
　　C. 在和解程序中，对债务人特定财产享有的担保权暂停行使
　　D. 和解债权人未依照法律规定申报债权的，在和解协议执行完毕后，仍可按和解协议规定的清偿条件行使权利

三、案例题

2×23年3月1日，甲公司就自己不能支付到期债务向人民法院提出破产申请，人民法院于3月10日裁定受理该公司的破产申请，并指定了破产管理人。管理人接管甲公司后，对该公司的财产进行了清理，有关清理情况如下：

1. 甲公司资产总额为5 600万元（变现价值）。其中全部厂房变现价值3 200万元，办公楼变现价值为650万元；全部机器设备变现价值820万元。

2. 负债总额为11 000万元。其中：

（1）流动负债的情况为：应付职工工资180万元，未交税金220万元；以甲公司全部厂房作抵押，向中国工商银行贷款500万元；以机器设备作抵押，向中国建设银行贷款420万元。

（2）应付账款640万元，包括但不限于：① 应付乙公司到期货款380万元。人民法院终审判决甲公司支付乙公司欠款及违约金和赔偿金等共计405万元，乙公司申请强制执行，人民法院对甲公司办公楼予以查封。人民法院受理甲公司破产申请时，此判决尚未执行。② 应付丙公司到期货款180万元，以甲公司机器设备作抵押，已办理抵押登记。③ 应付丁公司尚未到期货款200万元。

3. 2×22年12月,甲公司主动放弃了对某公司的到期债权90万元。

4. 甲公司的股东用于出资的房产在出资时作价600万元,而当时的实际价值仅为520万元。

5. 甲公司在破产程序中支付破产费用为40万元。

要求:根据以上事实,在不考虑债权利息的情况下,分别回答下列问题:

(1) 人民法院查封的甲公司的办公楼可否用于偿还所欠乙公司的货款?并说明理由。

(2) 对甲公司放弃到期债权的行为应如何处置?并说明理由。

(3) 甲公司的股东出资不实应如何处理?并说明理由。

(4) 甲公司的破产财产额是多少?并说明如何分配?

(5) 丁公司尚未到期货款是否属于破产债权?说明理由。如果是破产债权,丁公司可分配的财产具体数额为多少?并列出计算过程。(金额保留至元)

第五章

物权法

重点、难点讲解及典型例题

一、物权法概述

(一) 物的特征

物的特征如表 5-1 所示。

表 5-1 物的特征

项 目	不属于物	属于物
有体性	权利、行为、智力成果(包括电脑程序)等	权利在特殊情况下成为物权客体,如权利质权
可支配性	① (不为人力所支配)太阳、月亮、星星等; ② (不为人所需)汽车尾气等	能够为人力控制的电、光波等
非人格性	人,包括人身体内的血液	与人体分离的毛发、假牙、义肢、捐献器官、尸体

【例题 5-1·多项选择题】 下列各项中,能够成为所有权客体的有(　　)。

A. 土地　　　　　　　　　　B. 血站储存的血液

C. 商标　　　　　　　　　　D. 存有计算机程序的光盘

【答案】 ABD

【解析】 本题考核物权的客体。物权法上的物,具有有体性、可支配性、在人的身体之外的特点。

(二) 物的种类

(1) 流通物、限制流通物与禁止流通物。

(2) 动产与不动产。其中,不动产包括土地、海域以及房屋、林木等地上定着物。

(3) 可替代物与不可替代物。

(4) 消耗物与非消耗物。其中,消耗物包括粮食、金钱等。

以让与为目的的消费物(金钱)移转占有即移转所有权。

(5) 可分物与不可分物。

(6) 主物与从物。主物与从物的判断标准如表 5-2 所示。

表 5-2　主物与从物的判断标准

判断标准	示　例
独立存在	房子和门不是主物与从物
从属关系	甲的上衣和甲的裤子不是主物与从物

例如,电视机与遥控器、旅馆设置的家具、房间的钥匙、书的封套、机器的维修工具等都是主物与从物。

(7) 原物与孳息物。原物与孳息物的判断标准如表 5-3 所示。

表 5-3　原物与孳息物的判断标准

标　准	示　例
产出	① 母猪下的猪仔、银行存款的利息是孳息; ② 电灯发出的灯光不是孳息
分离★	① 苹果树上的苹果、母牛肚子里的小牛不是孳息; ② 苹果树上掉下的苹果、母牛生出来的小牛是孳息

孳息物的分类如表 5-4 所示。

表 5-4　孳息物的分类

分　类	概　念	例　子	归　属
天然孳息	因自然规律而产生	母牛生出来的小牛	由所有权人取得;既有所有权人又有用益物权人的,由用益物权人取得。当事人另有约定的,按照约定。——约定→用益物权人→所有权人
法定孳息	依据法律关系所产生	租金、利息	约定→习惯

【例题 5-2·多项选择题】　根据物权法律制度的有关理论,下列选项中,属于法律意义上孳息的有(　　)。

　　A. 出租柜台所得租金　　　　　　　B. 果树上已成熟的果实
　　C. 母鸡生的鸡蛋　　　　　　　　　D. 奶牛体内的牛奶

【答案】　AC

【解析】　果树上已成熟的果实还在果树上,没有和果树分离,不属于孳息;奶牛体内的牛奶还在奶牛体内,没有和奶牛分离,所以不属于孳息。

(三) 物权法的基本原则

1. 物权法定原则

债权效力及于自己,可自由约定。

(1) 种类法定:如增加居住权、优先购买权为物权种类因违反种类法定而无效。

(2) 内容法定:如设立质权可以不转移占有因违反内容法定而无效。

例如,若叔侄约定好,侄子若将祖宅出售,叔父有权优先购买,侄子在未满足叔父优先购买的情况下擅将祖宅售予他人,叔父有权宣告买卖无效。请问约定是否有效?我国并未将优先购买权规定为法定物权种类,因此这一约定因为违反物权种类法定原则而无效,即便侄子违反约定将祖宅售与他人,叔父亦不得主张房屋买卖无效并要求买受人返还房屋。但叔父有权请求违反约定的侄子承担民法典上的违约责任。

2. 物权客体特定原则(一物一权原则)

债权的客体是给付行为,不直接存在于物,故并不特定。可能一项债权合同会涉及数物,可能合同签订时物尚未确定、甚至尚不存在。

(1) 一个物上只能存在一个所有权。

(2) 一物之上可以存在多个所有权人,如共有。

(3) 一物之上可以成立数个互不冲突的物权。

3. 物权公示原则

债权效力不及于第三人,故无须公示。

(1) 公示的要求:一般情况下,不动产看登记,动产看交付。

(2) 公示的效力有以下几种:

① 物权移转效力:根据公示对于物权移转效力的影响程度不同,物权移转有公示生效主义与公示对抗主义。

② 物权推定效力:为法定公示方式所彰显的权利人,被推定为合法权利人。

③ 公信效力:法定公示方式为权利变动与享有的法律表征,第三人有理由对其表示信赖,因而公示能够产生公信力。

例如,甲、乙共有一个房子,本该登记为甲乙共有,却登记成甲一人,若甲将房子转让给不知情的丙并办理了登记。由于登记的为甲,所以这个转让就应当被承认,因此房子所有权属于丙。事后乙发现后,不能向丙要求返还,只能向甲追偿。

二、物权变动和物权行为

(一) 物权变动的形态

物权变动包括物权取得、变更与消灭三种基本形态。

1. 取得

物权的取得如表 5-5 所示。

表 5-5　物权的取得

原始取得	第一次产生者不以原所有人意志为根据直接取得	先占、取得孳息、合法建造、劳动生产、征收等
继受取得	依赖于他人意思表示而取得	买卖、赠与、互易、继承

2. 消灭

物权的消灭如表 5-6 所示。

表 5-6　物权的消灭

绝对消灭	物权本身不复存在	如书被烧毁
相对消灭	物权转让	如书被卖掉

【例题 5-3·单项选择题】　下列属于所有权的继受取得的是(　　)。

A. 甲继承其兄房屋一间　　　　　　B. 乙的 3 万元存款得利息 1 000 元

C. 丙建造完成了房屋　　　　　　　D. 丁拾得他人搬家时丢弃的旧电扇一台

【答案】　A

【解析】　本题考核物权取得方式。物权取得分为原始取得和继受取得。选项 A 中甲继承取得房屋,是继受取得,选项 A 正确;选项 B、C、D 都是原始取得。

(二) 物权变动的原因

物权变动的原因如图 5-1 所示。

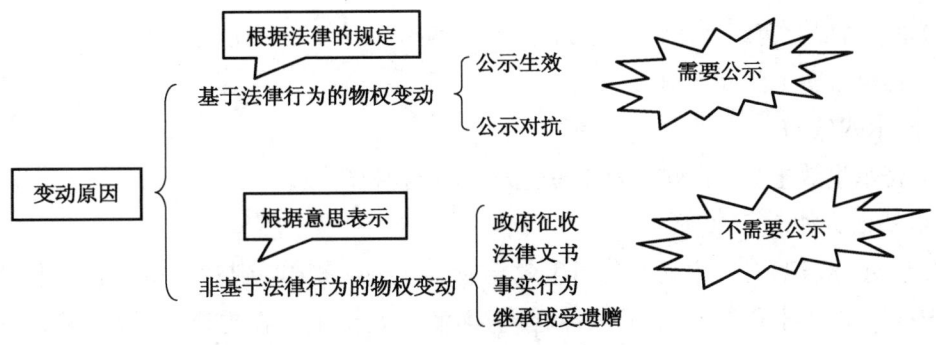

图 5-1　物权变动的原因

债权变动与物权变动如表 5-7 所示。

表 5-7 债权变动和物权对比

债权行为产生债权债务关系	(1) 合同一般自合同成立时生效; (2) 物权是否发生变动,不是该行为的生效要件
物权行为导致物权的变化	(1) 物权变动靠不动产登记和动产交付这种公示方式; (2) 合同生效,物权未变动,违约方承担违约责任

2. 债权行为与物权行为

债权行为与物权行为的对比,如表 5-8 所示。

表 5-8 债权行为与物权行为的对比

项 目	债权行为	物权行为
本质	给付行为(不需要处分权)	处分行为(需要处分权)
对财产的影响	不会直接减少,但消极财产(义务)增加	直接减少
无权处分	买卖合同有效	物权效力待定
一物多卖	同一标的物上成立的数重买卖合同均可有效	物权只能被转让一次;买受人若不能按约定取得所有权,可请求追究出卖人违约责任

【例题 5-4·案例题】 甲与乙丙均签订了房屋买卖的合同,其中乙已经拿到钥匙入住了,甲却与丙办理了产权登记。请问:

(1) 甲与乙丙签的合同生效吗?

(2) 房屋产权归谁?

(3) 乙的权利如何保障?

【答案】 (1) 合同生效。如果没有其他使合同无效的情形,合同均有效。

(2) 归丙,因为丙办理了产权登记,不动产的所有权转移登记生效。

(3) 乙请求追究甲违约责任。

3. 公示的效力

(1) 公示生效主义:合同生效+登记/交付=物权生效。

公示的效力如表 5-9 所示。

(2) 公示(登记)对抗主义:合同生效=物权生效,登记起到对抗第三人的作用。例如,动产抵押采用对抗主义,签了抵押合同,即使不登记抵押权也产生,但是若该动产被不知情的第三人取得,抵押权人就不得追及。

表 5-9　公示的效力

登记生效	不动产所有权、建设用地使用权、不动产抵押权
交付生效	动产所有权、动产质权
登记或交付生效	权利质权（特例：票据、债券等有价证券，有凭证交付生效，无凭证登记生效；其余均为登记生效）

公示的一般效力与特殊效力如表 5-10 所示。

表 5-10　公示的一般效力与特殊效力

一般效力	动产抵押权（包括浮动抵押）、土地承包经营权、地役权	自合同生效时设立。未经登记不得对抗善意第三人。合同时生效，登记时对抗
特殊效力	特殊动产所有权	船舶、航空器和机动车等物权的设立、变更、转让和消灭，未经登记不得对抗善意第三人。交付时生效，登记时对抗

三、物权变动的公示方式

（一）动产物权变动的公示方式

动产物权变动的公示方式如表 5-11 所示。

表 5-11　动产物权变动的公示方式

交付生效	总规定	动产物权的设立和转让，自交付时发生效力，法律另有规定的除外
	质押	以动产设定质押的，质权自交付时设立
登记对抗	特殊动产所有权	船舶、航空器和机动车等物权的设立、变更、转让和消灭，未经登记，不得对抗善意第三人
	抵押	① 以生产设备、原材料、半成品、产品、交通运输工具或者正在建造的船舶、航空器抵押的，抵押权自抵押合同生效时设立，未经登记，不得对抗善意第三人； ② 企业、个体工商户、农业生产经营者以现有的以及将有的生产设备、原材料、半成品、产品抵押的，抵押权自抵押合同生效时设立，未经登记，不得对抗善意第三人

交付的种类如图 5-2 所示。

（1）简易交付：动产物权设立和转让前，权利人已经依法占有该动产的（如承租、借用），物权自法律行为生效时发生效力。买方先借（租）后买。

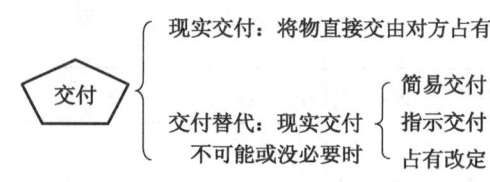

图 5-2 交付的种类

(2) 指示交付:动产物权设立和转让前,第三人依法占有该动产的,负有交付义务的人可以通过转让请求第三人返还原物的权利代替交付。通知到达第三人时生效。

例如,甲租用乙的相机,乙之后将相机卖给丙,乙指示甲直接将相机交付于丙,通过这种交付的方式代替现实交付,而这个指示通知到达甲的时候视为交付,发生了物权效力。

(3) 占有改定:动产物权转让时,双方又约定由出让人继续占有该动产的,物权自该约定生效时发生效力。卖方先卖后借(自第二个合同生效时视为交付)。

交付方式如表 5-12 所示。

表 5-12 交付方式

方式	当事人	核心识别标志	物权转移时间
简易交付	两方	买方先借(租)后买	买卖合同生效时
指示交付	三方	购买前为第三人占有	通知到达第三人时
占有改定	两方	卖方先卖后借(租)	借用(租赁)合同生效时

(二)不动产物权变动的公示方式

不动产物权变动的公示方式如表 5-13 所示。

表 5-13 不动产物权变动的公示方式

登记生效	总规定	不动产物权的设立、变更、转让和消灭,经依法登记,发生效力;未经登记,不发生效力,但法律另有规定的除外
	抵押	以建筑物和其他土地附着物,建设用地使用权,以招标、拍卖、公开协商等方式取得的荒地等土地承包经营权,正在建造的建筑物设定抵押的,应当办理抵押物登记,抵押权自登记之日起设立
	建设用地使用权	① 建设用地使用权的设立、转让、互换、出资、赠与,应当办理登记手续,建设用地使用权自登记时设立、转移。 ② 建设用地使用权消灭的,出让人应当及时办理注销登记,登记机构应当收回建设用地使用权证书

(续表)

登记对抗	土地承包经营权	土地承包经营权人将土地承包经营权互换、转让,当事人要求登记的,应当向县级以上地方人民政府申请土地承包经营权变更登记,未经登记,不得对抗善意第三人
	地役权	地役权自地役权合同生效时设立,当事人要求登记的,可以向登记机构申请地役权登记;未经登记,不得对抗善意第三人

(1)根据《不动产登记暂行条例》的规定,国务院国土资源主管部门负责指导、监督全国不动产登记工作。县级以上地方人民政府应当确定一个部门为本行政区域的不动产登记机构,并接受上级人民政府不动产登记主管部门的指导、监督。

(2)需要登记的不动产物权包括:① 集体土地所有权;② 房屋等建筑物、构筑物所有权;③ 森林、林木所有权;④ 耕地、林地、草地等土地承包经营权;⑤ 建设用地使用权;⑥ 宅基地使用权;⑦ 海域使用权;⑧ 地役权;⑨ 抵押权;⑩ 法律规定需要登记的其他不动产权利。

不动产权属证书记载的事项,应当与不动产登记簿一致;记载不一致的,除有证据证明不动产登记簿确有错误,以不动产登记簿为准。更正登记与异议登记如表 5-14 所示。

表 5-14　更正登记与异议登记

更正登记	原　因	权利人、利害关系人认为不动产登记簿记载的事项错误
	处　理	不动产登记簿记载的权利人书面同意更正或者有证据证明登记确有错误的,登记机构应当予以更正
异议登记	原　因	不动产登记簿记载的权利人不同意更正
	处　理	① 申请人在异议登记之日起 15 日内不起诉,异议登记失效; ② 不能阻止物权变动,但受让人不可善意取得
	责　任	异议登记不当,造成权利人损害的,权利人可以向申请人请求损害赔偿

预告登记如表 5-15 所示。

表 5-15　预告登记

作　用	为保障将来实现物权,按照约定可以向登记机构申请预告登记,预告登记后,未经预告登记的权利人同意,处分该不动产,不发生物权效力

(续表)

期　限	债权消灭或者自能够进行不动产登记之日起三个月内未申请登记的,预告登记失效
情　形	① 预购商品房(期房);② 以预购商品房设定抵押;③ 房屋所有权转让、抵押。例如,1月1日甲和乙签订合同,决定于乙结婚时,甲将房子转让给乙,为了防止甲在此期间将房子卖给其他人,可以到房屋登记机关办理预告登记。若预告登记有效期间内,甲将房子再次卖给丙,只要乙未同意,丙不能得到所有权

【例题 5-5·多项选择题】 根据物权法律制度的规定,当事人可申请预告登记的情形有(　　)。

A. 预购商品房
B. 租赁商业用房
C. 房屋所有权转让
D. 房屋抵押

【答案】 ACD

【解析】 本题考核预告登记的情形。具体有下列情形之一的,当事人可以申请预告登记:(1)预购商品房;(2)以预购商品房设定抵押;(3)房屋所有权转让、抵押;(4)法律、法规规定的其他情形。

【例题 5-6·多项选择题】 某房屋登记的所有人为甲,乙认为自己是共有人,于是向登记机构申请更正登记。甲不同意,乙又于3月15日进行了异议登记。3月20日,丙打算买甲的房屋,但是到登记机构查询发现甲的房屋存有异议登记,遂放弃购买。乙申请异议登记后,发现自己的证据不足,遂对此事置之不理。下列选项中,说法正确的有(　　)。

A. 异议登记后,未经乙同意,处分该房屋的,不发生物权效力
B. 异议登记于3月31日失效
C. 甲有权向乙请求赔偿损失
D. 甲有权向登记机构请求赔偿损失

【答案】 BC

【解析】 本题考核异议登记。登记机构予以异议登记的,申请人在异议登记之日起15日内不起诉,异议登记失效,故选项B正确。异议登记不当,造成权利人损害的,权利人可以向申请人请求损害赔偿,故选项C正确。

四、所有权取得的具体方式

(一) 善意取得

1. 后果

善意取得所有权的后果如表5-16所示。

表 5-16 善意取得所有权的后果

原权利人与让与人	原所有权人有权向无处分权人请求侵权的损失赔偿、违约责任、返还不当得利
原权利人与受让人	受让人取得所有权;原所有权人的所有权消灭
让与人与受让人	受让人承担向让与人支付价款的义务

2. 适用范围

善意取得所有权的适用范围如表 5-17 所示。

表 5-17 善意取得所有权的适用范围

动产	占有委托物(基于合同、共有关系等而占有)	适用
	占有脱离物(遗失物、盗窃物等)	不适用
不动产	① 夫妻共有房屋,产权只登记在一人名下; ② 记名产权人和实际产权人不一致; ③ 房屋买卖合同被认定无效或被撤销后尚未办回过户手续期间	适用
	① 登记簿中存在异议登记; ② 受让人明知存在登记错误	不适用
他物权	如电脑的承租人将其租赁的电脑向不知情的债权人设定质权	适用

【例题 5-7·案例题】 A 有一块价值一万元的玉石。A 与 B 订立了买卖该玉石的合同,约定价金 11 000 元,三日后取货。隔天,不知情的 C 找到 A,提出愿以 12 000 元购买该玉石,A 同意并当场将玉石交给 C。不久,C 将玉石借给好友 D 把玩,不料 D 见财起意,谎称玉石归其所有,将玉石以 10 000 元的价卖给了不知情的 E。后 E 将玉石丢失被 F 捡到,F 将其以 10 000 元的价格转卖给了不知情的 G。试问:

(1) B 是否取得了玉石的所有权?

(2) C 是否取得了玉石的所有权?

(3) D 是否取得了玉石的所有权?

(4) E 是否取得了玉石的所有权?

(5) F 是否取得了玉石的所有权?

(6) G 是否取得了玉石的所有权?

【答案】 (1)否;(2)是;(3)否;(4)是;(5)否;(6)否。

【例题 5-8·多项选择题】 吴某和李某共有一套房屋,所有权登记在吴某名下。法院判决吴某和李某离婚,并且判决房屋归李某所有,判决于2月1日生效,但吴李二人并未办理房屋所有权变更登记。同年3月1日,李某将该房屋出卖给张某,张某基于对判决书的信赖支付了50万元价款,并入住了该房屋。同年4月1日,吴某又就该房屋和王某签订了买卖合同,王某在查阅了房屋登记簿确认房屋仍归吴某所有后,支付了50万元价款,并于同年5月10日办理了所有权变更登记手续。根据物权法律制度的规定,下列表述中,正确的有( )。

A. 5月10日前,吴某是房屋所有权人
B. 2月1日至5月10日,李某是房屋所有权人
C. 3月1日至5月10日,张某是房屋所有权人
D. 5月10日后,王某是房屋所有权人

【答案】 BD

【解析】 选项A、B:因人民法院的法律文书,导致物权设立、变更、转让或者消灭的,自法律文书生效时发生效力,吴某自2月1日起已经丧失该房屋的所有权,李某自2月1日起取得该房屋所有权;选项C:张某未经登记,不能取得该房屋的所有权;选项D:4月1日吴某将该房屋卖给王某,属于无权处分,但王某有权主张善意取得该房屋所有权。

(二) 先占

先占是指先占人基于先占行为取得"无主动产"的所有权。

(1) 天然的无主物,如捡到贝壳,捡到者为所有者。

(2) 抛弃物是本意就不想要的,属于无主动产,捡到后属于先占。例如,小王扔掉一件衣服,捡到后属于先占。

(三) 拾得遗失物

遗失物是不小心弄丢,但本意还想要的。例如,小王扔掉一件衣服,衣服里面有他偷偷私藏的金链一条。那条金链是遗失物,捡到的人无法得到所有权。

(四) 添附

添附是指原属数人之物成为一新物,如表5-18所示。

表 5-18 添附

附 合	不同所有人的物密切结合	不动产＋动产	归不动产所有人
		动产＋动产	价高者得或按价值共有

(续表)

混 合	相互混杂,难以识别或分离	价高者得或按价值共有
加 工	在他人之动产上进行改造	加工者得,除非加工价值明显低于材料价值

五、用益物权

用益物权人对他人所有的不动产或者动产,依法享有占有、使用和收益的权利。用益物权仅涉及物的使用价值,不包含处分权能。

(一) 建设用地使用权

1. 创设取得

(1) 创设取得建设用地使用权的情形如表5-19所示。

表5-19 创设取得建设用地使用权的情形

无偿划拨	由县级以上人民政府批准: ① 国家机关用地和军事用地;② 城市基础设施用地和公益事业用地;③ 国家重点扶持的能源、交通、水利等项目用地(不包括商业开发用地)
有偿出让	其余

(2) 创设取得建设用地的期限如表5-20所示。

表5-20 创设取得建设用地的期限

无偿划拨		无 期 限	
有偿出让	期限	70年	居住用地
		40年	商业、旅游、娱乐用地
		50年	工业用地、教育、科技、文化、卫生、体育用地、综合用地等
	续期	① 届满前一年申请续期,需重签出让合同,支付土地出让金。 ② 住宅建设用地使用权届满,自动续期	

(3) 出让的方式如下:

① 土地使用权出让,可以采取拍卖、招标或者双方协议的方式。

② 工业、商业、旅游、娱乐和商品住宅等经营性用地以及同一宗地有两个以上意向用地者的,"应当"以招标、拍卖或者挂牌方式出让。

2. 转移取得

转移取得建设用地的使用权如表 5-21 所示。

表 5-21　转移取得建设用地的使用权

转让出让的地	(1) 按照出让合同约定已支付全部土地出让金,并取得土地使用权证书; (2) 按照出让合同的约定进行投资开发 ① 属于房屋建设工程: A. 完成开发投资总额的 25% 以上; B. 房屋已经建成,持有房屋所有权证书。 ② 属于成片开发土地:形成工业用地或其他建设用地条件
转让划拨的地	报政府审批,并缴纳土地出让金
禁止转让	① 以出让方式取得土地使用权,但未符合《城市房地产管理法》第三十九条规定的条件; ② 司法机关和行政机关依法裁定、决定查封或以其他形式限制房地产权利; ③ 依法收回土地使用权; ④ 共有房地产,未经其他共有人书面同意; ⑤ 权属有争议; ⑥ 未依法登记领取权属证书

3. 终止

下列情形之一,由土地行政主管部门报原批准用地的人民政府或有批准权的人民政府批准,可收回国有土地使用权,如表 5-22 所示。

表 5-22　建设用地使用权的终止

提前收回	① 为公共利益;② 为旧城区改建;③ 单位撤销、迁移等停止使用;④ 公路、铁路、机场、矿场等经核准报废
到期收回	约定的使用期限届满,土地使用者未申请续期或者申请续期未获批准

4. 建设用地使用权的登记

(1) 建设用地使用权自登记时设立。
(2) 建设用地使用权转让、互换、出资或者赠与的,应当向登记机构申请变更登记。
(3) 建设用地使用权消灭的,出让人应当及时办理注销登记。

【例题 5-9·多项选择题】　北京某房地产开发公司通过政府招标拍卖方式取得位于南三环的一宗土地,该建设用地使用权的用途为住宅用地,按照规划要求,该开发商需配建 30% 的公租房。根据《城市房地产管理法》的规定,该房地产开发公司如转让该房地产,需要满足一定条件,下列选项有关该转让条件的说法,不符合规定的有(　　)。

A. 配建的公租房必须全部竣工

B. 按照出让合同约定已经支付 80% 以上的土地使用权出让金

C. 按照出让合同约定进行投资开发,完成开发投资总额的 25% 以上

D. 转让房地产时房屋已经建成的,应当持有土地使用权和房屋使用权证书

【答案】　ABD

【解析】　本题考核建设用地使用权移转取得的相关规定。以出让方式取得土地使用权的,转让房地产时,应当符合下列条件:按照约定已经支付全部土地使用权出让金,并取得土地使用权证书,因此选项 B 的说法错误;按照出让合同约定进行投资开发,属于房屋建设工程的,完成开发投资总额的 25% 以上,属于成片开发土地的,形成工业用地或者其他建设用地条件,因此选项 C 的说法正确;转让房地产时房屋已经建成的,还应当持有房屋所有权证书,因此选项 D 的说法错误。

六、抵押权

抵押权如表 5-23 所示。

表 5-23　抵押权

意定担保物权	抵押权与质权
法定担保物权	留置权

(一) 抵押财产范围

1. 可以抵押——不动产和动产

(1) 建筑物和其他土地附着物。

(2) 建设用地使用权。

(3) 以招标、拍卖、公开协商等方式取得的荒地等土地承包经营权。

(4) 生产设备、原材料、半成品、产品。

(5) 正在建造中的建筑物、船舶、航空器。

(6) 交通运输工具。

2. 不得抵押

(1) 土地所有权。

(2) 耕地、宅基地、自留地、自留山等集体所有的土地使用权,法律规定的除外。

(3) 学校、幼儿园、医院等以公益为目的的事业单位、社会团体的教育设施、医疗卫生设施和其他社会公益设施。

(4) 所有权、使用权不明或者有争议的财产。

(5) 依法被查封、扣押、监管的财产。

3. 房地一体原则

(1) 城市：——地随房走、房随地走、房地一体。

① 以建筑物抵押的,该建筑物占用范围内的建设用地使用权同时抵押；

② 以建设用地使用权抵押的,该国有土地上的房屋同时抵押。

土地上新增的房屋不属于抵押物；抵押权实现时,可以依法将该土地上新增的房屋与抵押物一同变价,但对新增房屋变价所得,抵押权人无权优先受偿。

(2) 乡村：——只能地随房走,不能房随地走。

① 乡镇、村企业的建设用地使用权不得单独抵押。

② 以乡镇、村企业的厂房等建筑物抵押,其占用范围内的建设用地使用权一并抵押。

(二) 抵押权的设定

1. 设定要求

(1) 形式：设立抵押权,应当采取书面形式订立抵押合同。

(2) 流押合同之禁止：当事人在抵押合同中约定,债务履行期届满抵押权人未受清偿时,抵押物的所有权转移为债权人所有的内容无效。该条款无效,抵押合同有效。

2. 抵押权的生效

抵押权的生效如表 5-24 所示。

表 5-24 抵押权的生效

项 目	范 围	抵押权生效	未登记的后果
登记生效 （不动产）	① 建筑物和其他土地附着物； ② 建设用地使用权； ③ 荒地等土地承包经营权； ④ 正在建造的建筑物	抵押权自登记之日起设立	未经登记,不影响抵押合同生效
登记对抗 （动产）	① 生产设备、原材料、半成品； ② 正在建造中的船舶、航空； ③ 交通运输工具	抵押权自抵押合同生效时设立	未经登记,不得对抗善意第三人

【例题 5-10·多项选择题】 郑某开办公司资金不足,其父将 3 间祖屋以 25 万元卖给即将回国定居的郭某,但其父还未来得及办理过户手续即去世。郑某不知其父卖房一事,继承了这笔房款及房屋,并办理了登记手续。随后,郑某以 3 间祖屋作抵押向陈某借款 10 万元,将房产证交给了陈某,但没有办理抵押登记。下列选项正确的有(　　)。

A. 郑某的父亲与郭某之间的房屋买卖合同有效
B. 郑某享有房屋的所有权
C. 郑某在其父亲去世后,有义务协助郭某办理房屋过户手续
D. 陈某对房屋不享有抵押权

【答案】 ABCD

【解析】 本题考核抵押权。(1)郑某的父亲和郭某之间虽然没有办理房屋过户登记手续,但并不影响房屋买卖合同的效力,他们之间的房屋买卖合同是有效的,郭某虽未取得房屋的所有权,但享有合同债权,选项 A 正确。(2)因继承或者受遗赠取得物权的,自继承或者受遗赠开始时发生效力。郑某的父亲与郭某未办理房屋过户登记手续,房屋仍然属于郑某父亲所有,郑某自其父亲死亡时,可以在继承开始时取得该房屋的所有权,郑某实际取代了其父在房屋买卖合同中当事人的地位,所以郑某有义务协助郭某办理房屋过户手续,选项 B、C 正确。(3)以建筑物抵押的,应当办理抵押登记。抵押权自登记时设立。因为郑某和陈某之间的抵押未办理抵押登记,因此抵押权不成立,陈某对房屋不享有抵押权,选项 D 正确。

(三)抵押担保的范围

1. 所担保的债权的范围

包括主债权及其利息、违约金、损害赔偿金和实现抵押权的费用。当事人另有约定,按照约定。

2. 抵押物范围

(1)抵押物登记记载的内容与抵押合同约定的内容不一致的,以登记记载的内容为准。

不动产权属证书记载的事项与不动产登记簿不一致的,除有证据证明不动产登记簿确有错误,以不动产登记簿为准。

(2)抵押物所有人为附合物、混合物或者加工物的所有人的,抵押权的效力及于附合物、混合物或者加工物;第三人与抵押物所有人为附合物、混合物或者加工物的共有人的,抵押权的效力及于抵押人对共有物享有的份额。

(3)抵押权设定前为抵押物的从物的,抵押权的效力及于抵押物的从物。但是,抵押物与其从物为两个以上的人分别所有时,抵押权的效力不及于抵押物的从物。

3. 物上代位性

(1)担保财产毁损、灭失或被征收等,担保物权人可以就获得的保险金、赔偿金或者补偿金等优先受偿。

(2)抵押物因附合、混合或者加工使抵押物的所有权为第三人所有的,抵押权的效力

及于补偿金。

(四) 浮动抵押

经当事人书面协议,企业、个体工商户、农业生产经营者可以将现有的以及将有的生产设备、原材料、半成品、产品抵押,债务人不履行到期债务或者发生当事人约定的实现抵押权的情形,债权人有权就实现抵押权时的动产优先受偿。浮动抵押的内容如表5-25所示。

表5-25 浮动抵押的内容

主 体	企业、个体工商户、农业生产经营者
形 式	书面协议
财 产	动产(现有的以及将有的)
登 记	(补充)登记机关是抵押人住所地
生 效★	(1) 浮动抵押的设立以合同生效为条件。未经登记,不得对抗善意第三人。——公示对抗主义 (2) 即使浮动抵押办理了登记,该抵押权也不得对抗正常经营活动中已支付合理价款并取得抵押财产的买受人

七、质押权

为担保债务的履行,债务人或者第三人将其动产或权利出质给债权人占有,当债务人不履行到期债务或发生当事人约定的实现质权的情形时,债权人有权就该动产或权利优先受偿。抵押和质押的区别如表5-26所示。

表5-26 抵押和质押的区别

项 目	抵 押	质 押
对 象	动产或不动产	动产或权利
是否转移	不需要转移占有	必须移转占有
权利生效	不动产登记生效;动产合同成立时生效,登记对抗	动产交付时生效,权利一般是登记时生效

1. 客体和设定

(1) 动产质权:质权自出质人交付质押财产时设立。

① 出质人代质权人占有质物的,质权不生效。
② 若质权人丧失质物占有后不能主张返还,或者质权人将质物返还于出质人,则质权消灭。

(2) 权利质权如表 5-27 所示。

表 5-27 权利质权

汇票、支票、本票、债券、存款单;仓单、提单	交付生效;没有权利凭证,登记生效【总结】三票三单一债券,首选交付再登记	
基金份额、股权	以基金份额、证券登记结算机构登记的股权出质	证券登记结算机构办理登记时设立
	以其他股权出质	工商行政管理部门办理登记时设立
知识产权中的财产权:注册商标专用权、专利权、著作权	有关主管部门办理出质登记时设立	
应收账款(不包括有价证券的付款请求权)	信贷征信机构办理出质登记时设立	

【例题 5-11·单项选择题】 根据物权法律制度的规定,以下列权利出质时,质权自权利凭证交付时设立的是(   )。

A. 仓单　　　　　　B. 股票　　　　　　C. 基金份　　　　　　D. 应收账款

【答案】 A

【解析】 本题考核权利质权。以汇票、支票、本票、债券、存款单、仓单、提单出质的,当事人应当订立书面合同。质权自权利凭证交付质权人时设立;没有权利凭证的,质权自有关部门办理出质登记时设立。

2. 质权的效力

质权的效力如表 5-28 所示。

表 5-28 质权的效力

债权范围	包括主债权及其利息、违约金、损害赔偿金、保管担保财产和实现质权的费用。当事人另有约定的,按照约定
出质物范围	效力及于质物的从物。从物未随同质物移交占有的,质权的效力不及于从物
物上代位	质押财产毁损、灭失或者被征收等,质权人可以就获得的保险金、赔偿金或者补偿金等优先受偿

八、留置权

1. 概念
债务人不履行到期债务,债权人可以留置已经合法占有的债务人的动产,并有权就该动产优先受偿。

2. 成立
(1) 债权人须合法占有债务人动产,如承揽、运输、保管、仓储、行纪合同中产生。
(2) 债权已届清偿期:债权人的债权未届清偿期,其交付或返回所占有标的物的义务已届履行期的,不能行使留置权,但债权人能够证明债务人无支付能力的除外。
(3) 动产之占有与债权属同一法律关系,企业之间留置不受同一法律关系之限制。

3. 性质
法定担保物权,但当事人可以特约排除留置权。抵押和质押是约定担保物权。

4. 留置权的效力和实现
债权和留置权的范围对比如表 5-29 所示。

表 5-29 债权和留置权的范围对比

债权范围	主债权及利息、违约金、损害赔偿金、留置物保管费用和实现留置权的费用
留置物范围	① 留置财产为可分物:留置财产的价值应当相当于债务的金额; ② 留置财产为不可分物:可以其留置物的全部行使

孳息收取权:留置权人有权收取留置财产的孳息。

留置权的通知义务如下:
(1) 有约定宽限期:宽限期不得少于 2 个月,债权人可以不经通知,直接行使留置权。
(2) 未约定宽限期:① 主债权届满后,确定不少于两个月的期限,应通知债务人在该期限内履行债务。② 债权人未按上述期限通知债务人履行义务而直接变价处分,应承担赔偿责任。

留置权的实现如下:
(1) 留置权人与债务人应当约定留置财产后的债务履行期间;没有约定或者约定不明确的,留置权人应当给债务人 2 个月以上履行债务的期间,但鲜活易腐等不易保管的动产除外。
(2) 债务人逾期未履行的,留置权人可以与债务人协议以留置财产折价,也可以就拍卖、变卖留置财产所得的价款优先受偿。

思考与练习

一、单项选择题

1. 按份共有人有权自由处分自己的共有份额,无需取得其他共有人的同意,但是共有人将份额出让给共有人以外的第三人时,(   )。

    A. 第三人在同等条件下,有优先购买权

    B. 其他共有人在同等条件下,有优先购买的权利

    C. 其他共有人在任何条件均有优先购买权

    D. 其他共有人与第三人在同等条件下有平等的购买权

2. 甲、乙各以30%和70%的份额共有一间房屋,现甲欲将自己的份额转让给第三人丙,在同等条件下,下列表述中,正确的是(   )。

    A. 乙有优先购买权

    B. 丙有优先购买权,乙没有优先购买权

    C. 乙、丙都有优先购买权,两人处于平等地位

    D. 乙、丙都有优先购买权,乙的优先购买权优先于丙的优先购买权

3. 根据规定,如果不动产登记簿记载的权利人不同意更正,利害关系人可以申请异议登记。法律要求异议登记申请人在异议登记之日起一定时间内起诉,不起诉的,异议登记失效。该一定时间是(   )。

    A. 5日　　　　B. 10日　　　　C. 15日　　　　D. 20日

4. 甲向乙借款10万元,丙将自己的一辆捷达牌汽车抵押给乙担保甲到期付款,此时乙(   )。

    A. 可以转让其债权而自己保留抵押权

    B. 可以转让其抵押权而自己保留债权

    C. 可以在转让债权时抵押权随之转让

    D. 可以将债权和抵押权分别转让给两个人

5. 房地产抵押时,抵押物登记记载的内容与抵押合同约定的内容不一致的,根据相关法律制度的规定,下列表述中,正确的是(   )。

    A. 以登记记载的内容为准

    B. 以抵押合同为准

    C. 依据法院裁定

D. 重新签订抵押合同,再重新进行抵押登记

6. 甲向乙借款100万元,甲以自己价值110万元的房屋设定了抵押,债务到期后,甲不清偿债务,乙对房屋行使抵押权,已知这段时间产生了10万元的利息,为实现抵押权的拍卖费用5万元,在甲、乙没有约定的情形下,关于抵押物拍卖后的清偿顺序,下列说法中,正确的是( )。

  A. 应当首先清偿100万元的借款

  B. 应当先清偿10万元的利息

  C. 应当首先清偿实现抵押权的拍卖费用5万元

  D. 所产生的10万元利息不属于优先受偿范围

7. 抵押权实现时,抵押权人可以与抵押人协议以该抵押财产折价、拍卖、变卖所得的价款优先受偿,协议损害其他债权人利益的,其他债权人可以在知道或者应当知道撤销事由之日起一定期限内请求人民法院撤销该协议。该期限是( )。

  A. 1年内 B. 半年内 C. 3年内 D. 5年内

8. 甲向乙借款10万元,以甲的货车提供抵押,并且约定"到期甲不还款,货车归乙所有"。抵押期间,甲开着货车长期跑长途,使货车磨损严重。下列表述中,不正确的是( )。

  A. 乙可以要求甲停止开该货车跑长途的行为

  B. 如果货车价值减少,乙有权要求甲恢复货车的价值,或者提供与减少的价值相应的担保

  C. 货车价值减少,如果甲不恢复抵押物价值也不提供担保,乙有权要求甲提前还款

  D. "到期甲不还款,货车归乙所有"的约定有效

9. 让与动产物权的时候,如果让与人的动产由第三人占有,让与人可以将其享有的对第三人的返还请求权让与受让人。这种交付方式属于( )。

  A. 简易交付 B. 现实交付 C. 指示交付 D. 占有改定

10. 债权人留置财产后,应与债务人约定留置财产后的债务履行期间;没有约定或者约定不明确的,留置权人应当给债务人一定履行债务的期间,该履行期间是( )。

  A. 2个月以上 B. 1个月以上 C. 1年以上 D. 6个月以上

11. 甲租用乙的一台笔记本电脑,后甲将该电脑转让给丙,丙知道该笔记本电脑为乙的财产,但仍然以明显低于市场同类产品的价格受让了该电脑,根据《物权法》的规定,下列说法中,正确的是( )。

  A. 乙有权追回该电脑 B. 丙取得该电脑的所有权

  C. 乙无权追回该电脑 D. 该转让行为有效

12. 下列选项中,属于消灭了原财产所有权的是( )。
    A. 甲把自己所有的自行车遗弃　　B. 乙把自己所有的机器设备出租
    C. 丙把自己所有的房屋抵押　　　D. 丁不小心遗失自己所有的手表

13. 下列各项中,属于民法典物权编上的物的是( )。
    A. 权利　　　　　　　　　　　　B. 智慧成果
    C. 行为　　　　　　　　　　　　D. 人体器官脱离人的身体

14. 甲公司向乙银行借款,以自己所有的办公楼作为抵押物,并办理了抵押权登记,乙银行对甲公司享有的抵押权的性质不包括( )。
    A. 请求权　　B. 绝对权　　C. 限制物权　　D. 从物权

15. 留置权的客体为( )。
    A. 动产　　　　　　　　　　　　B. 不动产
    C. 动产或不动产　　　　　　　　D. 动产和不动产

16. 物权需要公示的原因在于物权的( )。
    A. 支配性　　B. 排他性　　C. 绝对性　　　D. 交换性

17. 下列各项中,不属于动产所有权的特殊取得的方式是( )。
    A. 先占　　　B. 添附　　　C. 继承　　　　D. 发现埋藏物

18. 甲公司向乙公司购买建材,以自有一栋大楼在1 000万元额度内为未来一年的货款设定抵押担保,办理了抵押登记。3个月后,乙公司将其中一笔50万元的货款转让给丁公司,并通知了甲公司。对于该50万元货款是否设定担保没有特别约定。下列关于该50万元债权转让及担保的表述中,正确的是( )。
    A. 债权转让无效,丁公司无权主张抵押权
    B. 债权转让有效,丁公司无权主张抵押权
    C. 债权转让无效,丁公司有权主张抵押权
    D. 债权转让有效,丁公司有权主张抵押权

19. 某航空公司以正在建造中的大型客机设定抵押向银行贷款,但未办理抵押登记。下列说法符合《民法典》规定的是( )。
    A. 建造中的大型客机不得设定抵押
    B. 因未办理抵押登记,该抵押无效
    C. 因未办理抵押登记,主合同无效
    D. 因未办理抵押登记,银行不得对抗善意第三人

20. 下列属于不转移占有的担保物权的是( )。
    A. 质权　　　B. 抵押权　　C. 留置权　　　D. 保证

21. 不属于善意取得必须具备的要件的是（　　）。

　　A. 受让人受让财产时主观上为善意

　　B. 无偿受让

　　C. 依法规定应登记的已经登记

　　D. 法律规定不需要登记的已经交付给受让人

22. 下列不适用留置方式担保的合同是（　　）。

　　A. 保管合同　　　　　　　　　B. 建设工程合同

　　C. 行纪合同　　　　　　　　　D. 承揽合同

23. 同一财产法定登记的抵押权与质权并存时的受偿顺序是（　　）。

　　A. 抵押权人优先于质权人受偿　　B. 抵押权人后于质权人受偿

　　C. 同时受偿　　　　　　　　　D. 先成立的先受偿

24. 有关部门收到遗失物后，法定期限内无人认领的，遗失物归国家所有。该法定期限是（　　）。

　　A. 自发出招领公告之日起1个月内　B. 自发出招领公告之日起2个月内

　　C. 自发出招领公告之日起3个月内　D. 自发出招领公告之日起6个月内

25. 甲利用乙的树根，雕刻成艺术价值很高的精美根雕。双方为该艺术品的所有权发生争执。根据相关法律制度规定，拥有该根雕所有权的是（　　）。

　　A. 甲　　　　B. 乙　　　　C. 收归国有　　　　D. 甲、乙共有

26. 物可分为原物和孳息物，下列选项中，属于孳息物的是（　　）。

　　A. 鹿头上的鹿茸　　　　　　　B. 奶牛体内的牛奶

　　C. 苹果树上掉下的苹果　　　　D. 电灯发出的灯光

27. 甲公司向银行贷款，并以其对乙公司应收的款项用于质押。根据《民法典》的规定，该质权设立的时间是（　　）。

　　A. 借款合同签订之日　　　　　B. 通知乙公司之日

　　C. 质押合同签订之日　　　　　D. 信贷征信机构办理出质登记之日

二、多项选择题

1. 下列选项中，属于当事人可以申请预告登记的情形有（　　）。

　　A. 以预购商品房设定抵押　　　B. 预购商品房

　　C. 房屋所有权转让、抵押　　　D. 以销售商品房设定质押

2. 下列选项中，属于《民法典》规定的担保物权的有（　　）。

　　A. 保证　　　B. 抵押权　　　C. 定金　　　D. 质权

3. 关于同一抵押物上多个抵押权并存的情形,下列说法中,正确的有(　　)。

　　A. 抵押权已登记的,按照登记的先后顺序清偿

　　B. 抵押权已登记的先于未登记的受偿

　　C. 抵押权未登记的,按照债权比例清偿

　　D. 顺位在后的抵押权所担保的债权先到期的,抵押权人只能就抵押物价值超出顺位在先的抵押担保债权的部分受偿

4. 甲公司将厂房抵押给乙银行贷款,并办理登记,约定还款期限为2023年3月10日,并约定如果甲公司不还款,该厂房归银行所有,后来甲公司将厂房出租给丙公司,甲公司到期未还款。下列说法正确的有(　　)。

　　A. 乙银行有权要求将厂房过户登记给自己

　　B. 乙银行有权自该厂房被扣押之日起收取丙公司的租金

　　C. 乙银行无权行使抵押权

　　D. 乙银行有权要求拍卖该厂房并就所得价款优先受偿

5. 2022年8月3日,甲与乙签订租赁合同,将其所有的一幢房屋出租给乙居住,租期一年。2022年10月19日,甲又将该已出租的房屋设定抵押与丙签订借款合同,并书面告知了乙。2023年4月19日,借款合同到期,甲未能按照约定还本付息。关于本案,下列说法中,错误的有(　　)。

　　A. 乙在租赁合同的有效期内仍有权居住,因抵押合同无效

　　B. 乙在租赁合同的有效期内仍有权居住,因原租赁合同继续有效

　　C. 乙在租赁合同的有效期内仍有权居住,但应与房屋的受让人签订新的租赁合同

　　D. 乙在租赁合同的有效期内是否有权居住由房屋的受让人决定

6. 下列情形中,不发生标的物所有权转移的有(　　)。

　　A. 甲出售房屋给乙,已交付但未登记

　　B. 甲卖给乙一台电脑,尚未交付

　　C. 甲赠送乙手机一部,已交付

　　D. 甲将自己的汽车借用给乙,已交付

7. 转让以出让方式取得的土地使用权的,应当符合的条件包括(　　)。

　　A. 按照出让合同约定,已支付全部土地使用权出让金,并取得土地使用权证书

　　B. 按照出让合同的约定进行投资开发,属于房屋建设工程的,完成开发投资总额的35％以上

　　C. 按照出让合同的约定进行投资开发,属于成片开发土地的,已形成工业用地或者其他建设用地条件

D. 转让房地产时,房屋已经建成的,还应当持有房屋所有权证书

8. 下列行为中,属于物权变动的有( )。

A. 甲取得办公楼的所有权

B. 乙遗弃自行车

C. 丙的银行账户计入了相应的存款利息

D. 丁与戊签订了房屋买卖合同

9. 按照法律规定,可以作为权利质权标的的有( )。

A. 存款单　　　B. 仓单　　　C. 专利权　　　D. 应收账款

10. 根据我国《民法典》的规定,下列选项可以设定质权的有( )。

A. 提单　　　B. 公司债券　　　C. 建筑物　　　D. 汇票

11. 在下列情形下,最高额抵押权人的债权可以确定的有( )。

A. 约定的债权确定期间届满

B. 没有约定债权确定期间或者约定不明确,抵押权人或者抵押人自最高额抵押权设立之日起满一年后请求确定债权

C. 新的债权不可能发生

D. 抵押财产被扣押

12. 张某与李某婚后以共有财产购买一套房屋,只登记在张某名下,张某未经李某同意,私自将房屋以市价卖给不知情的王某,并办理了过户登记。李某得知后要求王某返还房屋,下列说法正确的有( )。

A. 张某与王某的房屋买卖合同无效　　　B. 张某与王某的房屋买卖合同有效

C. 王某已经取得房屋的所有权　　　D. 李某可以要求王某返还房屋

13. 根据《民法典》的规定,债务人可以用于抵押担保的财产有( )。

A. 以公开协商方式承包并经发包方同意抵押的荒地承包经营权

B. 依法被监管的财产

C. 股份有限公司依转让方式获得的土地使用权

D. 正在建造的建筑物

14. 下列财产用于抵押时,抵押权自抵押合同生效时设立的有( )。

A. 正在建造的船舶　　　B. 半成品

C. 建设用地使用权　　　D. 房屋

15. 甲公司向乙银行借款,同意以自己现有以及将有的全部生产设备、原材料、产品、半成品进行抵押。根据相关法律制度的规定,下列关于该抵押的表述中,正确的有( )。

A. 甲公司与乙银行协商一致时,抵押权设立

B. 甲公司与乙银行协商一致,并达成书面协议时,抵押权设立

C. 该抵押权非经登记不得对抗善意第三人

D. 如第三人在正常生产经营活动中向甲公司支付了合理价款并取得抵押财产的,则抵押权不得对抗该第三人

16. 下列各项表述中,属于抵押权消灭的主要事由有( )。

  A. 债权消灭   B. 抵押物灭失

  C. 抵押权实现   D. 混同

17. 下列关于抵押物转让的相关规定,表述正确的有( )。

  A. 抵押期间,抵押人经抵押权人同意转让抵押财产的,应当将转让所得的价款向抵押权人提前清偿债务或者提存

  B. 抵押期间,抵押人未经抵押权人同意,不得转让抵押财产,但受让人代为清偿债务消灭抵押权的除外

  C. 转让的价款超债权数额的部分归抵押权人所有,不足部分由债务人清偿

  D. 转让的价款超债权数额的部分归抵押人所有,不足部分由债务人清偿

18. 下列选项中,关于以有偿出让方式取得的建设用地使用权出让最高年限表述正确的有( )。

  A. 教育、科技、文化、卫生、体育用地 40 年

  B. 居住用地 70 年

  C. 商业、旅游、娱乐用地 50 年

  D. 工业用地 50 年

19. 在下列情形中,债权人可以行使留置权的有( )。

  A. 甲仓库为乙工厂保管一台设备,乙工厂拒绝支付保管费

  B. 甲公司运输乙工厂的一台设备,乙工厂拒绝支付运输费

  C. 甲工厂租用乙工厂的一台设备,甲工厂拒绝支付租赁费

  D. 甲企业为乙工厂加工一台设备,乙工厂拒绝支付加工费

20. 下列关于留置权的相关说法中,正确的有( )。

  A. 留置物为不可分物的,留置权人可以就其留置物的全部行使留置权

  B. 自留置开始之时起,留置权人就享有收取留置物孳息的权利

  C. 债务人超过规定的期限仍不履行其债务,留置权人可依法以留置物折价或拍卖、变卖所得价款优先受偿

  D. 留置财产折价或者拍卖、变卖后,其价款超过债权数额的部分归债务人所有,不足

部分由债务人清偿

21. 下列有关拾得遗失物的说法中,正确的有(   )。

   A. 拾得人拾得遗失物后,如果无人来认领,所有权归拾得人

   B. 拾得人拾得遗失物后,不能享有拾得物的所有权,但可享有费用偿还请求权

   C. 遗失物自发布招领公告之日起6个月内无人认领的,归国家所有

   D. 如果遗失人发出悬赏广告,归还失物的拾得人还享有悬赏广告所允诺的报酬请求权

22. 下列情形中,可能因加工行为成为新物所有权之人的有(   )。

   A. 小张用一块儿木头进行雕刻

   B. 小王在他人画纸上所进行的绘画行为

   C. 小刘将自己的钢筋用于别人的房屋上

   D. 小谢将他人的木板做成板凳

23. 下列各项中,属于限制流通物的有(   )。

   A. 文物   B. 房屋   C. 药品   D. 黄金

24. 下列属于基于公法行为的物权变动的情形有(   )。

   A. 小刘因人民法院的判决书取得了某处房屋的所有权

   B. 小张因仲裁机构的裁决书取得了一幅名贵字画

   C. 小郑因一项买卖合同取得了一辆汽车

   D. 人民政府因一项征收决定取得了某处房屋的所有权

25. 下列选项中,属于我国《民法典》规定的用益物权有(   )。

   A. 建设用地使用权   B. 抵押权

   C. 宅基地使用权   D. 土地承包经营权

26. 下列关于质权设立的表述中,符合《民法典》规定的有(   )。

   A. 以机器设备出质的,质权自双方签字盖章之日起设立

   B. 以仓单出质的,质权自仓单交付之日起设立

   C. 以非上市公司的股份出质的,质权自市场监督管理部门办理出质登记时设立

   D. 以依法可转让的专利权出质的,质权自向其管理部门办理出质登记之日起设立

27. 甲某向乙某借款1万元,乙某要求其提供担保,甲某说:"我有一部手提电脑,以它作质押吧,但如果出租的,租金我来收取。"乙某同意,遂付款。下列说法中,正确的有(   )。

   A. 质押合同签订就生效

   B. 乙某实际占有电脑时质押合同才生效

C. 乙某实际占有电脑时,质权产生

D. 如质押合同生效,则乙某有权收取电脑租金

三、案例分析题

甲的父亲生前收藏有一幅徐悲鸿书画真迹,2×22年1月,甲的父亲去世之后,甲继承了该画的所有权。甲的好朋友乙是一位美术爱好者,他知道甲家收藏有此书画。乙以欣赏为名,从甲手中借走了此画,一直不还。甲多次向乙追要,乙谎称该画不慎丢失,并立下字据,说明一旦找到,就及时归还。

之后乙以从甲处拿来的真迹为蓝本,找人临摹了此书画。同年10月,乙以合法所有权人的身份以50万元的价格将临摹的书画仿称为真迹转让给A书画店的老板丙。

2×23年甲偶然发现A书画店有一幅徐悲鸿书画和乙借走的那幅一模一样,就向丙提出返还该画的要求,丙说是自己花50万元买来的,不予返还,于是双方发生争议并诉至法院。

经过法院指定的专业鉴定机构鉴定,发现该争议的书画并非徐悲鸿的真迹,只是绘制上乘的一幅赝品。于是,甲要求乙返还真迹;丙主张撤销与乙之间的转让行为,并要求乙返还50万元。

要求:根据以上事实并结合法律规定,回答下列问题:

(1) 甲何时取得该画的所有权?并说明理由。

(2) 丙主张撤销与乙之间的转让行为,并要求乙返还50万元是否合法?并说明理由。

(3) 如果乙转让给丙的书画是从甲处借来的那幅,且丙支付了合理的价款,丙是否可以取得该书画的所有权?并说明理由。

(4) 如果乙将该书画的真迹无偿赠送给不知情的丁,丁是否可以取得该书画的所有权?并说明理由。

第六章 合同法

重点、难点讲解及典型例题

一、合同的基本理论

1. 《民法典》的适用

适用民法典的是平等主体间设立、变更、终止民事权利义务的协议。

不适用民法典的情况如下：

(1) 特定合同中非平等的关系：政府用于公权力进行行政管理，如行政奖励的合同。

(2) 婚姻、收养、监护等有关身份关系的协议。

【例题 6-1·多项选择题】 下列协议中，适用《民法典》的有（　　）。

A. 监护协议　　　　　　　　　B. 政府采购协议

C. 专利转让协议　　　　　　　D. 股权转让协议

【答案】 BCD

【解析】 本题考核《民法典》的适用范围。合同是平等主体的自然人、法人、其他组织之间设立、变更、终止民事权利义务关系的协议。婚姻、收养、监护等有关身份关系的协议，适用其他法律的规定。

2. 合同的分类

合同的分类如表 6-1 所示。

表 6-1　合同的分类

按法律对名称和规则是否有规定	有名合同和无名合同
按当事人是否相互负有对价	单务合同（如赠与合同）和双务合同
按是否以交付标的物为成立要件	(1) 诺成合同：双方当事人意思表示一致即成立的合同； (2) 实践合同：是指除当事人意思表示一致以外，还须实际交付标的物才能成立的合同。 【注意】常见的实践合同：保管合同、自然人借款合同、定金合同、借用合同

3. 合同的相对性

合同的相对性是指合同是在特定的合同当事人之间发生权利义务关系，当事人只能基于合同向另一方当事人提出请求或提起诉讼，不能向无合同关系的第三人提出合同上的请求。合同的适用条件及例外如表 6-2 所示。

表 6-2　合同的适用条件及例外

适　用	(1) 租赁合同：承租人经出租人同意，可以将租赁物转租给第三人，承租人与出租人的租赁合同继续有效，第三人对租赁物造成损失的，承租人应当赔偿损失。 (2) 承揽合同：承揽人经定作人同意，将其承揽的主要工作交由第三人完成的，应当就该第三人完成的工作成果向定作人负责
例　外	(1) 代位权：债权人可以向合同关系以外的第三人提起诉讼，主张权利。 (2) 买卖不破租赁：租赁合同的承租人可以以自己的租赁权对抗新的所有权人。 (3) 单式联运合同：某一区段的承运人与总的承运人共同向托运人承担连带责任。 (4) 建设工程合同：分包人与承包人共同对发包人承担连带责任

二、合同的订立程序

(一) 要约

1. 要约的概念

(1) 定义：希望和他人订立合同的意思表示。

(2) 要求：同时满足以下两条：

① 内容具体确定（包含合同的主要条款，如什么东西，多少钱，多少数量等）；

② 表明经受要约人承诺，要约人即受该意思表示约束。

(3) 要约邀请是希望他人向自己发出要约的意思表示，没有法律约束力。

2. 要约的生效时间

要约的"到达"受要约人时生效。

【例题 6-2·问答题】　A 在 1 月 1 日通过信件方式发要约给 B，信件 1 月 3 日到达 B，但是由于事忙一直未阅读，直至 1 月 5 日方才阅读。但其实这件事情去年 12 月 28 日 B 就已经听到消息了。问要约生效的时间是什么时候？

【答案】　1 月 3 日

3. 要约的撤回、撤销

要约的撤回和撤销如表 6-3 所示。

表 6-3　要约的撤回和撤销

要约的撤回	可以	撤回要约的通知应当在要约到达受要约人之前或同时到达受要约人
要约的撤销	可以	撤销要约的通知应当在受要约人发出承诺通知之前到达受要约人

不得撤销要约的情形如下：

(1) 确定了承诺期限的。

(2) 明示不可撤销的。

(3) 受要约人有理由认为要约是不可撤销的，并已经为履行合同作了准备工作。

4. ★要约的失效

(1) 拒绝。

(2) 撤销。

(3) 期限届满未作承诺。

(4) 实质性变更（新要约）。

(二) 承诺

1. 承诺期限

承诺的期限如图 6-1 所示。

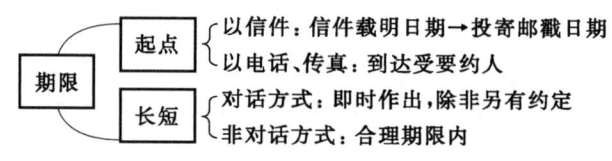

图 6-1 承诺的期限

2. 承诺的生效

承诺自通知到达要约人时生效。——一般此时合同成立

3. 承诺的撤回

承诺生效之前到达要约人，通知应当在承诺通知到达要约人之前或者与承诺通知同时到达要约人。——承诺不存在撤销

4. 承诺的迟延与迟到

承诺的迟延与迟到如表 6-4 所示。

表 6-4 承诺的迟延与迟到

项 目	一 般	例 外
迟延：超过承诺期限发出	新要约	除非要约人及时通知承诺有效
迟到：承诺期限内发出，其他原因导致迟到	承诺有效	除非要约人及时表示不接受

5. 承诺内容

承诺的内容如表 6-5 所示。

表 6-5 承诺的内容

受要约人作出实质性变更(对主要条款)	新要约
受要约人作出非实质性变更	承诺有效,以承诺的内容为准,除非及时反对

(三) 合同成立

1. 合同成立的时间

合同成立的时间如表 6-6 所示。

表 6-6 合同成立的时间

一般		承诺生效时
书面	合同书形式	双方签字或盖章时;有先后时,最后一方签字或盖章时
	信件、数据电文	双方约定成立之前签确认书:签订确认书时
实际履行原则★		(1) 采用书面形式订立合同,当事人未采用书面形式但一方已经履行主要义务,对方接受的,该合同成立。 (2) 采用合同书形式订立合同,在签字或者盖章之前,当事人一方已经履行主要义务,对方接受的,该合同成立。 【示例】A、B约定采用书面形式订立合同,B公司尚未有书面合同,B公司就按口头约定发货,A公司清点入库,合同在 A 接受 B 发来的货物时成立

2. 合同成立的地点

合同成立的地点如表 6-7 所示。

表 6-7 合同成立的地点

一般	承诺生效的地点
数据电文	约定→收件人(要约人)的主营业地→收件人经常居住地
合同书形式	(1) 双方签字或盖章的地点;有先后时,最后一方签字或盖章的地点; (2) 约定的签订地与实际的签订地不符:约定的签订地

三、合同订立中的其他问题

(一) 格式条款

1. 提示说明

采取合理的方式(采用足以引起对方注意的文字、符号、字体等特别标识)提请对方注意免除或限制其责任的条款,按照对方的要求,对该条款予以说明。

2. 格式条款无效

合同无效情形与条款无效情形如表 6-8 所示。

表 6-8　合同无效情形与条款无效情形

合同无效	(1) 行为人与相对人以虚假的意思表示所签订的合同; (2) 违反法律、行政法规的强制性规定所签订的合同; (3) 违背公序良俗所签订的合同; (4) 行为人与相对人恶意串通,损害他人合法权益所签订的合同。	
条款无效	免责条款无效	(1) 造成对方人身伤害的; (2) 因故意或者重大过失造成对方财产损失的
	提供格式条款的一方免除其责任,加重对方责任,排除对方主要权利的	

注:条款无效不等于合同无效。

3. 格式条款解释

(1) 对格式条款有两种以上解释:作出不利于提供格式条款一方的解释。

(2) 格式条款和非格式条款不一致:采用非格式条款。

【例题 6-3·多项选择题】　根据《民法典》的规定,合同中的下列免责条款中,无效的有(　　)。

A. 排除因故意造成对方人身伤害的责任

B. 排除因重大过失造成对方人身伤害的责任

C. 排除因故意造成对方财产损失的责任

D. 排除因重大过失造成对方财产损失的责任

【答案】　ABCD

【解析】　本题考核合同的免责条款。合同中的下列免责条款无效:造成对方人身伤害的;因故意或者重大过失造成对方财产损失的。

(二) 缔约过失责任

缔约过失责任指当事人在订立合同过程中,因故意或者过失致使合同未成立、未生效、被撤销或无效,给他人造成损失而应承担的损害赔偿责任。缔约过失责任的内容如表 6-9 所示。

违约责任在合同生效之后,不一定有损失,赔偿的是可期待利益的损失。

表 6-9 缔约过失责任的内容

时间	在合同成立前(订立中)	
行为	情形	(1) 假借订立合同,恶意进行磋商; (2) 故意隐瞒与订立合同有关的重要事实或者提供虚假情况; (3) 当事人泄露或者不正当地使用在订立合同过程中知悉的商业秘密; (4) 有其他违背诚实信用原则的行为
	性质	故意或者过失
结果	使合同未成立、未生效、被撤销或无效 ＋ 造成损失	
赔偿	信赖利益的损失	

(三) 合同的生效

1. 一般情况

原则上,合同自成立时生效。★

注:实践合同看交付:① 定金合同从实际交付定金之日起生效;② 自然人之间的借款合同为实践合同,自贷款人提供借款时生效。

一物多卖:出卖人就同一标的物订立多重买卖合同,如合同均不具有《民法典》规定的无效情形,买受人因不能按照合同约定取得标的物的所有权,请求追究出卖人违约责任的,人民法院应予支持。

2. 附条件、附期限的合同

条件成就时、期限届至生效。

3. 是否必须登记、批准

合同的生效是否必须如表 6-10 所示。

表 6-10 合同的生效是否必须

应当登记,但并非合同的生效要件	(1) 法律、法规规定应当办理登记手续,但未规定登记后生效的,当事人未办理登记手续不影响合同的效力。 (2) 商品房预售合同应当办理登记备案手续,但该登记备案手续并非合同生效条件,当事人另有约定的除外。 (3) 当事人以房屋租赁合同未按照法律、行政法规规定办理登记备案手续为由,请求确认合同无效的,人民法院不予支持。 (4) 我国对自由进出口的技术实行合同登记制度。但是登记仅具有备案意义,合同自依法成立时生效,不以登记作为合同生效的条件
经批准合同生效	当事人在外商投资企业设立、变更等过程中订立的合同,依法律、行政法规的规定应当经外商投资企业审批机关批准后才生效的,自批准之日起生效;未经批准的,人民法院应当认定该合同未生效。当事人请求确认该合同"无效"的,人民法院不予支持

4. 是否必须许可

(1) 必须：我国对限制进出口的技术实行许可证管理。技术进出口经许可的，由商务部颁发技术进出口许可证，该技术进出口合同自许可证颁发之日起生效。

(2) 非必须：人民法院不应仅以出租人未取得行政许可为由认定融资租赁合同无效。

四、合同的履行规则

（一）约定不明时的确定规则

(1) 协议补充。

(2) 不能达成补充协议的，按照合同有关条款或者交易习惯确定。

(3) 仍不能确定的，如表 6-11 所示。

表 6-11　合同约定不明时的确定规则

质量要求	国家标准、行业标准→通常标准或符合合同目的的特定标准
履行期限	(1) 债务人可以随时； (2) 债权人也可以随时要求履行，但应当给对方必要的准备时间
履行方式	有利于实现合同目的的方式
价款、报酬	(1) 一般：订立合同时履行地的市场价格★ (2) 执行政府定价或指导价，按规定履行
履行地点★	货币：接受货币一方所在地 不动产：不动产所在地 其他标的：履行义务一方所在地 【结论】交付动产：卖方所在地
履行费用	履行义务一方负担

（二）中止履行、提前履行与部分履行

1. 中止履行

债权人分立、合并或者变更住所没有通知债务人，致使履行债务发生困难的，债务人可以中止履行或者将标的物提存。

2. 提前履行或部分履行

合同提前履行或部分履行的拒绝与接受情形如表 6-12 所示。

表 6-12　合同提前履行或部分履行的拒绝与接受情形

项　目	拒　绝	接　受
提前履行	可以拒绝,不损害债权人利益的除外	可以接受,但给债权人增加的费用,由债务人负担
部分履行		

(三) 抗辩权

履行合同抗辩权的不同情形如表 6-13 所示。

表 6-13　履行合同抗辩权的不同情形

同时履行抗辩权	守约一方提出		当事人互负债务,没有先后履行顺序,应当同时履行。一方在对方履行之前有权拒绝其履行要求
先履行抗辩权	后履行一方提出		当事人互负债务,有先后履行顺序,先履行一方未履行或履行债务不符合约定的,后履行一方有权拒绝其履行要求
不安抗辩权★	先履行一方提出	义务	提供证据: (1) 经营状况严重恶化;(2) 转移财产、抽逃资金,以逃避债务;(3) 丧失商业信誉;(4) 有丧失或可能丧失履约能力的其他情形及时通知对方
		权利	第一步:中止履行 第二步: (1) 恢复履行能力或提供担保:恢复履行; (2) 未恢复并不提供担保:先履行义务方可以解除合同

【例题 6-4·单项选择题】　甲、乙双方签订一份煤炭买卖合同,约定甲向乙购买煤炭 1 000 吨,甲于 4 月 1 日向乙支付全部煤款,乙于收到煤款半个月后装车发煤。3 月 31 日,甲调查发现,乙的煤炭经营许可证将于 4 月 15 日到期,目前煤炭库存仅剩 700 余吨,且正加紧将库存煤炭发往别处。甲遂决定暂不向乙付款,并于 4 月 1 日将暂不付款的决定及理由通知了乙。根据合同法律制度的规定,下列表述中,正确的是(　　)。

A. 甲无权暂不付款,因为在乙的履行期届至之前,无法确知乙将来是否会违约

B. 甲无权暂不付款,因为甲若怀疑乙届时不能履行合同义务,应先通知乙提供担保,只有在乙不能提供担保时,甲方可中止履行己方义务

C. 甲有权暂不付款,因为甲享有先履行抗辩权

D. 甲有权暂不付款,因为甲享有不安抗辩权

【答案】　D

【解析】 本题考核不安抗辩权。应当先履行债务的当事人,有确切证据证明对方有下列情形之一的,可以中止履行:经营状况严重恶化;转移财产、抽逃资金,以逃避债务;丧失商业信誉;有丧失或者可能丧失履行债务能力的其他情形。因为乙的煤炭经营许可证将于4月15日到期,有可能丧失履行债务的能力,因此甲可以行使不安抗辩权。

五、合同的保全

(一) 代位权

1. 条件★

代位权的条件包括:债权合法、债权到期、债权有金钱给付内容、债务人怠于行使(不以诉讼方式或仲裁方式)、损害债权人债权、债务人的债权非专属于自身。

注:专属于债务人自身:

(1) 基于家庭身份关系:扶养、抚养、赡养、继承关系。

(2) 劳动报酬。

(3) 基于社会身份关系:退休金、养老金、抚恤金、安置费。

(4) 人寿保险、人身伤害赔偿请求权。

2. 行使

合同代位权的行使如表6-14所示。

表6-14 合同代位权的行使

途径		通过代位权诉讼
当事人		债权人是原告,次债务人是被告,债务人为第三人★
管辖		被告住所地(次债务人所在地)人民法院管辖
诉讼时效		债权人提起代位权诉讼,对债权人的债权和债务人的债权均发生诉讼时效中断的效力
效力	对债务人	相应的债权债务关系消灭
	对债权人	(1) 优先受偿权利; (2) 债权人行使代位权不得超出债务人的权利范围; (3) 债权人胜诉的,诉讼费由次债务人负担,从实现的债权中优先支付;其他必要费用则由债务人承担★
	对次债务人	次债务人对债务人的抗辩,可以向债权人主张

【例题6-5·单项选择题】 乙企业欠甲企业货款20万元,期满未还。丙欠乙20万元货款也已到期,乙曾向丙发出催收通知书。乙、丙之间的供货合同约定,若因合同履行

发生争议,在乙地法院诉讼。下列选项中说法正确的是( )。

A. 甲对丙不享有债权,故甲不能起诉丙
B. 乙曾向丙发出债务催收通知书,故甲不能行使债权人代位权
C. 甲应以乙为被告、丙为第三人提起代位权诉讼
D. 甲应当在丙地法院起诉丙

【答案】 D

【解析】 本题考核代位权的行使。债务人怠于行使必须是没有以诉讼或仲裁方式向次债务人主张,选项B错误;代位权的行使以次债务人为被告,债务人为第三人,选项AC错误;管辖法院为次债务人住所地法院,选项D正确。

(二) 撤销权

1. 可撤销的行为★

（1）放弃到期、未到期债权、放弃债权担保、恶意延长债权的履行期。

（2）无偿转让财产。

（3）低值高买、高值低卖：(前提是对方恶意)：

① 高值低卖：以明显不合理的低价(转让价格达不到交易地指导价或者市场交易价70%)转让财产,对债权人造成损害,并且受让人知道;

② 低值高买：以明显不合理的高价(转让价格高于交易地指导价或者市场交易价30%)收购财产,对债权人造成损害,并且受让人知道。

无偿行为(放弃债权、无偿转让财产),无论第三人善意还是恶意,均可撤销;有偿行为(低值高买、高值低卖),第三人恶意时才可以撤销。

2. 行使

合同撤销权的行使如表6-15所示。

表6-15 合同撤销权的行使

当事人		债权人为原告,债务人为被告,受益人或者受让人为诉讼上的第三人
效力	处理	有权请求受益人返还利益,无优先受偿权
	费用	由债务人承担;第三人有过错,应当适当分担
	范围	行使范围以债权人的债权为限
管辖		由被告(债务人)住所地人民法院管辖
期限		自债权人知道或者应当知道撤销事由之日起1年内行使,自债务人的行为发生之日起5年内没有行使撤销权的,该撤销权消灭。(5年为除斥期间)★

六、合同的担保

(一) 保证

合同的保证性质与形式如表 6-16 所示。

表 6-16 合同的保证性质及形式

性 质	单务合同、无偿合同、诺成合同、要式合同
形式★	(1) 单独的书面保证合同。 (2) 在主合同上有保证条款,保证人签字或盖章。 (3) 在主合同上没有保证条款,第三人在主合同上以保证人的身份签字或盖章。 (4) 第三人单方以书面形式向债权人出具担保书,债权人接受且未提出异议。

【**例题 6-6·多项选择题**】 张某向李某借款,李某要求张某提供担保,张某分别找到友人甲、乙、丙、丁,他们各自作出以下表示,其中构成保证担保的有(   )。

A. 甲在张某向李某出具的有保证条款的借据上签署"保证人甲"

B. 乙向李某出具字据称"如张某到期不向李某还款,本人愿代还 3 万元",李某表示接受

C. 丙在张某向李某出具的没有保证条款的借据上签署"如张某到期不向李某还款,由本人负责"

D. 丁向李某出具字据称"如张某到期不向李某还款,由本人以某处私房抵债"

【**答案**】 ABC

【**解析**】 本题考核保证合同。(1) 保证人在债权人与被保证人签订的订有保证条款的主合同上,以保证人身份签字或者盖章的,保证合同成立,选项 A 正确;(2) 第三人单方以书面形式向债权人出具担保书,债权人接受且未提出异议的,保证合同成立,选项 B 正确;(3) 主合同中虽然没有保证条款,但保证人在主合同上以保证人的身份签字或者盖章的,保证合同成立,选项 C 正确;本题中,选项 D 属于抵押而非保证。

1. 一般保证和连带责任保证★

一般保证和连带责任保证的对比如表 6-17 所示。

表 6-17 一般保证和连带责任保证的对比

项 目	一般保证	连带责任保证
定 义	"保证人与债权人"约定,当债务人"不能"履行债务时,由保证人承担保证责任——有先后	保证人与债权人约定,保证人与债务人对债务承担连带责任——无先后

(续表)

项 目	一般保证	连带责任保证
先诉抗辩权	(1) 含义：主合同未经审判或仲裁并对财产强制执行前，保证人拒绝承担保证责任 (2) 一般保证有先诉抗辩权	连带责任保证无先诉抗辩权
界 定	对保证方式没有约定或约定不明确，按连带责任保证承担保证责任	

2. 不得行使先诉抗辩权的情形

(1) 债务人住所变更，致使债权人要求其履行债务发生重大困难的（下落不明或移居境外＋无财产可供执行）。

(2) 人民法院受理债务人破产案件，中止执行程序的。

(3) 保证人以书面形式放弃先诉抗辩权的。

(二) 保证责任

1. 范围

保证责任的范围包括主债权及利息、违约金、损害赔偿金和实现债权的费用；保证合同另有约定的，按照约定执行。

2. 主合同变更与保证责任承担★

主合同变更的责任承担如表 6-18 所示。

表 6-18 主合同变更的责任承担

项 目	同 意	未同意
数量、价款等内容变动	按变更后的	减轻债务：按减轻后 加重债务：按加重前
履行期限变动	按变更后的	按原期限
新贷换旧贷	承担新贷	不承担，除非前后系同一保证人

【例题 6-7·单项选择题】 甲企业与乙银行签订借款合同，借款金额为 10 万元人民币，借款期限为 1 年，由丙企业作为借款保证人。以下情况中，未经丙企业书面同意，丙企业不再承担保证责任的是(　　)。

A. 甲与乙协商，将借款金额提高到 15 万元

B. 甲与乙协商，将借款金额减少到 7 万元

C. 甲与乙协商，将乙的债权转让给丁

D. 甲与乙协商,将甲的债务转让给戊

【答案】 D

【解析】 本题考核保证责任。保证期间,债权人许可债务人转让部分债务未经保证人书面同意的,保证人对未经其同意转让部分的债务,不再承担保证责任。

3. 保证期间

合同的保证期间如表 6-19 所示。

表 6-19 合同的保证期间

作　用	债权人超过此期间主张权利的,保证人不承担保证责任。——除斥期间	
提出方式★	一般保证	债权人在此期间向债务人提起诉讼或仲裁,即确认了保证人的保证责任
	连带保证	债权人在此期间向保证人提出承担保证责任,即确认了保证人的保证责任
起点	(1) 一般为主债务履行期届满之日; (2) 主债务履行期限没有约定或者约定不明的,宽限期满开始计算	
长短★	(1) 有约定按约定; (2) 没有约定的:主债务履行期届满之日起 6 个月; 【注意】保证合同约定的保证期间早于或等于主债务履行期限的,视为没有约定。 (3) 约定不明:主债务履行期届满之日起 2 年; 【注意】承担保证责任直至主债务本息还清时为止的,视为约定不明	

4. 诉讼时效

一般保证与连带保证下诉讼时效的起算如表 6-20 所示。

表 6-20 一般保证与连带保证下诉讼时效的起算

一般保证		从"判决或者仲裁裁决生效之日"起算
连带保证	债权人对保证人	从"债权人要求保证人承担保证责任之日"起算
	保证人对债务人	行使追偿权的诉讼时效,自保证人向债权人"承担保证责任之日"起算

一般保证与连带保证下主债务诉讼时效的中断与中止如表 6-21 所示。

表 6-21 一般保证与连带保证下主债务诉讼时效的中断与中止

项　目	主债务诉讼时效中断	主债务诉讼时效中止
一般保证	保证诉讼时效中断	保证诉讼时效中止
连带保证	保证诉讼时效不中断	保证诉讼时效中止

(1) 债务人放弃对债务的抗辩权,保证人仍有权抗辩,因其保证责任并未免除。

(2) 保证人对已经超过诉讼时效期间的债务承担保证责任后,不得又以超过诉讼时效为由提出抗辩。

(三) 定金

1. 性质

定金合同是实践性合同。定金合同从实际交付定金之日起生效。★

2. 处理

给付定金的一方不履行约定的债务的,无权要求返还定金;收受定金的一方不履行约定的债务的,应当双倍返还定金。

订金无担保作用,合同未履行时,接受预付款的一方必须如数返还款项。定金具有担保作用,接受定金的一方不履行合同的,应当双倍返还定金。

3. 数额

(1) 约定的定金数额不得超过主合同标的额的20%,超过部分无效。★

(2) 如果当事人一方不完全履行合同的,应当按照未履行部分所占合同约定内容的比例,适用定金罚则。

4. 适用★

定金的适用范围如表6-22所示。

表6-22 定金的适用范围

一方延迟履行或者有其他违约行为,致使合同目的不能实现	适用
因不可抗力致使主合同不能履行	不适用
因第三人的过错,致使主合同不能履行	适用

5. 其他情况

当事人既约定违约金,又约定定金的,一方违约时,对方可以选择适用违约金或者定金条款。★

【例题6-8·单项选择题】 甲餐厅承接乙的婚宴。双方约定:婚宴共办酒席20桌,每桌2000元;乙先行向甲餐厅支付定金1万元;任何一方违约,均应向对方支付违约金5000元。合同订立后,乙未依约向甲支付定金。婚宴前一天,乙因故通知甲取消婚宴。甲要求乙依约支付1万元定金与5000元违约金。根据合同法律制度的规定,下列表述中,正确的是( )。

A. 甲餐厅应在1万元定金与5000元违约金之间择一向乙主张,因为定金与违约金

不能同时适用

B. 甲餐厅仅有权请求乙支付8 000元定金,因为定金不得超过合同标的额的20%

C. 甲餐厅无权请求乙支付定金,因为乙未实际交付定金,定金条款尚未生效

D. 甲餐厅无权请求乙支付定金,因为定金额超过合同标的额的20%,定金条款无效

【答案】 C

【解析】 定金合同从实际交付定金之日起生效,本题中由于未支付定金,因此双方的定金合同未生效。

七、合同的变更与转让

(一) 合同的变更

1. 概念

合同的变更是指合同内容的变更,不包括合同主体的变更。

2. 界定

当事人对合同变更的内容约定不明确的,推定为未变更。

3. 效力

(1) 合同的变更,仅对变更后未履行的部分有效,对已履行的部分无溯及力。

(2) 合同生效后,当事人不得因姓名、名称的变更或者法定代表人、负责人、承办人的变动而不履行合同义务。

(二) 合同的转让

1. 债权转让

债权转让如表6-23所示。

表6-23 债权转让

债权转让生效	债权转让的生效只要第三人和债权人达成一致意思即可,无须征得债务人的同意
对债务人生效★	债权人转让权利的,无须债务人同意,但应当通知债务人;未经通知,该转让对债务人不发生效力。——通知到达债务人时对债务人生效

(1) 诉讼时效中断:从债权转让通知到达债务人之日起中断。

(2) 从权利:主债权转让给第三人,保证债权同时转让,保证人在原保证范围内承担保证责任;但与债权人事先约定仅对特定的债权人承担保证责任或禁止转让的除外。

(3) 抗辩权:债务人接到债权转让通知后,债务人对让与人的抗辩可以向受让人主张,如提出债权无效、诉讼时效已过等事由的抗辩。

(4) 抵销权：债务人接到债权转让通知时，债务人对让与人享有债权，并且其债权先于转让的债权到期或者同时到期的，债务人可以向受让人主张抵销。

2. 债务承担

债务的承担情形如表6-24所示。

表6-24 债务的承担情形

将合同的义务转移给第三人	债权合法＋可移转性＋与第三人协议＋债权人同意★
并存的债务承担	并存时不需要同意

（1）诉讼时效中断：从债务承担意思表示到达债权人之日起中断。

（2）从债务：债权人许可债务人转让债务的，应当取得保证人书面同意；保证人对未经其同意转让的债务，不再承担保证责任。

（3）抗辩权：债务人转移义务的，新债务人可以主张原债务人对债权人的抗辩。

3. 债权债务的概括移转

债权债务的概括移转如表6-25所示。

表6-25 债权债务的概括移转

意定的概括移转		当事人一方经他方当事人同意，可以将自己在合同中的权利义务一并转让给第三人
法定的概括移转	合并	由合并后的法人或者其他组织行使合同权利，履行合同义务
	分立	除债权人和债务人另有约定的以外，由分立的法人或者其他组织对合同的权利和义务享有连带债权，承担连带债务★

【例题6-9·多项选择题】 晨曦公司向伟东公司出售并交付其生产的残疾人轮椅20台，伟东公司未付款。因欠北海公司债务，晨曦公司以协议形式将其对伟东公司的债权转让给北海公司抵债，并通知了伟东公司。下列关于该债权转让事项的表述中，正确的有（   ）。

A. 晨曦公司债权转让通知到达伟东公司时，才对伟东公司发生债权转让效力

B. 晨曦公司与北海公司转让协议生效时，对伟东公司同时发生债权转让效力

C. 晨曦公司移转债权不需征得伟东公司的同意即产生法律上的效力

D. 晨曦公司与北海公司的协议有效，北海公司可不通过晨曦公司而直接向伟东公司主张债权

【答案】 ACD

【解析】 本题考核债权让与。第三人与债权人达成一致时,债权让与协议生效。通知债务人后,该转让对债务人发生效力。所以协议生效与对债务人发生效力不是同时的。债权让与后,北海公司成为伟东公司的债权人,有权向伟东公司主张债权。

八、合同的终止

(一) 清偿

1. 同一债权人数项债务并存时的抵充顺序

当债务人的给付不足以清偿其对同一债权人所负的数笔相同种类的全部债务时,优先顺序如下:

(1) 有约定按约定。

(2) 没约定,优先抵充已到期的债务。

(3) 几项债务均到期,优先抵充对债权人缺乏担保或者担保数额最少的债务。

(4) 担保数额相同的,优先抵充债务负担较重的债务(如利息高者或有违约金者)。

(5) 负担相同的,按照债务到期的先后顺序抵充。

(6) 到期时间相同的,按比例抵充。

2. 主债务、利息、费用的抵充顺序

(1) 有约定按约定。

(2) 没有约定:实现债权的费用→利息→主债务。

(二) 解除

1. 法定解除的具体情形★

(1) 因不可抗力致使不能实现合同目的。

(2) 预期违约:在履行期限届满之前,当事人一方明确表示或以自己的行为表明不履行主要债务。

(3) 当事人一方迟延履行主要债务,经催告后在合理期限内仍未履行。

(4) 当事人一方迟延履行债务或有其他违约行为致使不能实现合同目的。

注:迟延并不必然导致解除,要看催告后的情况和是否不能实现合同目的。因不可抗力致使主合同不能履行的,不适用定金罚则。而迟延履行或者有其他违约行为致使合同目的不能实现,可以适用定金罚则。

(5) 法律规定的其他情形如下:

① 承揽合同:定作人可以随时解除承揽合同,造成承揽人损失的,应当赔偿损失。

② 货运合同:在承运人将货物交付收货人之前,托运人可以要求承运人中止运输、返还货物、变更到达地或者将货物交给其他收货人。

③ 委托合同：委托人或者受托人可以随时解除委托合同。

④ 不安抗辩权：当事人在中止履行合同后，如果对方在合理期限内未恢复履行能力并且未提供适当担保的，可以解除合同。

⑤ 租赁合同：对于不定期租赁，双方当事人均可随时解除合同。

⑥ 情势变更：合同成立以后，如果客观情况发生了当事人在订立合同时无法预见的、非不可抗力造成的不属于商业风险的重大变化，继续履行合同对于一方当事人明显不公平或不能实现合同目的，当事人请求法院变更或解除的，法院应结合案件的实际情况确定是否变更或解除。

2. **解除权的程序**

合同自通知到达对方时解除。

3. **解除权的效力**

（1）尚未履行的，终止履行。

（2）已经履行的，当事人可以要求恢复原状、采取其他补救措施，有权要求赔偿损失。

（3）合同的解除不影响合同中结算条款、清理条款以及解决争议方法条款的效力。

（三）抵销

合同的抵销如表 6-26 所示。

表 6-26　合同的抵销

互负	双方互负债务 例如，甲、乙、丙组成合伙企业 A，丁欠 A10 万，甲欠丁 10 万，则不得抵销
同类	种类、品质相同 例如，甲欠乙苹果，乙欠甲香蕉，则不得抵销
到期	主动债权已到期：一项债务已届清偿期，而另一项债务未届清偿期的，则未到期的债务人可以主张抵销。 例如，甲欠乙债 10 万，已到期，乙欠甲 10 万，还有半年到期。 乙提出抵销，则可以抵销 甲提出抵销，则不可以抵销
有效	主动债权效力完全：效力不完全的债权不能作为主动债权而主张抵销，如诉讼时效满后的债权，该债权人不得主张抵销；但作为被动债权，对方以其债权主张抵销的，应当允许。 例如，甲欠乙的 100 万已到期 6 个月，3 年前乙欠甲 100 万，此时已过诉讼时效。 甲提出抵销，则不可以抵销 乙提出抵销，则可以抵销
性质	不属于不能抵销的情形：按照法律规定（如故意侵权的债务）或按照合同性质（如提供劳务的债务、不作为的债务）不得抵销

(四) 提存

1. 提存的原因：★

(1) 债权人无正当理由拒绝受领。

(2) 债权人下落不明。

(3) 债权人死亡未确定继承人或者丧失民事行为能力未确定监护人。

2. 提存的法律效果

(1) 提存的标的：原则上是债的标的。标的物不适于提存或者提存费用过高的，债务人依法可以拍卖或者变卖标的物，提存所得的价款。

(2) 义务：除债权人下落不明的以外，债务人应及时通知债权人或者债权人的继承人、监护人。

(3) 提存的效力：★① 毁损、灭失的风险由债权人承担；② 标的物的孳息归债权人所有；③ 提存费用由债权人负担。

(4) 提存期间：债权人领取提存物的权利，自提存之日起 5 年内不行使而消灭，提存物扣除提存费用后归国家所有。

九、违约责任

(一) 违约形态

违约行为分为预期违约和届期违约。因当事人一方的违约行为，侵害对方人身、财产权益的，受损害方有权选择要求其承担违约责任或者侵权责任。

注：债权人向人民法院起诉时作出选择后，在一审开庭以前又变更诉讼请求的，人民法院应当准许。

(二) 承担违约责任的方式

1. 继续履行

承担后同违约责任的方式之继续履行如表 6-27 所示。

表 6-27 承担后同违约责任的方式之继续履行

金钱债务	必须继续履行。当事人一方未支付价款或报酬的，对方可要求其支付价款
非金钱债务	不符合约定，对方可要求履行，但有下列情形之一除外： (1) 法律上或者事实上不能履行（如齐白石画弄坏了、房子已经过户给他人）； (2) 债务的标的不适于强制履行或者履行费用过高； (3) 债权人在合理期限内未要求履行

2. 补救措施

对违约责任没有约定或者约定不明确的,受损害方根据标的性质以及损失的大小,可以合理要求对方承担修理、更换、重作、退货、减少价款或者报酬等违约责任。

3. 赔偿损失

买卖合同违约后可得利益损失计算的规则包括:可预见规则、减损规则、过失抵减规则以及损益相抵规则。

(1) 可预见规则:当事人一方不履行合同义务或履行合同义务不符合约定,给对方造成损失的,损失赔偿额应当包括合同履行后可以获得的利益,但不得超过违反合同一方订立合同时预见到或者应当预见到的因违反合同可能造成的损失。★

(2) 减损规则:当事人一方违约后,对方应当采取适当措施防止损失的扩大;没有采取适当措施致使损失扩大的,不得就扩大的损失要求赔偿。当事人因防止损失扩大而支出的合理费用,由违约方承担。

例如,承包商从水泥厂购买水泥并按约定支付了全部货款,可是收到的货却是有问题的,承包商认为水泥厂违约,因而次日大雨时未对堆放水泥采取任何保护措施,导致水泥受潮全部硬化,这就属于没有采取适当措施致使损失扩大,因此受潮硬化的损失就不得要求水泥厂赔偿。

(3) 过失抵减规则:买卖合同当事人一方违约造成对方损失,对方对损失的发生也有过错,违约方主张扣减相应的损失赔偿额的,人民法院应予支持。

(4) 损益相抵规则:买卖合同当事人一方因对方违约而获有利益,违约方主张从损失赔偿额中扣除该部分利益的,人民法院应予支持。

例如,甲要求乙1月1日发木材,但乙于4月1日才发货,而甲的工具正在维修,3月1日才能修好去加工木材,这样乙的违约使得甲节约了两个月的木材保管费,保管费的减少即为利益,应抵减赔偿额。

4. 支付违约金

支付违约金的相关内容如表6-28所示。

表6-28 支付违约金的相关内容

调整	(1) 约定的违约金低于损失,当事人可以请求法院或者仲裁机构予以增加; (2) 约定的违约金过分高于损失,当事人可以请求法院或者仲裁机构予以适当减少
继续	当事人就迟延履行约定违约金的,违约方支付违约金后,还应当继续履行债务
起算	如果买卖合同对付款期限作出变更,不影响当事人关于逾期付款违约金的约定,但该违约金的起算点应当随之变更

(续表)

无效抗辩	买卖合同约定逾期付款违约金,买受人以出卖人接受价款时未主张逾期付款违约金为由拒绝支付该违约金的,人民法院不予支持
独　立	买卖合同因违约而解除后,守约方主张继续适用违约金条款的,人民法院应予支持

5. 定金

(1) 当事人在合同中既约定违约金,又约定定金的,一方违约时,对方可以选择适用违约金或者定金条款,但两者不可同时并用。

(2) 买卖合同约定的定金不足以弥补一方违约造成的损失,对方请求赔偿超过定金部分的损失的,法院可以并处,但定金和损失赔偿的数额总和不应高于因违约造成的损失。★

(三) 免责事由

1. 事由

因不可抗力不能履行合同的,根据不可抗力的影响,部分或者全部免除责任。

注:当事人延迟履行后发生不可抗力的,不能免除责任。

2. 主张不可抗力的义务

(1) 及时通知对方不能履行的情况和理由。

(2) 在合理期限内提供证明。

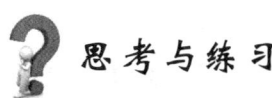

思考与练习

一、单项选择题

1. 张某想从李某处借款 10 万元,李某知道张某平时人品很差,于是便告知张某,如果张某能够找到一个保证人,来担保这笔债务,李某就答应借款事宜。后张某与好友薛某串通起来骗取了李某的 10 万元,但薛某并没有要承担保证责任的意思。关于李某的损失承担的问题,下列说法中,正确的是(　　)。

　　A. 李某可以要求张某和薛某承担连带赔偿责任

　　B. 李某只能要求张某承担责任

　　C. 李某只能要求薛某承担责任

　　D. 李某自己遇人不淑,只能自己承担损失

2. 甲公司欠乙公司货款 100 万元,甲公司自己提供机器设备设定抵押权,丙公司担

任保证人。甲公司届期不支付货款,下列表述正确的是( )。

  A. 乙公司应先行使机器设备抵押权

  B. 乙公司应先行请求丙公司承担保证责任

  C. 乙公司应同时要求甲公司和丙公司各承担一半的清偿责任

  D. 乙公司若放弃甲公司提供的机器设备抵押,丙公司不承担任何责任

  3. 保证责任消灭后,债权人书面通知保证人要求承担保证责任或者清偿债务,保证人在催款通知书上签字的,人民法院的做法正确的是( )。

  A. 认定保证人继续承担保证责任

  B. 不得认定保证人继续承担保证责任

  C. 要求保证人与债权人重新订立保证合同

  D. 认定保证人与债务人向债权人承担连带责任

  4. 甲与乙订立了一份苹果购销合同,约定:甲向乙交付20万千克苹果,货款为40万元,乙向甲支付定金4万元;如任何一方不履行合同应支付违约金6万元。甲因将苹果卖与丙而无法向乙交付苹果,乙提出的如下诉讼请求中,既能最大限度保护自己的利益,又能获得法院支持的诉讼请求是( )。

  A. 请求甲双倍返还定金8万元

  B. 请求甲双倍返还定金8万元,同时请求甲支付违约金6万元

  C. 请求甲支付违约金6万元,同时请求返还支付的定金4万元

  D. 请求甲支付违约金6万元

  5. 按照保证人是否约定各自承担的担保份额,可以将共同保证分为( )。

  A. 按份共同保证和连带共同保证 B. 单独保证和共同保证

  C. 一般保证和特别保证 D. 一般保证和连带责任保证

  6. 下列关于定金的描述正确的是( )。

  A. 定金合同在签订的时候生效

  B. 因不可抗力、意外事件致使主合同不能履行的,不适用定金罚则

  C. 定金数额不得超过主合同标的额的10%

  D. 定金可以书面形式约定,也可以口头形式约定

  7. 南京A公司与北京B公司约定采用合同书订立合同,2×23年1月1日在上海订立了一份书面合同,A公司当日签字盖章后交B公司,2×23年1月5日,A公司已经履行了主要义务,B公司已经接受,B公司在1月10日将该合同带回到北京签字盖章,该合同成立时间为( )。

  A. 自A公司与B公司口头协商一致并签订备忘录时成立

B. 自A公司在南京签字盖章时成立

C. 自B公司在北京签字盖章时成立

D. 2×23年1月5日,A公司已经履行了主要义务时成立

8. 北京天龙公司与上海浦东公司订立了一份书面合同,天龙公司签字、盖章后邮寄给浦东公司签字、盖章。该合同成立时间是(　　)。

A. 自天龙公司与浦东公司口头协商一致并签订备忘录时成立

B. 自天龙公司签字、盖章时成立

C. 自天龙公司将签字、盖章的合同交付邮寄时成立

D. 自浦东公司签字、盖章时成立

9. 下列合同中,不适用我国《民法典合同编》调整的是(　　)。

A. 融资租赁合同　　　　　　B. 收养合同

C. 财产赠与合同　　　　　　D. 借款合同

10. 关于合同与合同法,下列表述不正确的是(　　)。

A. 合同是平等主体的自然人、法人、其他组织之间设立、变更、终止民事权利义务关系的协议

B. 政府采购合同适用《民法典合同编》

C. 合同是双方法律行为

D. 合同法是公法

11. 2×23年4月1日红旗小学从美服制衣厂订购了一批校服,约定2×23年10月1日交货,2×23年9月5日美服制衣厂明确表明不再向红旗小学交付校服。美服制衣厂的行为属于(　　)。

A. 逾期违约行为　　　　　　B. 预期违约行为

C. 届期违约行为　　　　　　D. 缔约过失行为

12. 甲和乙签订了一份货物买卖合同,约定由丙向乙交付货物,丙交付货物后,乙将立即付款。丙违约,没有交付货物。乙可以请求承担违约责任的主体是(　　)。

A. 甲　　　　B. 丙　　　　C. 甲和丙　　　　D. 甲或丙

13. 根据《民法典》的规定,下列各项中,不属于要约失效的情形是(　　)。

A. 要约人依法撤回要约

B. 要约人依法撤销要约

C. 承诺期限届满,受要约人未作出承诺

D. 受要约人对要约内容作出实质性变更

14. 甲与乙签订了一份借款合同,甲为借款人,借款数额为30万元。甲以自有的一

辆价值10万元的汽车作为抵押担保,甲又请求丙为该借款合同提供保证担保。合同到期后,甲无力偿还。如果两项担保对担保责任约定不明确,下列说法正确的是( )。

  A. 因为没有约定,丙不承担担保责任
  B. 乙应当先要求丙以保证承担担保责任
  C. 乙即可以先要求甲承担保证责任,也可以先要求丙承担担保责任
  D. 乙应当先要求甲以抵押承担担保责任

15. 甲和乙之间签订了一份原料采购合同,约定甲于2×23年1月1日交货,乙于同年2月1日付款。1月1日甲正准备向乙交货时,听说乙的经营状况严重恶化。在没有证据证明该事实的情况下,甲停止了向乙交货。关于甲的做法,下列表述正确的是( )。

  A. 乙可以要求甲承担违约责任
  B. 甲可以要求乙承担违约责任
  C. 甲行使的是先履行抗辩权
  D. 甲虽没有确切证据但是可以行使不安抗辩权

16. 甲向乙购买房屋一套,并已支付一半价款,剩余价款约定在过户登记手续办理完毕后2个工作日内付清。乙在办理房屋过户登记手续前反悔,要求解除合同。甲诉至法院,要求乙继续履行合同。下列表述中,正确的是( )。

  A. 房屋产权未过户,合同尚未生效
  B. 房屋产权未过户,合同尚未成立
  C. 合同已经生效,但法院应当判决解除合同,乙赔偿甲的损失
  D. 合同已经生效,乙应当继续履行合同

17. 张某以信件发出要约,信件未载明承诺开始日期,仅规定承诺期限为10天。5月8日,张某将信件投入信箱;邮局将信件加盖5月9日邮戳发出,5月11日,信件送达受要约人李某的办公室;李某因外出,直至5月15日才知悉信件内容。根据《民法典》的规定,该承诺期限的起算日为( )。

  A. 5月8日   B. 5月9日
  C. 5月11日   D. 5月15日

18. 王某为债务人甲向债权人乙提供担保时,要求债务人甲提供反担保。反担保的方式可以是( )。

  A. 债务人甲提供的保证   B. 债务人甲提供的定金
  C. 甲的朋友丙提供的留置   D. 甲的朋友丙提供的质押

19. A公司应B公司之约赴京洽谈签约,后因双方对合同价款无法达成一致协议而

未能签订合同。对 A 公司赴京发生的差旅费应由（　　）。

　　A. A 公司和 B 公司各负担一半　　　　B. B 公司负担

　　C. A 公司自行承担　　　　　　　　　　D. B 公司负担比例必须高于 A 公司

20. 如果对格式条款有两种以上解释的,应当（　　）。

　　A. 按照通常理解予以解释

　　B. 作出不利于提供格式条款一方的解释

　　C. 作出利于提供格式条款一方的解释

　　D. 采用非格式条款进行解释

21. 甲、乙两公司订立一份书面合同,甲公司在 A 地签字盖章后邮寄给 B 地的乙公司,乙公司在合同中签字盖章,同时 C 地的丙公司为该合同提供保证,D 地的丁公司为该合同提供抵押担保。该合同成立的地点是（　　）。

　　A. A 地　　　　　B. B 地　　　　　C. C 地　　　　　D. D 地

22. 关于诺成合同与实践合同,下列表述正确的是（　　）。

　　A. 实践合同除了当事人意思表示一致,还需实际交付标的物才能成立

　　B. 实践合同中,当事人没有交付标的物,要承担违约责任

　　C. 诺成合同中,当事人没有交付标的物,要承担缔约过失责任

　　D. 赠与合同、质押合同是实践合同

23. 方某为送汤某生日礼物,特向余某定做一件玉器。订货单上,方某指示余某将玉器交给汤某,并将订货情况告知汤某。玉器制好后,余某将玉器交给朱某运输至汤某处,朱某不慎将玉器碰坏。下列表述中,正确的是（　　）。

　　A. 汤某有权要求余某承担违约责任

　　B. 汤某有权要求朱某承担违约责任

　　C. 方某有权要求朱某承担违约责任

　　D. 方某有权要求余某承担违约责任

24. 下列有关合同权利义务终止的表述中,错误的是（　　）。

　　A. 合同权利义务终止后,债权人不再享有合同权利

　　B. 合同权利义务终止,不影响合同中结算条款、清理条款以及解决争议方法条款的效力

　　C. 合同权利义务终止后,当事人有时还需根据交易习惯履行通知、协助、保密等义务

　　D. 导致合同权利义务终止的因素只能是法定情形

25. 不具有民事主体资格的科研组织订立的技术合同,经法人或者其他组织授权或者认可的,视为法人或者其他组织订立的合同,由（　　）。

A. 法人或者其他组织承担责任

B. 科研组织承担责任

C. 法人或其他组织与科研组织承担连带责任

D. 法人或其他组织与科研组织各承担一半责任

26. 甲因购买弟弟的货物而欠弟弟5万元,不久后弟弟因病去世,甲是弟弟的唯一合法继承人。导致债消灭。此种债消灭的方式是( )。

A. 免除 B. 抵销 C. 混同 D. 提存

27. 甲和乙之间签订了一批买卖办公用品的合同,约定甲交付办公用品时,乙交付货款。后甲急需用钱,要求乙先付一半货款后,再交付办公用品,乙拒绝了甲的要求。乙行使的权利是( )。

A. 不安抗辩权 B. 同时履行抗辩权

C. 先诉抗辩权 D. 先履行抗辩权

28. 甲公司委托李某和刘某共同处理和外国公司之间的贸易往来,后由于李某的过错,造成委托事务没有处理好,给甲公司造成了一定的经济损失。关于该损失的责任承担问题,下列说法中,正确的是( )。

A. 李某和刘某对甲公司承担连带责任

B. 由李某承担给甲公司造成的损失

C. 由甲公司自己承担该损失

D. 由李某和刘某对甲公司各承担一半的责任

29. 甲、乙订立一份价款为十万元的图书买卖合同,约定甲先支付书款,乙两个月后交付图书。甲由于资金周转困难只交付了6万元,答应余款尽快支付,但乙不同意。两个月后甲要求乙交付图书,遭乙拒绝。对此,下列表述正确的是( )。

A. 乙对甲享有同时履行抗辩权

B. 乙对甲享有不安抗辩权

C. 乙有权拒绝交付全部图书

D. 乙有权拒绝交付与4万元书款价值相当的部分图书

30. 根据《民法典》的规定,下列情形中,要约没有发生法律效力的是( )。

A. 撤回要约的通知与要约同时到达受要约人

B. 撤销要约的通知在受要约人发出承诺通知之前到达

C. 同意要约的通知到达要约人

D. 受要约人对要约的内容作出实质性变更

31. 乙拖欠甲的货款,又急于行使其对丙享有的到期债权,对甲债权的实现造成了损害。甲为保障自己的债权而提起的代位权诉讼中,下列表述符合规定的是( )。

  A. 甲以乙的名义向丙提起诉讼

  B. 甲以自己的名义向乙和丙提起诉讼

  C. 甲以自己的名义向乙提起诉讼,丙作为诉讼中的第三人

  D. 甲以自己的名义向丙提起诉讼,乙作为诉讼中的第三人

32. 债务人转让全部合同义务的,下列说法不正确的是( )。

  A. 需债权人同意方可进行

  B. 新债务人可主张原债务人对债权人的抗辩

  C. 若新债务人违约,新老债务人应承担连带责任

  D. 非专属于原债务人自身的从债务,一并转让给新债务人

33. 甲租用乙的楼房,在签订合同前,乙明确告知甲该楼房为危楼,甲表示无异议,遂签订书面合同,并在合同中约定"如果因为租赁物的原因造成甲人身伤害的,乙概不负责"。后该楼倒塌,甲要求解除合同并要求乙赔偿损失。根据合同法律制度的规定,下列表述中,正确的是( )。

  A. 甲可以随时解除合同

  B. 甲不能解除合同,可以要求乙赔偿损失

  C. 因合同有约,所以甲不能要求乙承担赔偿责任

  D. 签订书面合同,合同生效,该条款生效

34. 甲乙双方签订了一份房屋租赁合同,租期为半年。在房屋租赁期内,乙公司将该房屋转租给丙公司。甲公司得知后,表示异议。下列表述中,正确的是( )。

  A. 乙公司可以在租期内将该楼转租丙公司,但不得改变原租赁用途

  B. 乙公司可以在租期内将该楼转租给丙公司

  C. 甲公司有权解除租赁合同

  D. 乙公司有权解除租赁合同

二、多项选择题

1. 下列有关保证责任的诉讼时效的表述符合法律规定的有( )。

  A. 一般保证中,主债务诉讼时效中断,保证债务诉讼时效中断

  B. 一般保证中,主债务诉讼时效中断,保证债务诉讼时效不中断

  C. 连带责任保证中,主债务诉讼时效中断,保证债务诉讼时效中断

  D. 连带责任保证中,主债务诉讼时效中断,保证债务诉讼时效不中断

2. 甲借款给乙1万元,丙为乙的保证人。此后乙与甲协商变更借款数额为1.5万

元,对此丙不知情。合同到期时,乙无力偿还该借款。对此,下列说法不正确的有（　　）。

　　A. 丙应承担1.5万元的保证债务　　B. 丙应承担1万元的保证债务

　　C. 丙不承担该保证债务　　D. 丙承担保证债务后有权向乙追偿

3. 当事人一方违约给对方造成损失的,损失赔偿额不应包括（　　）。

　　A. 对方因此实际利益的减少　　B. 对方因合同履行后可得的利益

　　C. 对方因此所受精神痛苦的补偿　　D. 对方其他交易的损失

4. 根据相关法律制度的规定,下列有关承诺的迟延与迟到的说法中,正确的有（　　）。

　　A. 受要约人超过承诺期限发出承诺的,为迟延承诺

　　B. 迟延的承诺一般视为新要约

　　C. 迟到的承诺一般为有效的承诺

　　D. 迟到的承诺一般视为新要约

5. 下列变更中,属于对要约内容作出实质性变更的有（　　）。

　　A. 对合同标的的变更　　B. 对数量的变更

　　C. 对报酬的变更　　D. 对履行期限的变更

6. 下列属于不能抵销的债务的有（　　）。

　　A. 故意侵权行为产生的债务　　B. 提供劳务的债务

　　C. 不作为的债务　　D. 作为的债务

7. 下列属于一审辩论终结后未获批准,房屋租赁合同无效情形的有（　　）。

　　A. 出租人就未取得建设工程规划许可证建设的房屋,与承租人订立租赁合同

　　B. 未按照建设工程规划许可证的规定建设的房屋,与承租人订立的租赁合同

　　C. 出租人就未经批准或者未按照批准内容建设的临时建筑,与承租人订立的租赁合同

　　D. 租赁期限超过临时建筑的使用期限

8. 根据《民法典》的规定,下列情况属于合同的变更的有（　　）。

　　A. 标的物数量的变更　　B. 质量标准的提高

　　C. 违约金的增加　　D. 合同当事人的变更

9. 下列有关附条件和附期限合同的说法中,正确的有（　　）。

　　A. 附生效条件的合同,自条件成就时生效

　　B. 附终止期限的合同,自期限届满时失效

　　C. 附条件的合同和附期限的合同中的条件和期限都是必然到来的

　　D. 附解除条件的合同,自条件成就时失效

10. 2×23年3月1日,张某向李某借款1万元,并签订了借款合同。同年3月18日李某向张某交付了1万元。关于该借款合同的说法中,正确的有(　　)。

　　A. 该借款合同自2×23年3月18日生效

　　B. 该借款合同自2×23年3月1日生效

　　C. 该借款合同为实践合同

　　D. 该借款合同为诺成合同

11. 如果出卖人就同一普通动产订立多重买卖合同,在买卖合同均有效的情况下,买受人均要求实际履行合同的,应当按照以下情形分别处理(　　)。

　　A. 先行受领交付的买受人请求确认所有权已经转移的,人民法院应予支持

　　B. 均未受领交付,先行支付价款的买受人请求出卖人履行交付标的物等合同义务的,人民法院应予支持

　　C. 均未受领交付,也未支付价款,依法成立在先合同的买受人请求出卖人履行交付标的物等合同义务的,人民法院应予支持

　　D. 均未受领交付,也未支付价款,依法登记的买受人请求出卖人履行交付标的物等合同义务的,人民法院应予支持

12. 根据《民法典》的规定,当事人一方因不可抗力的原因不能履行合同规定的义务时,可以部分或全部免除违约责任的情形有(　　)。

　　A. 及时向对方通报不能履行或需要延期履行、部分履行的理由

　　B. 经对方当事人同意

　　C. 经上级主管机关批准

　　D. 在合理期限内提供证明

13. 常见的不可抗力有(　　)。

　　A. 自然灾害　　　　　　　　B. 政府行为

　　C. 社会异常现象　　　　　　D. 第三人的原因

14. 下列情形中,属于民间借贷的有(　　)。

　　A. 甲公司向招商银行借款

　　B. 张某向某具有金融业务许可证的保险公司借款

　　C. 乙公司向丙公司借款

　　D. 李某向王某借款

15. 下列清偿行为中,能够引起债的消灭的有(　　)。

　　A. 债务人向债权人的代理人清偿债务

　　B. 债务人向破产企业的清算组织清偿债务

C. 债务人向收据持有人清偿债务

D. 债务人向行使代位权的债权人清偿债务

16. 根据《民法典》的规定,债务人可以将标的物提存的情形有( )。

A. 债权人出国旅游

B. 债权人无正当理由拒绝受领

C. 债权人下落不明

D. 债权人死亡未确定继承人或丧失民事行为能力未确定监护人

17. 根据相关法律的规定,下列要约中,不得撤销的有( )。

A. 要约人确定了承诺期限的要约

B. 要约人明示不可撤销的要约

C. 已经到达受要约人但受要约人尚未承诺的要约

D. 受要约人有理由认为不可撤销,且已为履约做了准备的要约

18. 一般保证的保证人在主合同纠纷未经审判或者仲裁,并就债务人财产依法强制执行仍不能履行债务前,对债权人可以拒绝承担保证责任。下列情形中,一般保证的保证人不得行使上述权利的有( )。

A. 债务人被宣告失踪,且无可供执行的财产

B. 债务人移居国外,但国内有其购买现由亲属居住的住宅

C. 债务人被宣告破产,中止执行程序的

D. 债务人听说保证人曾表示放弃权利

19. 甲向乙借款300万元于2×23年12月30日到期,丁提供保证担保,保证合同中约定"丁仅对乙承担保证责任"。2×23年10月1日,乙将债权让与丙,并于同月15日通知甲,但未告知丁。对此,下列选项正确的有( )。

A. 乙将债权让与丙于2×23年10月1日生效

B. 乙将债权让与丙于2×23年10月15日生效

C. 丁应当继续承担保证责任

D. 丁不再承担保证责任

20. 甲乙订立了一份租赁合同,甲是承租人,乙是出租人,约定租赁期限是1年,但是双方当事人未采用书面形式,期间双方出现了矛盾,有解除合同的意愿,下列有关该租赁合同解除的说法中,错误的有( )。

A. 甲、乙都可以随时解除合同

B. 乙解除合同应该经过甲的同意

C. 甲解除合同应该经过乙的同意

D. 乙解除合同应当在合理期限之前通知甲

21. 下列有关承诺的说法中,正确的有( )。

A. 承诺自通知到达要约人时生效

B. 承诺不需要通知的,自根据交易习惯或者要约的要求作出承诺的行为时生效

C. 承诺自要约人看到承诺通知时生效

D. 承诺生效时合同成立

22. 采用格式条款订立合同,提供格式条款的一方应当负有的义务有( )。

A. 遵循公平原则确定当事人之间的权利和义务

B. 采取合理的方式提请对方注意免除或者限制其责任的条款

C. 对已尽合理提示及说明义务承担举证责任

D. 按照对方的要求,对格式条款予以说明

23. 下列有关保证期间的说法,正确的有( )。

A. 保证期间为保证责任的存续期间,是债权人向保证人行使追索权的期间

B. 保证期间性质上属于除斥期间,不发生诉讼时效的中止、中断和延长

C. 债权人没有在保证期间主张权利的,保证人免除保证责任

D. 保证期间性质上属于诉讼时效期间,发生诉讼时效的中止、中断和延长

24. 下列选项中,属于实践合同的有( )。

A. 保管合同   B. 自然人之间的借贷合同

C. 定金合同   D. 质押合同

25. 甲乙双方签订了买卖合同,在合同履行过程中,发现该合同某些条款约定不明确。甲乙双方不能达成补充协议,且按照合同有关条款或者交易习惯仍不能确定。下列说法符合规定的有( )。

A. 质量要求不明确的,按照国家标准、行业标准履行

B. 价款不明确的,按照卖方所在地的市场价格履行

C. 履行地点不明确,给付货币的,在接受货币一方所在地履行

D. 履行期限不明确的,债务人可以随时履行,但应给对方必要准备时间

26. 下列有关合同的履行规则中,说法不正确的有( )。

A. 履行费用的负担不明确的,由履行义务一方负担

B. 履行方式不明确的,按照有利于实现合同目的的方式履行

C. 履行期限不明确的,由债权人确定履行期限

D. 履行地点不明确,给付货币的,在交付货币一方所在地履行

27. 在法律没有特别规定及合同没有特别约定时,出现的下述情况中,一方当事人有

权解除合同的有（　　）。

　　A. 对方当事人有违约行为致使不能实现合同目的

　　B. 发生不可抗力事件，致使合同目的无法实现

　　C. 一方当事人迟延履行主要债务，经催告后在合理期限内仍没有履行合同

　　D. 在履行期限届满之前，当事人一方明确表示不履行主要债务

28. 合同中的条款具有下列情形的，造成该条款无效的有（　　）。

　　A. 免除一方因故意给对方造成财产损失的赔偿责任

　　B. 免除一方因一般过失给对方造成财产损失的赔偿责任

　　C. 免除一方造成对方人身伤害的赔偿责任

　　D. 免除一方的违约责任

29. 李某购买了某小区的一套房屋，其与开发商签订了商品房买卖合同，合同中约定2×22年5月6日前办理房屋所有权登记，下列情形中，李某可以要求解除合同的有（　　）。

　　A. 开发商迟延交付房屋，经催告后在3个月内仍未履行

　　B. 房屋套内建筑面积与合同约定的面积误差比绝对值为5%

　　C. 房屋套内建筑面积与合同约定的面积误差比绝对值为2%

　　D. 因开发商的证照不齐全，导致李某在2×23年5月6日后仍无法办理房屋所有权登记

30. 下列属于要约邀请的有（　　）。

　　A. 某时装店在其橱窗内展示流行服装样品

　　B. 自选商场的货架上摆放各类明码标价的商品

　　C. 某公司为了推销本公司商品，向街上过往行人发放商品价目表

　　D. 甲公司向社会公众公告其招股说明书

31. 下列债权属于代位权制度中债权人不能代位行使的有（　　）。

　　A. 基于扶养关系、抚养关系、赡养关系、继承关系产生的给付请求权

　　B. 人身伤害赔偿请求权

　　C. 劳动报酬、退休金、养老金、抚恤金、安置费

　　D. 人寿保险

32. 债权人分立、合并或者变更住所没有通知债务人，致使履行债务发生困难的，债务人可以（　　）。

　　A. 中止履行　　　　　　　　B. 将标的物提存

　　C. 解除合同　　　　　　　　D. 终止合同

三、案例分析题

1. 2×22年1月,A房地产开发公司(下称A公司)就一商品楼开发项目与B建筑公司(下称B公司)签订建筑工程承包合同。该合同约定:由B公司作为总承包商承建该商品楼开发项目,A公司按工程进度付款;建筑工期为2年。2×22年7月,A公司与C银行签订借款合同,该合同约定:A公司向C银行借款5000万元,借款期限1年;同时约定将在建的商品楼作为借款的抵押担保,A公司与C银行共同办理了抵押登记手续。由于A公司资金不足,不能按期向B公司支付工程款项,该建筑工程自2018年6月起停工。A公司欠付B公司材料款800万元、人工费400万元;A公司依合同应承担违约金200万元。B公司多次催要未果。

B公司为追索欠款和违约金,于2×23年8月诉至法院,申请保全在建商品楼,并根据《民法典合同编》的有关规定要求拍卖受偿。C银行因A公司逾期未还借款也于2×23年8月向法院提起诉讼,并对A公司的在建商品楼主张抵押权。

要求:根据上述事实及有关规定,回答下列问题:

(1) A公司以在建商品楼作为借款的抵押担保是否有效?并说明理由。

(2) 请说明B公司要求以在建商品楼拍卖所得受偿的法律依据的内容。

(3) 在B公司与C银行均要求对在建商品楼行使受偿权利的情况下,谁的受偿权利更为优先?并说明理由。

(4) B公司追索的材料款、人工费、违约金中,哪些属于享有优先权的范围?

2. 甲公司将一幢自有二层楼房租赁给乙公司作为经营用房,双方签订租赁合同,合同约定:租赁期限自2×20年1月1日至2×23年12月31日,租金为每月5000元,在每月初的前3天支付上月的租金。合同未约定房屋维修责任的承担以及是否可以转租等问题。

2×21年3月,甲公司有意出售该租赁楼房,因乙公司无意购买,甲公司遂将租赁楼房转让给丙企业,丙企业取得租赁楼房所有权后,以自己不是租赁合同当事人为由向乙公司表示要解除租赁合同,乙公司不同意解除合同,但愿意每月增加租金1000元,丙企业表示同意。

2×21年8月,租赁楼房的部分门窗自然损坏,乙公司要求丙企业修理,丙企业一直未予理睬,乙公司自行找某装修企业维修,为此支付维修费用4000元。

2×21年10月,乙公司另购买了一办公大楼。遂将其所租赁楼房转租给丁企业。丙企业于2×22年1月3日得知转租事实后,以不得转租为由向乙公司主张解除租赁合同并要求乙公司支付上月未交付租金6000元,乙公司表示,维修费用可以抵销4000元租金,只愿意再支付2000元,但不同意解除租赁合同。

要求：根据《民法典》的有关规定，回答下列问题：

（1）丙企业取得租赁楼房所有权后，可否以自己不是租赁合同当事人为由解除租赁合同？说明理由。

（2）丙企业可否以不得转租为由向乙公司主张解除租赁合同？说明理由。

（3）乙公司可否以维修费用抵销4 000元租金？说明理由。

第七章

证券法

重点、难点讲解及典型例题

一、强制信息披露制度

(一) 首次信息披露

1. 披露内容

披露内容主要有招股说明书、债券募集说明书和上市公告书。

2. 招股说明书

(1) 预先披露的招股说明书不是发行人发行股票的正式文件,不能含有价格信息,发行人不得据此发行股票。

(2) 招股说明书中引用的财务报表在其最近一期截止日后6个月内有效,适当延长最多1个月。

(3) 招股说明书的意见如表7-1所示。

表7-1 招股说明书的意见

确认意见	① 发行人及其全体董事、监事和高级管理人员 ② 创业板上市(多两个):发行人的控股股东、实际控制人
核查意见	保荐人及其代表人

【例题7-1·单项选择题】 下列关于招股说明书中引用的财务报表的有效期的表述中,符合证券法律制度规定的是(   )。

A. 招股说明书中引用的财务报表在其最近一期截止日后3个月内有效。特别情况下发行人可申请适当延长,但至多不超过1个月

B. 招股说明书中引用的财务报表在其最近一期截止日后3个月内有效。特别情况下发行人可申请适当延长,但至多不超过6个月

C. 招股说明书中引用的财务报表在其最近一期截止日后6个月内有效。特别情况下发行人可申请适当延长,但至多不超过1个月

D. 招股说明书中引用的财务报表在其最近一期截止日后6个月内有效。特别情况下发行人可申请适当延长,但至多不超过3个月

【答案】 C

【解析】 本题考核信息披露的内容。招股说明书中引用的财务报表在其最近一期

截止日后 6 个月内有效。特别情况下发行人可申请适当延长,但至多不超过 1 个月。

(二) 持续信息披露

1. 定期报告

(1) 信息披露定期报告的时间要求如表 7-2 所示。

表 7-2　信息披露定期报告的时间要求

年度	年度结束之日起 4 个月
中期	上半年结束之日起 2 个月
季度	第 3 个月、第 9 个月结束后的 1 个月

(2) 信息披露定期报告的其他要求如表 7-3 所示。

表 7-3　信息披露定期报告的其他要求

编制者	经理、财务负责人、董事会秘书等高级管理人员	董事、高级管理人员对公司定期报告签署书面确认意见	上市公司董事、监事、高级管理人员应保证上市公司所披露的信息真实、准确、完整
审议者	董事会		
审核者	监事会	监事会(NOT 监事)对公司定期报告提出书面审核意见	

2. 临时报告

发生可能对上市公司股票交易价格产生较大影响的重大事件,投资者尚未得知时,上市公司应立即将有关情况向国务院证券监督管理机构和证券交易所报送临时报告。

上市公司控股子公司、参股公司发生重大事件,可能对上市公司证券及其衍生品种交易价格产生较大影响的,上市公司应当履行信息披露义务。

【例题 7-2·多选题】　甲上市公司正在与乙公司商谈合并事项。根据证券法律制度的规定,下列关于甲公司信息披露的表述中,正确的有(　　)。

A. 一旦甲公司与乙公司开始谈判,甲公司就应当公告披露合并事项

B. 当市场出现甲公司与乙公司合并的传闻,并导致甲公司股价出现异常波动时,甲公司应当公告披露合并事项

C. 当甲公司与乙公司签订合并协议时,甲公司应当公告披露合并事项

D. 当甲公司派人对乙公司进行尽职调查以确定合并价格时,甲公司应当公告披露合并事项

【答案】　BC

【解析】 选项 ACD：有关各方就该重大事件签署"意向书或者协议"时，上市公司应及时履行重大事件的信息披露义务；选项 B：该重大事件已经泄露或者市场出现传闻，公司证券及其衍生品种出现异常交易情况时，上市公司应当及时披露相关事项的现状、可能影响事件进展的风险因素。

（三）股票发行的基础知识

1. 证券的种类

目前主要可以分为股票、债券以及混合型的可转换公司债券。

2. 证券市场监管体制

（1）政府管理：由政府证券监管机构（中国证监会）依法对证券发行与交易实施统一监督管理。

（2）自律管理：中国证券业协会、证券交易所、全国中小企业股份转让系统、证券服务机构。

3. 公开发行

公开发行证券，必须符合法律、行政法规规定的条件，并依法报经国务院证券监督管理机构或者国务院授权的部门核准。股票的公开发行如表 7-4 所示。

表 7-4　股票的公开发行

看对象	向不特定对象发行
看人数	向特定对象发行，人数超过 200 人（大于 200）——无限期累计制
看方式	以公开方式（广告、公开劝诱等）发行

不同公司发行股票的条件如图 7-1 所示。

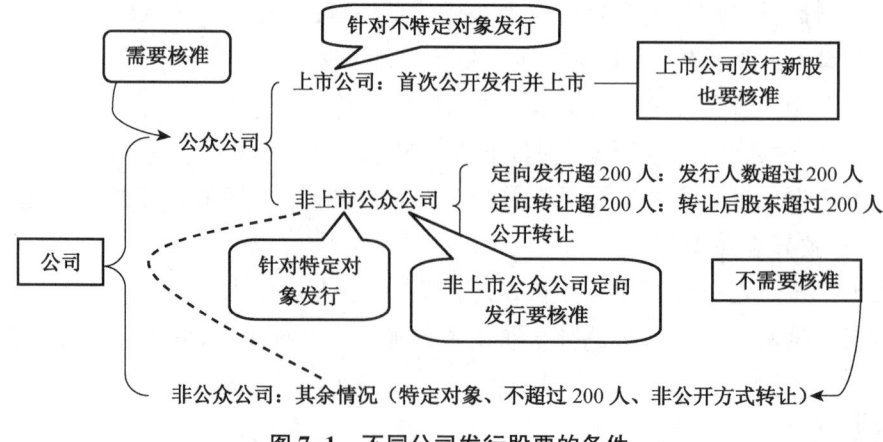

图 7-1　不同公司发行股票的条件

二、非上市公众公司

(一) 非上市公众公司的核准要求

1. 概念

非上市公众公司是指有下列情形之一(表7-5)且股票未在证券交易所上市交易的股份有限公司。

表7-5 股票转让情形

定向发行超200	股票向特定对象发行累计超过200人
定向转让超200	股票向特定对象转让导致股东累计超过200人
公开转让	股票公开转让

2. 对非上市公众公司的核准

对非上市公众公司的核准要求如表7-6所示。

表7-6 对非上市公众公司的核准要求

项 目	决 议	核 准	文 件
定向转让超200	×	√ 注:在3个月内股东人数降至200人以内可以不申请	定向转让说明书、法律意见书、审计报告
定向发行超200	董事会决议→出席股东大会的股东所持表决权的2/3以上通过	√	说明书、法律意见书、审计报告、证券公司出具的推荐文件
公开转让		√ 注:股东人数未超过200人的公司申请其股票公开转让,豁免核准,由全国中小企业股份转让系统审查	
非上市公众公司定向发行		√ 注:挂牌公开转让股票的非上市公众公司向特定对象发行股票后股东累计不超过200人豁免核准,由全国中小企业股份转让系统自律管理	

(二) 非上市公众公司的程序要求

1. 定向转让

定向转让在行为发生之日起3个月内申请核准。

2. 公开转让

(1) 中国证监会在受理申请文件后,在 20 个工作日内作出核准、中止核准、终止核准、不予核准的决定。

(2) 对于那些在《非上市公众公司办法》实施前股东人数已经超过 200 人的股份公司,符合条件的,可以申请在全国中小企业股份转让系统挂牌公开转让股票,也可以申请首次公开发行股票并在证券交易所上市。

3. 定向发行

(1) 类型:① 因定向发行(超 200 人)成为非上市公众公司;② 非上市公众公司定向发行。

(2) 特定对象如表 7-7 所示。

表 7-7 定向发行的特定对象

股 东		人数没有限制
董事、监事、高级管理人员、核心员工	核心员工:董事会提名,由监事会明确意见后,股东大会审议批准	合计不得超过 35 名
符合投资者适当性管理规定的自然人投资者、法人投资者及其他经济组织	管理规定由中国证监会另行制定	

(3) 期限:★

公司申请定向发行股票,可申请一次核准,分期发行。自中国证监会予以核准之日起,公司应当在 3 个月内首期发行,剩余数量应当在 12 个月内发行完毕。首期发行数量应当不少于总发行数量的 50%,剩余各期发行的数量由公司自行确定,每期发行后 5 个工作日内将发行情况报中国证监会备案。

(三) 非上市公众公司的监管要求

1. 要求

非上市公众公司应当履行强制信息披露义务。信息披露文件主要包括公开转让说明书、定向转让说明书、定向发行说明书、发行情况报告书、定期报告和临时报告等。

股票向特定对象转让导致股东累计超过 200 人的非上市公众公司可以在公司章程中约定其他信息披露方式。

2. 报告

(1) 定期报告如表 7-8 所示。

表 7-8 上市公司与非上市公司的定期报告

项 目		年度报告	半年度报告	季度报告
上市公司		√	√	√
非上市公众公司	定向转让	√	×	×
	公开转让	√	√	×
	定向发行	√	√	×

(2) 临时报告:发生可能对股票产生较大影响的重大事件,投资者尚未得知时,非上市公众公司,应当立即将有关该重大事件的情况报送临时报告。

3. 股票转让

非上市公众公司公开转让股票应当在全国中小企业股份转让系统(新三板)进行,公开转让的非上市公众公司股票应当在中国证券登记结算公司集中登记存管。

【例题 7-3·单项选择题】 下列有关非上市公众公司的表述中,正确的是( )。

A. 非上市公众公司应当披露年度报告、半年度报告和季度报告

B. 公司申请定向发行股票,不得采取分期发行

C. 公司申请股票公开转让,证监会在受理申请文件后,在 15 个工作日内作出核准、中止核准、终止核准、不予核准的决定

D. 挂牌公开转让股票的非上市公众公司向特定对象发行股票后股东累计不超过 200 人,由全国中小企业股份转让系统自律管理

【答案】 D

【解析】 (1)非上市公众公司应当披露年度报告、半年度报告;(2)公司申请定向发行股票,可申请一次核准,分期发行;(3)公司申请股票公开转让,证监会在受理申请文件后,在 20 个工作日内作出核准、中止核准、终止核准、不予核准的决定。

三、首次公开发行并上市

(一)主板上市的公司首次公开发行股票的条件

1. 存续时间★

(1) 股份有限公司:发行人应当是依法设立且合法存续 3 年以上的股份有限公司。

(2) 原为有限责任公司:有限责任公司按原账面净资产值折股整体变更为股份有限公司的,持续经营时间可以从有限责任公司成立之日起计算,并达 3 年以上。

有限责任公司变更为股份有限公司时,折合的实收股本总额不得高于有限责任公司的净资产额。

2. 资市情况

要求资本真实、经营合法合规。

3. 人员、业务稳定

发行人最近3年内主营业务和董事、高级管理人员没有发生重大变化,实际控制人没有发生变更。

实际控制人变更的后果如表7-9所示。

表7-9 实际控制人变更的后果

控制权变更	最近3年内表决权比例最高的人变化＋变化前后不属于同一实际控制人
不构成控制权变更	(1) 多人共同拥有公司控制权＋某个小股东变更 (2) 当发行人不存在拥有控制权的人或控制权的归属难以判断: ① 发行人的股权及控制结构、管理层和主业在首发前3年内没有重大变化; ② 发行人的股权及控制结构不影响公司治理有效性; ③ 发行人及其保荐人和律师能够提供证据充分证明。 (3) 国务院或者省级人民政府国有资产监督管理机构无偿划转直属国有控股企业的国有股权导致发行人控股股东发生变更: ① 属于国有资产监督管理的整体性调整,发行人能提供决策或批复文件; ② 发行人与原控股股东不存在同业竞争或大量关联交易,不存在故意规避《首发》条件的情形; ③ 对发行人的管理层、主业和独立性没有重大不利影响。 国务院国有资产监督管理机构直属国有企业与地方国有企业之间无偿划转国有股权或者重组等导致发行人控股股东发生变更的,比照前款规定执行

(1) 被重组方应当自报告期期初起即与发行人受同一公司控制权人控制,如果被重组方是在报告期内新设立的,应当自成立之日即与发行人受同一公司控制权人控制。

(2) 被重组进入发行人的业务与发行人重组前的业务具有相关性(相同、类似行业或同一产业链的上下游)。

4. 股权清晰

股权清晰,控股股东和受控股股东、实际控制人支配的股东持有的发行人股份不存在重大权属纠纷。

5. 资产完整,人员、财务、机构和业务独立

(1) 人员独立:

① 发行人的高级管理人员不得在控股股东、实际控制人及其控制的企业中担任除董事、监事以外的其他职务,不得在控股股东、实际控制人及其控制的其他企业领薪。

② 发行人的财务人员不得在控股股东、实际控制人及其控制的其他企业中兼职。

（2）业务独立：

发行人的业务应当独立于控股股东、实际控制人及其控制的其他企业，与控股股东、实际控制人及其控制的其他企业间不得有同业竞争或者"显失公平的"关联交易。

6. ★健全的组织机构

发行人的董事、监事和高级管理人员不得有：

（1）被中国证监会采取证券市场禁入措施尚在禁入期的。

（2）最近36个月内受到中国证监会行政处罚；最近12个月内受到证券交易所公开谴责。

（3）因涉嫌犯罪被司法机关立案侦查或者涉嫌违法违规被中国证监会立案调查，尚未有明确结论意见。

（4）存在为控股股东、实际控制人及其控制的其他企业进行违规担保的情形。

7. 持续盈利能力

不得有下列影响持续盈利能力的情形：

（1）发行人最近一个会计年度的营业收入或净利润对关联方或存在重大不确定性的客户存在重大依赖。

（2）发行人最近一个会计年度的净利润主要来自合并财务报表范围以外的投资收益。

8. ★财务状况良好

财务状况良好的判断标准如表 7-10 所示。

表 7-10　财务状况良好的判断标准

报告	无保留结论的内部控制鉴证报告；无保留意见的审计报告
利润	最近3个会计年度净利润均为正数且累计超过人民币3 000万元，净利润以扣除非经常性损益前后较低者为计算依据
经营	二选一：最近3个会计年度经营活动产生的现金流量净额累计超过人民币5 000万元；或者最近3个会计年度营业收入累计超过人民币3亿元
股本	发行"前"股本总额不少于人民币3 000万元
资产	最近一期期末无形资产（扣除土地使用权、水面养殖权和采矿权等后）占净资产的比例不高于20%
亏损	最近一期期末不存在未弥补亏损

9. 募集资金用途

募集资金原则上应当用于主营业务。除金融类企业外,募集资金使用项目不得为持有交易性金融资产和可供出售金融资产、借予他人、委托理财等财务性投资,不得直接或间接投资于以买卖有价证券为主要业务的公司。

10. ★发行人不存在法定违法

(1) 最近36个月内未经法定机关核准,擅自公开或者变相公开发行过证券;或者有关违法行为虽然发生在36个月前,但目前仍处于持续状态。

(2) 最近36个月内违反工商、税收、土地、环保、海关,以及其他法律、行政法规,受到行政处罚,且情节严重。

(3) 最近36个月内曾向中国证监会提出发行申请,但报送的发行申请文件有虚假记载、误导性陈述或重大遗漏;或者不符合发行条件以欺骗手段骗取发行核准;或者以不正当手段干扰中国证监会及其发行审核委员会审核工作;或者伪造、变造发行人或其董事、监事、高级管理人员的签字、盖章。

(4) 本次报送的发行申请文件有虚假记载、误导性陈述或者重大遗漏。

(5) 涉嫌犯罪被司法机关立案侦查,尚未有明确结论意见。

【例题7-4·多选题】 某股份有限公司拟公开发行股票并上市。根据证券法律制度的有关规定,下列各项中,符合公司首次公开发行股票并上市的条件的有( )。

A. 公司发行股票前股本总额为人民币6 000万元

B. 公司上一年度严重违反环境保护管理法规受到罚款的行政处罚

C. 公司最近3个会计年度净利润均为正数且累计为人民币4 000万元

D. 公司最近1个会计年度的净利润主要来自合并财务报表范围以外的投资收益

【答案】 AC

【解析】 本题考核首次公开发行股票的条件。根据规定,发行人首次公开发行股票并上市的,发行前股本总额不少于人民币3 000万元,因此选项A是正确的;最近36个月内,发行人没有违反工商、税收、土地、环保、海关以及其他法律、行政法规受到行政处罚且情节严重的情况,因此选项B不选;最近3个会计年度净利润均为正数且累计超过人民币3 000万元,因此选项C是正确的;发行人不存在最近1个会计年度的净利润主要来自合并财务报表以外的投资收益的情况,因此选项D不选。

(二)创业板上市的公司首次公开发行股票的条件

主板与创业板上市公司的首次发行股票的条件对比如表7-11所示。

表 7-11 主板与创业板上市公司的首次发行股票的条件对比

主　板	创业板★
都满足： 1. 最近 3 个会计年度净利润均为正数且累计超过人民币 3 000 万元； 2. 最近 3 个会计年度经营活动产生的现金流量净额累计超过人民币 5 000 万元；或者最近 3 个会计年度营业收入累计超过人民币 3 亿元	二选一：（变动） 1. 最近 2 年连续盈利，最近 2 年净利润累计不少于 1 000 万元； 2. 或者最近 1 年盈利，最近 1 年营业收入不少于 5 000 万元
发行"前"股本总额不少于 3 000 万元	发行"后"股本总额不少于 3 000 万元
最近 3 年内主业和董事、高管没有发生重大变化，实际控制人没有发生变更	最近 2 年内主业和董事、高管没有发生重大变化，实际控制人没有发生变更
最近一期期末无形资产占净资产的比例不高于 20%	最近一期期末净资产不少于 2 000 万元
发行人不得在最近 3 年内有重大违法行为，不得存在未经法定机关核准，擅自公开或变相公开发行证券，或有关违法行为虽然发生在 3 年前，但目前仍处于持续状态	发行人及其控股股东、实际控制人不得在最近 3 年内有重大违法行为，不得存在未经法定机关核准，擅自公开或变相公开发行证券，或有关违法行为虽然发生在 3 年前，但目前仍处于持续状态
发行人的生产经营符合法律、行政法规和章程、国家产业政策	发行人应当主要经营一种业务，其生产经营活动符合法律、行政法规和章程、产业政策及环境保护政策（变动）

（三）新股发行体制

1. 披露

新股发行的信息披露如表 7-12 所示。

表 7-12　新股发行的信息披露

申请阶段	(1) 发行人招股说明书申报稿正式受理后，应当立即在中国证监会网站披露，此即为预披露。 (2) 招股说明书预先披露后，发行人相关信息及财务数据不得随意更改
核准后	(1) 发行人自取得核准文件之日起至公开发行前，应当更新预先披露的招股说明书； (2) 发生重大会后事项，由中国证监会按审核程序决定是否需要重新提交发行审核委员会审议

2. 责任

新股发行的责任如表 7-13 所示。

表 7-13　新股发行的责任

申请材料信息自相矛盾,同一事实自相矛盾	中止审核,12个月内不再受理相关"保荐代表人"推荐的发行申请
申请及法律文书涉嫌虚假陈述、误导性陈述或重大遗漏	① 交稽查部门查处→立案后暂停受理中介机构推荐的发行申请; ② 查证属实的,自确认之日起36个月内不再受理"该发行人"的股票发行申请,并依法追究中介机构及相关当事人责任

3. 发行时间

发行人申请首次公开发行股票并在创业板上市,应当按照中国证监会有关规定制作注册申请文件,依法由保荐人保荐并向交易所申报。交易所收到注册申请文件后5个工作日作出是否受理的决定,并在规定的时限内形成审核意见。中国证监会依法履行注册程序,在20个工作日内对发行人的注册申请作出予以注册或者不予注册的决定。中国证监会的予以注册决定自作出之日起1年内有效,发行人应当在注册决定有效期内发行股票,发行时点由发行人自主选择。

(四) 证券承销

证券承销的内容如表7-15所示。

表 7-15　证券承销的内容

方式	代销	承销期结束,将未售出的股票全部退还给发行人
	包销	全部购入然后再向投资者销售;或在承销结束时将剩余证券全部自行购入
价格		发行价格由发行人与承销的证券公司协商确定
承销团		向不特定对象公开发行的证券"票面总值"(NOT 发行价)超过人民币5 000万元,应当由承销团承销
期限		最长不得超过90日
禁止		对所代销、包销的股票应当保证先行出售给认购人,证券公司不得为本公司预留所代销的股票和预先购入并留存所包销的股票
发行失败		股票发行采用代销方式,代销期限届满,向投资者出售的股票数量未达到拟公开发行股票数量70%的,为发行失败。发行人应当按照发行价并加算银行同期存款利息返还股票认购人

四、股票公开发行的方式

(一) 网上和网下同时发行的机制

1. 概念

首次公开发行股票的网下发行应和网上发行同时进行,参与申购的网下和网上投资者应当全额缴付申购资金。投资者应自行选择参与网下或网上发行,不得同时参与。

网上和网下发行股票机制如表 7-16 所示。

表 7-16 网上和网下发行股票机制

网上定价发行	是指利用证券交易所的交易系统,投资者在指定的时间内,按照确定的发行价格,向作为股票唯一"卖方"的主承销商买入股票而进行申购的发行方式
网下询价发行	向机构投资者进行推介和询价,发行人及其保荐人在确定发行价后,按照规定向网下机构投资者配售股票

2. 投资者的条件

(1) 网下投资者的条件:

① 具备丰富的投资经验和良好的定价能力。

② 接受中国证券业协会的自律管理,遵守中国证券业协会的自律规则。

③ 网下投资者参与报价时,应当持有一定金额的非限售股份;——新股市值配售

首次公开发行股票,持有一定数量非限售股份的投资者才能参与网上申购。

④ 发行人和主承销商可以根据自律规则,设置网下投资者的具体条件,并在发行公告中预先披露。

⑤ 主承销商应当对网下投资者是否符合预先披露的条件进行核查,对不符合条件的应当拒绝或剔除其报价。

(2) ★战略投资者:

① 首次公开发行股票数量在 4 亿股以上的,可以向战略投资者配售股票。发行人应当与战略投资者事先签署配售协议。

② 战略投资者不参与网下询价,且应当承诺获得本次配售的股票持有期限不少于 12 个月,持有期自本次公开发行的股票上市之日起计算。

3. 定价

(1) 定价方式:可以通过向网下投资者询价,也可以通过发行人与主承销商自主协

商直接定价。

(2)网下询价过程如表 7-17 所示。

表 7-17 网下询价过程

主体	首次公开发行股票采用询价方式定价的,符合条件的网下机构和个人投资者可以自主决定是否报价,主承销商无正当理由不得拒绝		
报价	报价应当包含每股价格和该价格对应的拟申购股数,且只能有一个报价(新增)		
单位	非个人投资者应当以机构为单位进行报价(新增)		
剔除高报价★	① 网下投资者报价后,发行人和主承销商应当剔除拟申购总量中报价最高的部分,剔除部分不得低于所有网下投资者拟申购总量的 10%,然后根据剩余报价及拟申购数量协商确定发行价格; ② 剔除部分不得参与网下申购。		
有效投资者★	公开发行股票数≤4 亿股	数量不少于 10 家(无上限规定)	剔除最高报价后有效报价投资者数量不足,应当中止发行
	公开发行股票数>4 亿股	数量不少于 20 家	

4.发行

(1)对象产生:允许网下发行的股票,发行人和承销商可以自主协商确定参与网下询价投资者的条件、有效报价条件、配售方式等,并可以在提供有效报价的投资者中自主选择投资者进行配售。

(2)网下配售比例如表 7-18 所示。

表 7-18 网下配售比例

发行后总股本 4 亿股(含)以下	网下比例不低于本次公开发行股票数量的 60%
发行后总股本超过 4 亿股	网下比例不低于本次公开发行股票数量的 70%

(3)优先配售对象:★

① 安排不低于本次网下发行股票数量的 40%优先向公募基金和社保基金配售。

② 安排一定比例的股票向企业年金基金和保险资金配售。

公募基金、社保基金、企业年金基金和保险资金有效申购不足安排数量的,发行人和主承销商可以向其他符合条件的网下投资者配售剩余部分。

(4) 网上网下回拨的不同情形如表7-19所示。

表7-19 网上网下回拨的不同情形

网下不足中止	网下投资者申购数量低于网下初始发行量的，发行人和主承销商不得将网下发行部分向网上回拨，应当中止发行	
网上不足回拨	网上投资者申购数量不足网上初始发行量的，可回拨给网下投资者	
网上需要回拨（变动）★	网上投资者有效申购倍数超过50倍、低于100倍(含)	回拨比例为本次公开发行股票数量的20%
	网上投资者有效申购倍数超过100倍	回拨比例为本次公开发行股票数量的40%
	网上投资者有效申购倍数超过150倍	回拨后网下发行比例不超过本次公开发行股票数量的10%

(5) 价格确定及后续处理如表7-20所示。

表7-20 价格确定及后续处理

老股转让	发行人和主承销商应予申购前协商确定发行价格、发行数量和老股转让数量
无老股转让	发行人和主承销商可通过网下询价确定发行价格或者发行价格区间。网上投资者申购时仅公告发行价格区间，未确定发行价格，主承销商应当安排投资者按价格区间上限申购，如最终确定的发行价格低于价格区间上限，差价部分应当及时退还投资者

【例题7-5·单项选择题】 甲公司2×23年1月申请首次公开发行股票并上市，采用网上和网下同时发行的机制，本次共发行股份8 000万股，每股发行价格5元，其中网下发行5 000万股，网上发行3 000万股。网上投资者有效申购总资金共91亿元，根据《证券发行与承销管理办法》的规定，甲公司网上申购的情况，下列说法正确的是( )。

A. 应当中止发行，由发行人与承销商共同剔除部分申购后继续发行
B. 应当网上向网下回拨，回拨股份为1 200万股
C. 应当网下向网上回拨，回拨股份为3 200万股
D. 应当网下向网上回拨，回拨股份为1 600万股

【答案】 D
【解析】 根据规定，网上投资者有效申购倍数超过50倍、低于100倍(含)的，应当从网下向网上回拨，回拨比例为本次公开发行股票数量的20%；网上投资者有效申购倍数

超过100倍的,回拨比例为本次公开发行股票数量的40%。本题中,网上投资者有效申购倍数超过了50倍(910 000÷3 000×5=60.67),但低于100倍,此时应当从网下向网上回拨,回拨金额为1 600万股(8 000×20%)。

(二)上市公司增发股票

1. 增发一般条件适用情形

上市公司增发股票一般条件的适用情形如图7-2所示。

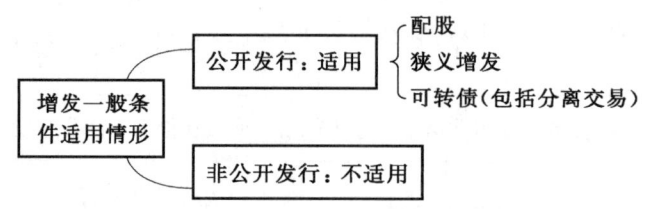

图7-2 上市公司增发股票一般条件的适用情形

(1) 健全的组织机构:

① 董事、监事、高管最近36个月内未受到过中国证监会的行政处罚、最近12个月内未收到过证券交易所的公开谴责。

② 上市公司与控股股东或实际控制人的人员、资产、财务分开,机构、业务独立。

③ 最近12个月内不存在违规对外提供担保的行为。★

(2) 盈利能力:

① 高级管理人员和核心技术人员稳定,最近12个月内未发生重大不利变化。

主板首发要求3年董事、高管没有重大变化;创业板首发要求两年。

② 上市公司最近3个会计年度连续盈利。最近24个月内曾公开发行证券的,不存在发行当年营业利润比上年下降50%以上的情形。★

主板首发:最近3个会计年度净利润均为正数且累计超过3 000万;创业板首发:最近两年连续盈利,最近两年净利润累计不少于1 000万元;或者最近1年盈利,且最近1年营业收入不少于5 000万元。

(3) 财务状况良好:

① 最近3年及最近一期财务报表未被注册会计师出具保留意见、否定意见或无法表示意见的审计报告;被注册会计师出具带强调事项段的无保留意见审计报告的,所涉及的事项对发行人无重大不利影响或者在发行前重大不利影响已经消除。

首发中要求必须为无保留意见的审计报告。

② 最近3年以现金方式累计分配的利润不少于最近3年实现的年均可分配利润的30%。上市公司可以进行中期现金分红。

(4) 财务会计文件无虚假记载。

(5) 募集资金的数额和使用符合规定：

除金融类企业外，本次募集的资金使用项目不得为持有交易性金融资产和可供出售的金融资产、借予他人、委托理财等财务性投资，不得直接或间接投资于以买卖有价证券为主要业务的公司。

(6) 上市公司不存在法定违法：★

① 本次发行申请文件有虚假记载、误导性陈述或重大遗漏。

② 擅自改变前次公开发行证券募集资金的用途而未作纠正。

③ 上市公司最近 12 个月内受到过证券交易所的公开谴责。

④ 上市公司及其控股股东或实际控制人最近 12 个月内存在未履行向投资者作出的公开承诺的行为；

⑤ 上市公司或其现任董事、高级管理人员（NOT 监事）因涉嫌犯罪被司法机关立案侦查或涉嫌违法违规被中国证监会立案调查。

首发时要求公司或董事、高级管理人员、监事没有涉嫌犯罪。

上市公司增发股票的一般条件的口诀：一年担保不违法，三罚一责不存在，高管核心一年稳，连续盈利三年余，若是两年有发行，利润减半不可行。三年一期报告好，若为强调消除了，募集用途不投资，三年分利有三成。一年未谴未兑现，擅改用途假申请，董高犯罪未查明，法定违法不能行。

2. 上市公司配股的条件

(1) 拟配售股份数量不超过本次配售股份前股本总额的 30%。

(2) 控股股东应当在股东大会召开前公开承诺认配股份的数量。

(3) 采用代销方式发行。

控股股东不履行认配股份的承诺，或者代销期限届满，原股东认购股票的数量未达到拟配售数量 70% 的，发行人应当按照发行价并加算银行同期存款利息返还已经认购的股东。

3. 上市公司狭义增发的条件

(1) 最近 3 个会计年度加权平均净资产收益率平均不低于 6%。扣除非经常性损益后的净利润与扣除前的净利润相比，以低者作为加权平均净资产收益率的计算依据。

(2) 除金融类企业外，最近一期期末不存在持有金额较大的交易性金融资产和可供出售金融资产、借予他人款项、委托理财等财务性投资的情形。

(3) 发行价格应不低于公告招股意向书前 20 个交易日公司股票均价"或"前 1 个交易日的均价。

(三) 上市公司非公开发行股票的条件

1. 发行对象(不超过 10 名)

(1) 证券投资基金管理公司以其管理的 2 只以上基金认购的,视为一个发行对象。

(2) 信托公司作为发行对象,只能以自有资金认购。

2. 禁止转让期间

上市公司非公开发行股票禁止转让期间如表 7-21 所示。

表 7-21 上市公司非公开发行股票禁止转让期间

36 个月内不得转让	① 上市公司的控股股东、实际控制人或者其控制的关联人; ② 通过认购本次发行的股份取得上市公司实际控制权的投资者; ③ 董事会拟引入的境内外战略投资者
12 个月内不得转让	其余

3. 发行价格

不低于定价基准日前 20 个交易日公司股票均价的 90%。上市公司增发新股的价格不低于公告招股意向书前 20 个交易日公司股票均价或前一个交易日均价。

4. 上市公司非公开发行股票的法定障碍★

(1) 本次发行申请文件有虚假记载、误导性陈述或重大遗漏。

(2) 上市公司的权益被控股股东或实际控制人严重损害且尚未消除。

(3) 上市公司及其附属公司违规对外提供担保且尚未解除。

(4) 现任董事、高级管理人员最近 36 个月内受到过中国证监会的行政处罚,或者最近 12 个月内受到过证券交易所公开谴责。

公开增发一般条件:董事、监事、高级管理人员最近 36 个月内受到过中国证监会的行政处罚,或者最近 12 个月内受到过证券交易所公开谴责。

(5) 上市公司或其现任董事、高级管理人员因涉嫌犯罪正被司法机关立案侦查或涉嫌违法违规正被中国证监会立案调查。

(6) 最近 1 年及一期财务报表被注册会计师出具保留意见、否定意见或无法表示意见的审计报告。保留意见、否定意见或无法表示意见所涉及事项的重大影响已经消除或者本次发行涉及重大重组的除外。

五、公司债券的发行

(一) 公司债券的基础知识

公司债券可以公开发行,也可以非公开发行。

(1) 公开发行的公司债券：指符合规定条件的公司债券可以向"公众投资者"公开发行，也可以仅面向"合格投资者"公开发行。

(2) 非公开发行的公司债券：应当向"合格投资者"发行，并不得采用公告、公开劝诱和变相公开发行方式，每次发行对象不得超过200人。

（二）公司债券的公开发行

公司债券公开发行的主动要求如图7-3所示。

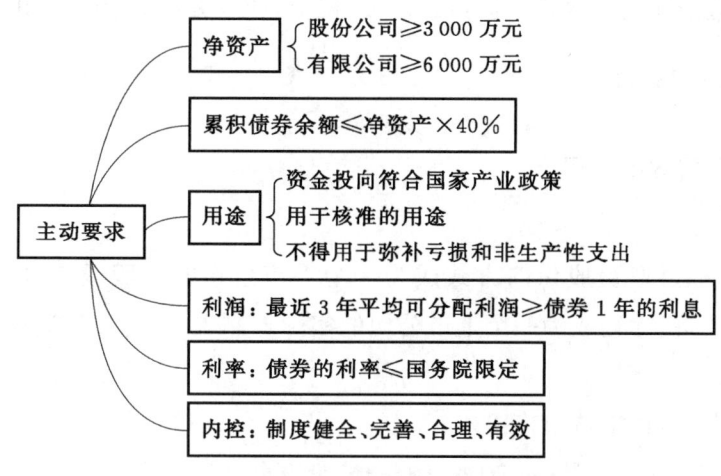

图7-3 公司债券公开发行的主动要求

（三）债券的信息披露和权益保护

1. 非公开发行

(1) 非公开发行公司债券的发行人信息披露的时点、内容，应当按照募集说明书的约定履行，相关信息披露文件应当由受托管理人向中国证券业协会备案。

(2) 募集资金用途和使用情况：

① 公司债券募集资金的用途应当在债券募集说明书中披露。

② 非公开发行公司债券的，应当在债券募集说明书中约定募集资金使用情况的披露事宜。——按约定披露

(3) 发行人全体董事、监事、高级管理人员应当在债券募集说明书上签字，承诺不存在虚假记载、误导性陈述或者重大遗漏，并承担相应的法律责任，但是能够证明自己没有过错的除外。——过错推定责任

2. 公开发行

(1) 报告：

① 公开发行公司债券的发行人应当按照规定及时披露债券募集说明书。

② 公开发行公司债券的发行人在债券存续期内披露中期报告和经具有从事证券服务业务资格的会计师事务所审计的年度报告。

一人有限公司、上市公司、非上市公众公司、公开发行的公司债券的年报必须经会计师事务所审计。

(2) 募集资金用途和使用情况：

① 公司债券募集资金的用途应当在债券募集说明书中披露。

② 发行人应当在定期报告中披露公开发行公司债券募集资金的使用情况。

六、上市公司收购

(一) 上市公司收购的概念

1. 定义

收购人可以通过取得股份的方式成为一个上市公司的控股股东，可以通过投资关系、协议、其他安排的途径成为一个上市公司的实际控制人，也可以同时采取上述方式和途径取得上市公司控制权。

2. 拥有上市公司控制权的情形

(1) 投资者为上市公司持股50%以上的控股股东。

(2) 投资者可以实际支配上市公司股份表决权超过30%。

(3) 投资者通过实际支配上市公司股份表决权能够决定公司董事会半数以上成员选任。

(4) 投资者依其可实际支配的上市公司股份表决权足以对公司股东大会的决议产生重大影响。

(二) 上市公司收购人

1. 一致行动人

一致行动人是指在上市公司的收购及相关股份权益变动活动中有一致行动情形的投资者。

2. 不得成为收购人的情形

(1) 大额债务此时未清偿。

(2) 收购人为法人：最近3年重大违法（或涉嫌）。

(3) 收购人为自然人：最近3年严重的证券。

(4) 市场失信不得担任董事、监事、高管的情形。

（三）上市公司收购中有关当事人的义务

上市公司收购中有关当事人的义务如图 7-4 所示。

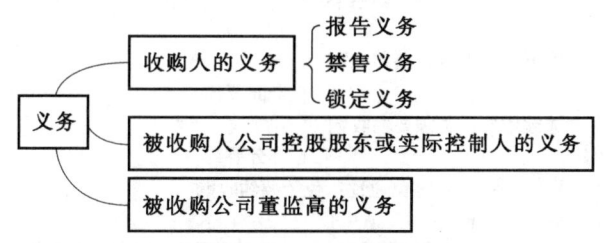

图 7-4 上市公司收购中有关当事人的义务

（四）要约收购

要约收购总结如图 7-5 所示。

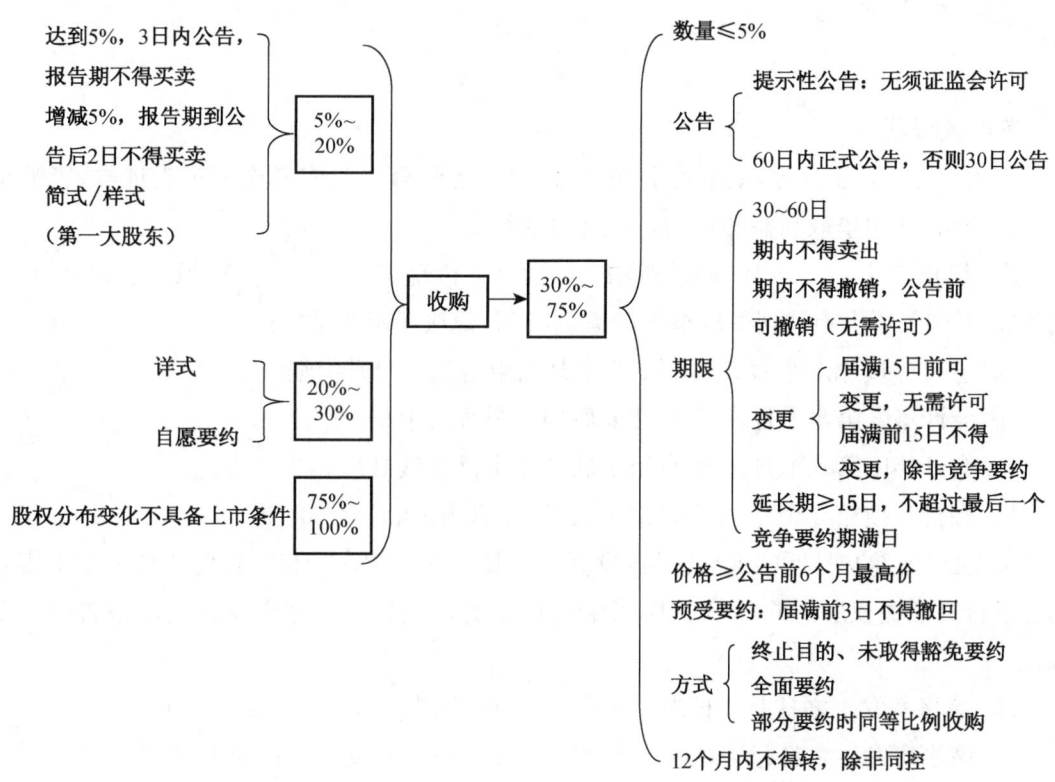

图 7-5 要约收购总结

（五）强制收购

强制收购如图 7-6 所示。

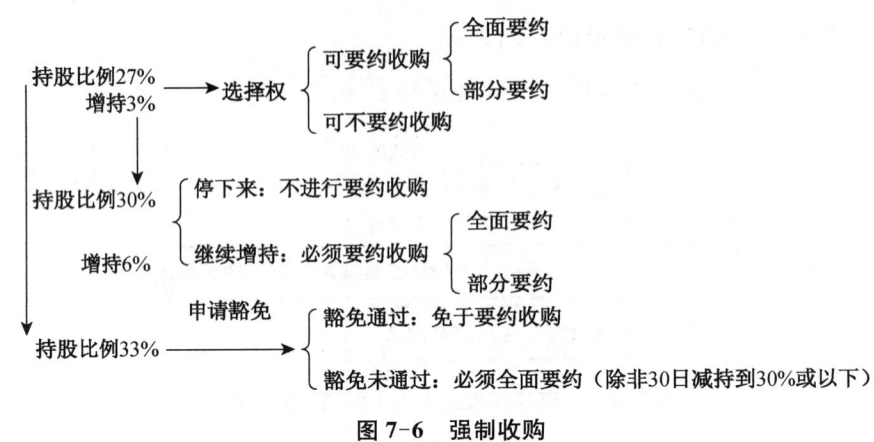

图 7-6 强制收购

思考与练习

一、单项选择题

1. 甲、乙、丙、丁合谋，集中资金优势、持股优势联合买卖或者连续买卖证券，影响证券交易价格，从中牟取利益的行为是（　　）的行为。

　　A. 禁止交易　　　　B. 操纵市场　　　　C. 内部交易　　　　D. 欺诈客户

2. 下列关于上市公司季度报告的编制时间，说法正确的是（　　）。

　　A. 会计年度第 3 个月、9 个月、12 个月结束后的 1 个月内编制

　　B. 会计年度第 3 个月、9 个月结束后的 2 个月内编制

　　C. 会计年度第 3 个月、9 个月结束后的 1 个月内编制

　　D. 会计年度第 3 个月、9 个月结束后的 15 日内编制

3. 通过证券交易所的证券交易，投资者及其一致行动人持有的股份达到一个上市公司已发行有表决权股份的 5% 时，应当编制权益变动报告书。完成权益变动报告书的期限是（　　）。

　　A. 该事实发生之日起 3 日内　　　　B. 该事实发生之日起 5 日内

　　C. 该事实发生之日起 7 日内　　　　D. 该事实发生之日起 10 日内

4. 甲股份有限公司为非上市公众公司，拟向 5 名战略投资者发行股票，募集资金。根据证券法律制度的规定，甲公司应当向证监会履行的手续是（　　）。

　　A. 申请备案　　　　B. 申请核准　　　　C. 事后知会　　　　D. 申请注册

5. 在全国股转系统的精选层挂牌公司，应当披露的文件不包括（　　）。

A. 年度报告　　　B. 月度报告　　　C. 季度报告　　　D. 中期报告

6. 非公开发行的公司债券应当向合格投资者发行,下列不属于合格投资者范围的是(　　)。

A. 某商业银行发行的投资不同债券组合的理财产品

B. 信托公司发行的信托产品

C. 保险公司发行的保险产品

D. 净资产为 300 万元的合伙企业

7. 证券公司将发行人的证券按照协议全部购入,或者在承销期结束时将售后剩余证券全部自行购入的承销方式被称为(　　)。

A. 证券代销　　　B. 证券包销　　　C. 证券经销　　　D. 证券营销

8. 证券交易市场开市后,如遇偶发事故,可宣布暂停交易,在宣布之前已成交的买卖(　　)。

A. 无效　　　　　　　　　　　B. 仍然有效

C. 当事人可以撤销　　　　　　D. 效力待定

9. 发行人申请首次公开发行股票并在科创板上市,应当按照中国证监会有关规定制作注册申请文件,由保荐人保荐并向交易所申报。交易所形成审核意见的期限是(　　)。

A. 自受理注册申请文件之日起 20 日内

B. 自受理注册申请文件之日起 45 日内

C. 自受理注册申请文件之日起 1 个月内

D. 自受理注册申请文件之日起 3 个月内

10. 发行人申请首次公开发行股票并在科创板上市,在一定期限内,发行人及其控股股东、实际控制人不存在贪污、贿赂、侵占财产、挪用财产或者破坏社会主义市场经济秩序的刑事犯罪。该期限是(　　)。

A. 最近 1 年内　　B. 最近 2 年内　　C. 最近 3 年内　　D. 最近 5 年内

11. 下列有关可转换公司债券转股价格的表述,正确的是(　　)。

A. 转股价格应不低于募集说明书公告前 20 个交易日该公司股票交易均价和前一交易日的均价

B. 转股价格应不低于募集说明书公告前 10 个交易日该公司股票交易均价和前一交易日的均价

C. 转股价格应不低于股东大会作出发行决定前 20 个交易日该公司股票交易均价和前一交易日的均价

D. 转股价格应不低于股东大会作出发行决定前 10 个交易日该公司股票交易均价和

前一交易日的均价

12. 下列投资者中,不能参与全国股转系统挂牌公司股票定向发行的是( )。

　　A. 挂牌公司的股东

　　B. 挂牌公司的董事、监事、高管

　　C. 实缴出资总额 500 万元人民币以上的合伙企业

　　D. 本人名下最近 10 个转让日的日均金融资产为 300 万元人民币的自然人

13. 某年 2 月,经过国务院相关部门事项批准,甲上市公司拟向境外战略投资者非公开发行股票,已知其股票定价基准日前 20 个交易日公司股票均价为每股 12 元,那么本次发行股票的最低价格为每股( )。

　　A. 12 元　　　　B. 10 元　　　　C. 10.8 元　　　　D. 20 元

14. 实施要约收购的收购人,在收购期限届满后一定期限内,应当向证监会、证券交易所提交关于收购情况的书面报告,并予以公告。该规定的期限是( )。

　　A. 5 日　　　　B. 10 日　　　　C. 15 日　　　　D. 30 日

15. 上市公司发行新股,股东大会决议时的下列情形中,可以通过该决议的是( )。

　　A. 经全体股东所持表决权的过半数通过

　　B. 经全体股东所持表决权的 2/3 以上通过

　　C. 经出席会议的股东所持表决权的过半数通过

　　D. 经出席会议的股东所持表决权的 2/3 以上通过

16. 上市公司管理层收购中,应当经董事会非关联董事作出决议,且取得一定比例的独立董事同意。该比例是( )。

　　A. 1/3 以上　　　B. 1/2 以上　　　C. 2/3 以上　　　D. 过半数

17. 根据《虚假陈述行政责任规则》的规定,不能认定从轻或者减轻处罚的情形是( )。

　　A. 未直接参与信息披露违法行为

　　B. 在信息披露违法行为被发现前,及时主动要求公司采取纠正措施或者向证券监管机构报告

　　C. 受他人胁迫参与信息披露违法行为

　　D. 当事人在信息披露违法事实所涉及期间,由于不可抗力、失去人身自由等无法正常履行职责的

18. 某投资者发出部分要约,拟收购 A 上市公司 3 000 万股的股份,如果预受要约股份为 6 000 万股,其中 B 股东预受要约股份为 100 万股。收购期限届满,该投资者应收购

B 股东的股份数额是（　　）。

　　A. 30 万股　　　　B. 50 万股　　　　C. 75 万股　　　　D. 100 万股

19. 依据《非上市公众公司办法》，公司申请定向发行股票，可以一次核准，分期发行。首期发行数量应当是（　　）。

　　A. 不少于总发行数量的 10%　　　　B. 不少于总发行数量的 20%

　　C. 不少于总发行数量的 30%　　　　D. 不少于总发行数量的 50%

20. 根据《上市公司重大资产重组管理办法》的规定，下列关于上市公司就重大资产重组决议的说法中，正确的是（　　）。

　　A. 必须经出席会议的股东所持表决权的过半数通过

　　B. 必须经出席会议的股东所持表决权的 2/3 以上通过

　　C. 必须经全体股东所持表决权的 2/3 以上通过

　　D. 关联股东可以回避表决

21. 某股份有限公司拟在创业板首发并上市，则其发行后股本总额不得少于（　　）。

　　A. 2 000 万元　　B. 3 000 万元　　C. 5 000 万元　　D. 6 000 万元

22. 股份有限公司拟在创业板首发并上市，则其应当一定期限内主营业务和董事、高级管理人员均没有发生重大变化，实际控制人没有发生变更。该一定期限是（　　）。

　　A. 最近 1 年内　　B. 最近 2 年内　　C. 最近 3 年内　　D. 最近 5 年内

23. 发行人及其控股股东、公司董事及高级管理人员应在公开募集及上市文件中提出上市后一定期限内公司股价低于每股净资产时稳定公司股价的预案。该期限是（　　）。

　　A. 6 个月　　　　B. 1 年　　　　C. 2 年　　　　D. 3 年

24. 甲上市公司拟公开发行可转换公司债券，但如果其最近一定时期内受到过证券交易所的公开谴责，则不得公开发行可转换公司债券。该一定时期指的是（　　）。

　　A. 6 个月　　　　B. 12 个月　　　C. 24 个月　　　D. 36 个月

25. 在公司债券受托管理人应当召集而未召集债券持有人会议时，单独或合计持有本期债券总额一定比例以上的债券持有人有权自行召集债券持有人会议。该比例是（　　）。

　　A. 3%　　　　　B. 5%　　　　　C. 10%　　　　　D. 15%

26. 某公司 2×22 年 2 月曾公开发行 2 亿元的公司债券，该公司 2×23 年 9 月申请再次公开发行 1 亿元的公司债券。下列情形中，构成本次发行障碍的是（　　）。

　　A. 发行人对其他债务有违约，处于继续状态

　　B. 2×22 年发行的公司债券所募集的资金未产生预期效益

C. 本次拟发行的公司债券距上次发行不足 2 年

D. 发行人有巨额债务,刚刚清偿完毕

27. 某股份有限公司股本总额为 5 亿元,则该公司申请股票上市,其公开发行的股份最少应当达到公司股份总数的(   )以上。

  A. 15%   B. 20%   C. 10%   D. 30%

28. 根据《证券法》的规定,股份有限公司申请证券上市交易,应当向特定机构申请,由该机构依法登记注册,并由双方签订上市协议后方可上市,该特定机构是(   )。

  A. 国务院证券监督管理机构   B. 证券交易所

  C. 国务院授权的部门   D. 省级人民政府

29. 上海证券交易所规定,证券 A 股单笔买卖达到法定最低限额的,可以采用大宗交易方式;该限额是(   )。

  A. A 股交易数量在 50 万股(含)以上,或交易金额在 300 万元(含)人民币以上

  B. A 股交易数量在 30 万股(含)以上,或交易金额在 300 万元(含)人民币以上

  C. A 股交易数量在 50 万股(含)以上,或交易金额在 500 万元(含)人民币以上

  D. A 股交易数量在 30 万股(含)以上,或交易金额在 500 万元(含)人民币以上

30. 根据规定,下列有关可转换公司债券的最短和最长期限为(   )。

  A. 最短 1 年,最长 6 年   B. 最短 2 年,最长 3 年

  C. 最短 3 年,最长 4 年   D. 最短 3 年,最长 5 年

31. 根据《证券法》的规定,某上市公司的下列事项中,不属于证券交易内幕信息的是(   )。

  A. 增加注册资本的计划   B. 股权结构的重大变化

  C. 财务总监发生变动   D. 监事会共 5 名监事,其中 2 名发生变动

32. 在一个上市公司中拥有权益的股份达到或者超过该公司已发行股份一定比例的,如果继续增加其在该公司拥有的权益不影响该公司的上市地位,可以申请免于提出豁免申请直接办理股份转让和过户。这里所说的一定比例是指(   )。

  A. 10%   B. 20%   C. 30%   D. 50%

33. 投资者及其一致行动人拥有权益的股份达到或者超过一个上市公司已发行股份的一定比例,应当编制详式权益变动报告书。根据规定,该一定的比例是(   )。

  A. 达到 10%,但未达到 20%   B. 达到 5%,但未超过 30%

  C. 达到 10%,但未超过 30%   D. 达到 20%,但未超过 30%

34. 上市公司配股,控股股东不履行认配股份的承诺,或者代销期限届满,原股东认购股票的数量未达到拟配售数量一定比例的,发行人应当按照发行价并加算银行同期存

款利息返还已经认购的股东。该一定比例指的是( )。

A. 50% B. 60% C. 70% D. 80%

35. 下列各项中,依法不得收购A上市公司股份的是( )。

A. 曾经负有数额较大债务,刚清偿完毕不足12个月的B公司

B. 曾任C公司董事长的甲自然人,C公司因不可抗力而被宣告破产不满3年

C. 在过去的1年内因发布虚假信息而被中国证监会处罚的D上市公司

D. 已持有A上市公司已发行股份12%的E投资公司

36. 下列关于招股说明书中引用的财务报表的有效期的表述中,符合证券法律制度规定的是( )。

A. 招股说明书中引用的财务报表在其最近一期截止日后3个月内有效。特别情况下发行人可申请适当延长,但至多不超过1个月

B. 招股说明书中引用的财务报表在其最近一期截止日后3个月内有效。特别情况下发行人可申请适当延长,但至多不超过6个月

C. 招股说明书中引用的财务报表在其最近一期截止日后6个月内有效。特别情况下发行人可申请适当延长,但至多不超过1个月

D. 招股说明书中引用的财务报表在其最近一期截止日后6个月内有效。特别情况下发行人可申请适当延长,但至多不超过3个月

37. 上市公司因财务会计报告存在重大会计差错或者虚假记载,被中国证监会责令改正但未在规定期限内改正,且公司股票已停牌一定期限;对其股票实施退市风险警示。该期限是( )。

A. 1个月 B. 2个月 C. 3个月 D. 6个月

38. 甲公司2018年1月申请首次公开发行股票并上市,采用网上和网下同时发行的机制,拟发行2亿股,已知发行后股本总额为5亿股,根据《证券发行与承销管理办法》的规定,网下初始发行的股份数额最少为( )。

A. 1.2亿股 B. 1.4亿股 C. 3亿股 D. 3.5亿股

39. 网上和网下同时发行的机制中,网上投资者有效申购倍数超过100倍但未超过150倍的,回拨比例为本次公开发行股票数量的( )。

A. 10% B. 20% C. 40% D. 50%

40. 上市公司董事会就该重大事件形成决议时,应当及时履行重大事件的信息披露义务。这里所说的及时是指( )。

A. 自起算日起或者触及披露时点的2个交易日内

B. 自起算日起或者触及披露时点的3个交易日内

C. 自起算日起或者触及披露时点的 5 个交易日内

D. 自起算日起或者触及披露时点的 10 个交易日内

41. 关于优先股的发行与交易,下列表述不正确的是(　　)。

A. 公开发行优先股的发行人限于证监会规定的上市公司

B. 非公开发行优先股的发行人限于上市公司(含注册地在境内的境外上市公司)和非上市公众公司

C. 除上市公司和非上市公众公司外,其他公司尚不能发行优先股

D. 公司已发行的优先股不得超过公司普通股股份总数的 50%,且筹资金额不得超过发行前净资产的 50%,已回购、转换的优先股纳入计算

42. 发行人拟在中小板首发并上市,则其财务指标的要求之一是:最近 3 个会计年度经营活动产生的现金流量净额累计超过人民币(　　);或者最近 3 个会计年度营业收入累计超过人民币(　　)。

A. 3 000 万元　1 亿元　　　　　　B. 3 000 万元　3 亿元

C. 5 000 万元　1 亿元　　　　　　D. 5 000 万元　3 亿元

二、多项选择题

1. 下列各项中,属于持续信息披露文件的有(　　)。

A. 定期报告　　B. 上市公告书　　C. 临时报告　　D. 募集说明书

2. 某上市公司董事会作出决议,通过发行股份购买资产。根据证券法律制度的规定,股份发行价格不得低于市场参考价的 90%,下列各项中,可以用于确定市场参考价的有(　　)。

A. 本次董事会决议公告前 20 个交易日的公司股票交易均价

B. 本次董事会决议公告前 60 个交易日的公司股票交易均价

C. 本次董事会决议公告前 90 个交易日的公司股票交易均价

D. 本次董事会决议公告前 120 个交易日的公司股票交易均价

3. 根据证券法律制度的规定,下列情形中,须经中国证监会核准或注册的有(　　)。

A. 甲上市公司向某战略投资者定向增发股票

B. 乙上市公司向所有现有股东配股

C. 有 30 名股东的丙非上市股份有限公司拟将其股票向社会公众公开转让

D. 有 199 名股东的丁非上市股份有限公司拟通过增资引入 3 名风险投资人

4. 上市公司公开发行可转换公司债券的信息披露,下列表述正确的有(　　)。

A. 募集说明书可以约定赎回条款和回售条款

B. 募集说明书应当约定,上市公司改变公告的募集资金用途的,赋予债券持有人一次回售的权利

C. 募集说明书应当约定转股价格调整的原则及方式

D. 发行可转换公司债券后,因配股、增发、送股、派息、分立及其他原因引起上市公司股份变动的,应当同时调整转股价格

5. 非公开发行的公司债券应当向符合条件的合格投资者发行,但下列投资者中不受合格投资者资质条件限制的有(　　)。

　　A. 发行人的董事　　　　　　　B. 发行人的监事

　　C. 发行人的高管　　　　　　　D. 发行人的持股 10% 的股东

6. 上市公司非公开发行股票,下列关于其发行对象的表述正确的有(　　)。

A. 非公开发行的特定对象应当符合股东大会决议规定的条件,其发行对象不超过 10 名

B. 发行对象不超过 10 名是指认购并获得本次非公开发行股票的上市公司原股东不超过 10 名

C. 证券投资基金管理公司以其管理的两只以上基金认购的,视为 2 个发行对象

D. 信托公司作为发行对象,只能以自有资金认购

7. 根据上市公司收购法律制度的规定,下列情形中,属于表明投资者获得或拥有上市公司控制权的有(　　)。

A. 投资者为上市公司持股 50% 以上的控股股东

B. 投资者可实际支配上市公司股份表决权超过 30%

C. 投资者通过实际支配上市公司股份表决权能够决定公司董事会 1/3 成员选任

D. 投资者依其可实际支配的上市公司股份表决权足以对公司股东大会的决议产生重大影响

8. 首次公开发行股票网下配售时,发行人和承销商不得采取的行为包括(　　)。

A. 不得以自有资金或者变相通过自有资金参与网下配售

B. 不得诱劝网下投资者抬高报价,不得干扰网下投资者正常报价和申购

C. 不得以提供透支、回扣或者中国证监会认定的其他不正当手段诱使他人申购股票

D. 不得直接或通过其利益相关方向参与认购的投资者提供财务资助或者补偿

9. 披露的信息有虚假记载、误导性陈述或者重大遗漏,致使投资者在证券交易中遭受损失的,承担赔偿责任的主体有(　　)。

　　A. 发行人

　　B. 不能够证明自己没有过错的发行人的董事

C. 不能够证明自己没有过错的上市公司的控股股东

D. 不能够证明自己没有过错的承销的证券公司

10. 根据《非上市公众公司办法》的规定,下列选项中,属于非上市公众公司定向发行中的特定对象的有(　　)。

  A. 公司的董事　　　　　　　　B. 公司监事

  C. 公司的核心员工　　　　　　D. 公司的副经理

11. 下列属于证券自律性组织的有(　　)。

  A. 证券业协会　　　　　　　　B. 证券公司

  C. 证券交易所　　　　　　　　D. 基金管理公司

12. 根据《证券法》的规定,某上市公司的下列人员中,不得将其持有的该公司的股票在买入后6个月内卖出,或者在卖出后6个月内又买入的有(　　)。

  A. 董事会秘书　　　　　　　　B. 监事会主席

  C. 财务负责人　　　　　　　　D. 副总经理

13. 下列选项中,属于公司债券的法律特征的有(　　)。

  A. 公司债券的持有人既是公司的债权人,也是公司的股东

  B. 公司债券的持有人,在公司亏损的情况下,对公司不享有按照约定给付利息的请求权

  C. 公司债券到了约定期限,公司必须偿还债券本金

  D. 公司债券的利率一般是固定不变的,风险较小

14. 公开发行公司债券的发行人应当及时披露债券存续期内发生可能影响其偿债能力或债券价格的重大事项。下列选项中,属于该重大事项的有(　　)。

  A. 发行人发生超过上年末净资产10%的重大损失

  B. 债券信用评级发生变化

  C. 发行人经营方针、经营范围或生产经营外部条件等发生重大变化

  D. 保证人、担保物或者其他偿债保障措施发生重大变化

15. 下列各项情形中,需要经证监会核准或注册的有(　　)。

  A. 非公众公司的非公开发行股票

  B. 非公众公司向特定对象发行股票,导致发行后股东超过200人的发行

  C. 非上市公众公司的定向发行

  D. 上市公司非公开发行新股

16. 下列有关上市公司向原股东配售股份的条件中,说法正确的有(　　)。

  A. 拟配售股份数量不超过本次配售股份前股本总额的30%

B. 控股股东应当在股东大会召开前公开承诺认配股份的数量

C. 最近24个月内曾公开发行证券,不存在发行当年营业利润比上年下降50%以上的情形

D. 最近3年以现金方式累计分配的利润不少于最近3年实现的年均可分配利润的30%

17. 甲公司拟收购乙上市公司。根据证券法律制度的规定,下列投资者中,如无相反证据,属于甲公司一致行动人的有( )。

A. 甲的母公司的全资子公司丙公司

B. 甲参股丁公司,同时甲可以对丁的重大决策产生重大影响

C. 持有甲公司30%股份且持有乙公司5%股份的张某

D. 在甲公司中担任财务负责人且持有乙公司1%股份的李某

18. 下列人员中,应当在招股说明书上签署书面确认意见,保证招股说明书的内容真实、准确和完整的有( )。

A. 发行人
B. 发行人的全体董事
C. 发行人的全体监事
D. 发行人的全体高级管理人员

19. 网上和网下同时发行的机制中,对于有效报价投资者数量的正确表述有( )。

A. 公开发行股票数量在4亿股(含)以下的,有效报价投资者的数量不少于10家,不多于20家

B. 公开发行股票数量在4亿股以上的,有效报价投资者的数量不少于20家,不多于40家

C. 公开发行股票数量在4亿股(含)以下的,有效报价投资者的数量不少于10家

D. 公开发行股票数量在4亿股以上的,有效报价投资者的数量不少于20家

20. 关于优先股的交易转让,下列表述正确的有( )。

A. 优先股应当在证券交易所交易或转让

B. 优先股应当在全国股转系统交易或转让

C. 优先股应当在中国证券登记结算公司集中登记存管

D. 优先股交易或转让环节的投资者适当性标准应当与发行环节一致

21. 根据证券法律制度的规定,上市公司重大资产重组的方式包括( )。

A. 与他人新设企业

B. 对已设立的企业增资或者减资

C. 将经营性资产委托他人经营、租赁

D. 接受附义务的资产赠与

三、案例分析题

甲股份有限公司(简称"甲公司")为 A 股上市公司,2×23 年 8 月 3 日乙有限责任公司(简称"乙公司")向中国证监会、证券交易所提交权益变动报告书,称其自 2×23 年 7 月 20 日开始持有甲公司股份,截至 8 月 1 日已经通过公开市场交易持有该公司已发行股份的 5%。乙公司同时也将该情况通知了甲公司并予以公告。8 月 16 日和 9 月 3 日,乙公司连续两次公告其所持甲公司股份分别增加 5%,截至 9 月 3 日,乙公司成为甲公司的第一大股东,持股 15%,甲公司原第一大股东丙股份有限公司(简称"丙公司")持股 13%,退居次位。

2×23 年 9 月 15 日,甲公司公告称因筹划重大资产重组事项,公司股票停牌 3 个月。2×23 年 11 月 1 日甲公司召开董事会会议审议丁有限责任公司(简称"丁公司")与甲公司的资产重组方案,方案主要内容是:

(1) 甲公司拟向丁公司发行新股,购买丁公司价值 60 亿元的软件业务资产。

(2) 股份发行价格拟定为本次董事会决议公告前 20 个交易日交易均价的 85%。

(3) 丁公司因该次重组取得的甲公司股份自发行结束之日起 6 个月方可自由转让。该项交易完成后,丁公司将持有甲公司 12% 的股份,但尚未取得甲公司的实际控制权;乙公司和丙公司的持股比例分别降至 10% 和 8%。

甲公司董事会共有董事 11 人,7 人出席会议,在讨论上述重组方案时,2 名非执行董事认为,该重组方案对购入资产定价过高,同时严重稀释老股东权益,在与其他董事激烈争论之后,该 2 名非执行董事离席,未参加表决;其余 5 名董事均对重组方案投了赞成票,并决定于 2×23 年 12 月 25 日召开临时股东大会审议该重组方案。

2×23 年 11 月 5 日,乙公司书面请求甲公司监事会起诉投票通过上述重组方案的 5 名董事违反忠实和勤勉义务,遭到拒绝,乙公司遂以自己的名义直接向人民法院起诉 5 名董事。

2×23 年 11 月 20 日,甲公司向中国证监会举报乙公司在收购上市公司过程中存在违反信息披露义务的行为,证监会调查发现,2×23 年 8 月 1 日至 3 日,戊公司和辛公司通过公开市场交易分别购入甲公司 2.5% 的股份;戊、辛两公司事先均向乙出具书面承诺,同意无条件按照乙公司指令行使各自所持甲公司股份的表决权。戊、辛、乙三公司均未对上述情况予以披露。

根据上述内容,回答下列问题。

(1) 乙、戊、辛公司在收购甲股份时,是否构成一致行动人?并说明理由。

(2) 乙在收购甲股份时,存在哪些不符合证券法律制度关于权益变动披露规定的行为?并说明理由。

(3) 丁与甲的资产重组方案的三项内容中，哪些不符合证券法律制度的规定？并说明理由。

(4) 2×23年11月1日，董事会会议的到会人数是否符合公司法关于召开董事会会议法定人数的规定？并说明理由。

(5) 2×23年11月1日董事会作出的决议是否获得通过？并说明理由。

(6) 人民法院应否受理乙公司的起诉？并说明理由。

第八章

金融法律制度

重点、难点讲解及典型例题

一、商业银行法律制度

商业银行是以金融资产和负债为经营对象,以获取利润为经营目的的信用中介机构。

(一) 商业银行的概念

《中华人民共和国商业银行法》(以下简称《商业银行法》)第 2 条规定:商业银行是指依照本法和《公司法》设立的吸收公众存款、发放贷款、办理结算等业务的企业法人。由此可见,我国商业银行是依法成立,经营货币金融业务,以营利为目的金融企业法人。

(1) 商业银行实行自主经营,自担风险,自负盈亏,自我约束。

(2) 商业银行依法开展业务,不受任何单位和个人的干涉。

(3) 商业银行以其全部法人财产独立承担民事责任。

有限责任公司的股东以其认缴的出资额为限对公司承担责任;股份有限公司的股东以其认购的股份为限对公司承担责任。

(4) 商业银行具有信用中介职能、支付中介职能、信用创造职能和金融服务职能。

(二) 商业银行的经营原则

根据《商业银行法》规定,商业银行以安全性、流动性、效益性为经营原则。

(三) 商业银行存款业务

1. 储蓄存款计息规则

商业银行储蓄存款计息规则如表 8-1 所示。

表 8-1 商业银行储蓄存款计息规则

定期	未到期	全部支取	"支取日"挂牌公告的"活期利率"
		部分支取	支取部分按"支取日"挂牌公告的"活期利率"
			未支取部分按"开户日"挂牌公告的"定期利率"
	逾期支取	逾期时间	"支取日"挂牌公告的"活期利率"(自动转存的除外)

(续表)

利率调整	定期		按开户日挂牌公告的定期利率(不调整)
	活期	一般情况	按"结息日"挂牌公告的活期利率(调整)
		全部支取	按"清户日"挂牌公告的活期利率(调整)

2. 储蓄存款结息规则

商业银行储蓄存款结息规则如表8-2所示。

表8-2　商业银行储蓄存款结息规则

活期	一般情况	按季度结息,"每季末月的20日"为结息日,按结息日挂牌公告的活期利率计息	元以下尾数不计利息
	全部支取	"清户日"为结息日(利息计算到清户前一日为止)	
定期	"支取日"为结息日		

3. 单位存款的基本原则

(1) 财政性存款专营原则。财政性存款由中国人民银行专营,不计利息。

(2) 强制存入原则。现金收入,除核定的库存现金限额外,必须存入开户银行,不得自行保管。开户单位支付现金,可以从本单位库存现金限额中支付或从开户银行提取,不得从本单位的现金收入中直接支付(不得坐支)。

(3) 限制支出原则。存款单位支取定期存款只能以转账方式将存款转入其"基本存款账户",不得将定期存款用于结算或从定期存款账户中提取现金。单位定期存款可以全部或部分提前支取,但只能提前(部分)支取"一次"。

(4) 禁止公款私存、私款公存原则。

注:"财政拨款、预算内资金及银行贷款"不得作为单位定期存款存入金融机构。

【例题8-1·多项选择题】　限制支出原则是单位存款的基本原则,下列关于单位定期存款限制支出行为的表述中,符合商业银行法律制度规定的有(　　)。

A. 单位支取定期存款应以转账方式将存款转入其一般存款账户

B. 定期存款不得用于结算

C. 定期存款账户不得提取现金

D. 定期存款可以全部或部分提前支取,但只能提前支取一次

【答案】　BCD

【解析】　本题考核单位存款业务规则。单位支取定期存款只能以转账方式将存款

转入其基本存款账户,选项 A 表述错误。

(四) 商业银行的贷款业务

商业银行贷款业务如表 8-3 所示。

表 8-3 商业银行贷款业务

分类	类型	说明
按贷款人是否承担风险	自营贷款	自筹资金、自主发放贷款,风险由贷款人承担
	委托贷款	委托人提供资金,贷款人代为发放、监督、收回,贷款人收取手续费,不承担风险
	特定贷款	经国务院批准并对可能造成的损失采取补救后责成国有独资商业银行发放
按期限	短期贷款	≤1 年
	中期贷款	1～5 年
	长期贷款	>5 年
按有无担保及担保方式	信用贷款	以借款人的信誉发放
	担保贷款	保证贷款、抵押贷款、质押贷款
	票据贴现	贷款人购买借款人未到期商业票据
按其资产质量(风险程度)	正常	没有足够理由怀疑不能按时足额偿还
	关注	有偿还本息的能力,但存在一些可能对偿还产生不利影响的因素
	次级	即使执行担保,也可能会造成一定的损失
	可疑	即使执行担保,也会造成较大损失
	损失	采取所有可能的措施或程序后,本息仍无法收回或只能收回较少
按资金用途	固定资产贷款	
	流动资金贷款	
按参与贷款银行数	单独贷款	独家金融机构作为贷款人
	银团贷款	多家金融机构联合在一起作为贷款人

【例题 8-2·单项选择题】 根据商业银行法的有关规定,贷款按照期限划分,可以分为短期贷款、中期贷款和长期贷款。以下属于长期贷款的是(   )。

A. 3 年期贷款　　　　　　　　B. 4 年期贷款

C. 5 年期贷款　　　　　　　　D. 6 年期贷款

【答案】 D

【解析】 长期贷款是指贷款期限在5年(不含5年)以上的贷款。

1. 财务指标

(1) 资本充足率不得低于8%。

(2) 对同一借款人的贷款余额与商业银行资本余额的比例不得超过10%。

2. 信用贷款条件

借款人应当提供担保。但经商业银行审查、评估,确认借款人"资信良好,确能偿还贷款"的,可以不提供担保。

3. 关系人贷款

(1) 关系人:商业银行的董事、监事、管理人员、信贷人员及其近亲属;上述人员投资或者担任高级管理职务的公司、企业和其他经济组织。

(2) 要求:

① 不得向关系人发放"信用贷款"。

② 向关系人发放担保贷款的条件"不得优于"其他借款人同类贷款的条件。

4. 收费

自营贷款:利息;委托贷款:手续费。

5. 银行不垫款原则(国家另有规定除外)

银行不垫款是指银行在为购销双方办理转账结算时,只负责将款项从付款单位账户转到收款单位账户,不担负垫款的责任。

6. 公平竞争原则

贷款人不得制订不合理的贷款规模指标,不得恶性竞争和突击放贷。

【例题8-3·多项选择题】 甲是A有限责任公司(下称A公司)的董事,同时又是B银行的董事。A公司因生产经营需要向B银行申请贷款30万元。下列关于B银行能否向A公司发放贷款的表述中,符合商业银行法律制度规定的有(   )。

A. 不得向A公司发放信用贷款

B. 可以向A公司发放信用贷款,但发放信用贷款的条件不得优于其他借款人同类贷款的条件

C. 可以向A公司发放担保贷款,但发放担保贷款的条件不得优于其他借款人同类贷款的条件

D. 可以向A公司发放担保贷款,发放担保贷款的条件可以优于其他借款人同类贷款的条件

【答案】 AC

【解析】 本题考核商业银行贷款业务规则。商业银行不得向关系人发放信用贷款；向关系人发放担保贷款的条件不得优于其他借款人同类贷款的条件。关系人是指：(1) 商业银行的董事、监事、管理人员、信贷业务人员及其近亲属；(2) 前项所列人员投资或者担任高级管理职务的公司、企业和其他经济组织。

二、保险法律制度

（一）最大诚信原则

最大诚信原则的相关内容如表8-4所示。

表8-4 最大诚信原则

告 知	时间		订立保险合同时
	内容		与保险标的有关的"重要事实" 判定标准：影响保险人决定是否接受承保或确定保险费率
	义务		投保人的告知义务限于保险人"询问"的范围和内容，对于保险人询问之外的问题，投保人没有告知义务
	法律后果	投保人	"故意"不履行告知义务："不赔""不退" "重大过失"不履行告知义务"且"对保险事故的发生有"严重影响"："不赔"但"退还保费" 注：故意和重大过失的法律后果不同；重大过失必须对保险事故的发生有严重影响，否则不算
		保险人	投保人故意或者因重大过失未履行如实告知义务的，足以影响保险人决定是否同意承保或者提高保险费率的，保险人有权解除合同
			在合同订立时"已经知道"投保人未如实告知："不得解除合同""承担赔偿责任"
		期限	(1) 保险人的解除合同权，自保险人"知道"有解除事由之日起，"超过30日"不行使而消灭（类似于普通诉讼时效期间） (2) "自合同成立之日起超过两年"，保险人不得解除合同；发生保险事故的保险人应当承担赔偿或者给付保险金的责任（类似于最长诉讼时效期间）
保 证	定义		投保人在保险合同中向保险人作出的履行某种"特定义务"的承诺，或担保某一事项的真实性（不去战乱地区、用于特定用途）
	法律后果		保险人可"解除合同"或"不负赔偿责任"

(续表)

弃权与禁止反言	弃权	保险人放弃因投保人或被保险人违反告知义务或保证而产生的保险合同解除权
	禁止反言	保险人既然放弃自己的权利,将来不得反悔再向对方主张已经放弃的权利 注:弃权是禁止反言的前提,禁止反言是弃权的法律后果

当事人对询问范围及内容有争议的,"保险人"负举证责任。保险人以投保人违反了对投保单询问表中所列概括性条款的如实告知义务为由请求解除合同的,人民法院不予支持。但该概括性条款有具体内容的除外。

保险人在保险合同成立后知道或者应当知道投保人未履行如实告知义务,仍然收取保险费,又依照《中华人民共和国保险法》(以下简称《保险法》)第16条第2款的规定主张解除合同的,人民法院不予支持。

(二) 保险利益原则

保险利益原则如表8-5所示。

表8-5 保险利益原则

定义	投保人或者被保险人对保险标的具有的法律上承认的"利益"
利益构成要件	保险利益必须是"法律上承认"的利益(合法利益)
	保险利益必须具有"经济性"(可以用货币计算估价)
	保险利益必须是"确定的"(现有利益和期待利益)
人身保险	投保人对下列人员具有保险利益	① 本人;② 配偶、子女、父母;③ 上述人员以外的与投保人有抚养、赡养或者扶养关系的家庭其他成员、近亲属;④ 与投保人有劳动关系的劳动者 除上述情形外,被保险人"同意"投保人为其订立合同的,视为投保人对被保险人具有保险利益
	时间限制	在"签订保险合同时"必须对保险标的具有保险利益,否则合同无效
财产保险	保险利益的人员范围	对财产享有法律上权利的人:所有权人、抵押权人、留置权人
		财产保管人
		合法占有财产的人:承租人、承包人
	时间限制	在"保险事故发生"时被保险人对保险标的应当具有保险利益,否则不得对保险人行使请求赔偿或给付保险金的权利

(人身)保险合同订立后,因投保人丧失对被保险人的保险利益,当事人主张保险合

同无效的,人民法院不予支持。

【例题 8-4·多项选择题】 根据《保险法》的规定,人身保险的投保人在订立保险合同时,对某些人员具有保险利益。该人员包括( )。

A. 投保人的父亲　　　　　　B. 投保人赡养的伯父
C. 投保人抚养的外甥女　　　D. 投保人的妻子

【答案】 ABCD

【解析】本题考核保险利益原则。根据规定,投保人对下列人员具有保险利益:本人;配偶、子女、父母;前项以外与投保人有抚养、赡养或者扶养关系的家庭其他成员、近亲属;与投保人有劳动关系的劳动者。

(三)损失补偿原则(财产保险特有)——保险的功能是损失补偿,而非盈利

(1)被保险人只有遭受"约定"的保险危险所造成的损失才能获得赔偿。

(2)补偿的金额等于"实际损失"的金额。保险人的赔付以投保时约定的保险金额为限,而且保险金额不得超过保险标的的实际价值,超过保险金额的损失,保险人不予赔偿。

(四)近因原则——保险事故与损害后果之间应具有因果关系

保险人对承保范围内的保险事故作为直接的、最接近的原因所引起的损失,承担保险责任。

(五)保险合同

1. 保险合同的当事人与关系人

保险合同的当事人与关系人如表 8-6 所示。

表 8-6　保险合同的当事人与关系人

当事人	投保人	负有支付保险费义务的人
	保险人	保险公司
关系人	被保险人	其财产或者人身受保险合同保障,享有保险金请求权的人
	受益人	"人身保险"合同中由被保险人或者投保人指定的享有保险金请求权的人

当事人订立以死亡为给付保险金条件的合同,根据保险法的规定,"被保险人同意并认可保险金额"可以采取书面形式、口头形式或者其他形式;可以在合同订立时作出,也可以在合同订立后追认。

有下列情形之一的,应认定为被保险人同意投保人为其订立保险合同并认可保险金额:

(1) 被保险人"明知"他人代其签名同意而"未表示异议"的。

(2) 被保险人"同意"投保人指定的受益人的。

(3) 有证据足以认定被保险人同意投保人为其投保的其他情形。

【例题 8-5·多项选择题】 根据《保险法》的有关规定。投保人投保的下列保险中有效的有（　　）。

A. 老赵为其 6 岁的儿子小赵购买了一份以死亡为给付保险金条件的合同

B. 老钱为其患有精神疾病的妻子购买了一份以死亡为给付保险金条件的合同

C. 老孙为其丈夫购买了一份以死亡为给付保险金条件的合同，未经其丈夫同意

D. 老李为自己购买了一份以死亡为给付保险金条件的合同，指定的受益人为自己的妻子

【答案】 AD

【解析】 投保人"不得"为无民事行为能力人投保死亡保险，但父母为其未成年子女投保的"除外"。未经被保险人"同意"并认可保险金额，保险合同无效，父母为其未成年子女投保的人身保险"除外"。

2. 保险合同的订立

(1) 投保是一种要约，投保人在其投保的要约有效期内，受其所填写的投保单的约束。保险人在此期限内向投保人承保的，投保人应当与保险人签订保险合同。

(2) 保险合同为诺成合同，保险人同意承保就意味着承诺，因此，保险合同成立。投保人提出保险要求，承保人同意承保则保险合同成立。

保险人接受了投保人提交的投保单并收取了保险费，尚未作出是否承保的意思表示，发生保险事故，被保险人或者受益人请求保险人按照保险合同承担赔偿或者给付保险金责任，符合承保条件的，人民法院应予支持；不符合承保条件的，保险人不承担保险责任，但应当退还已经收取的保险费。保险人主张不符合承保条件的，应承担举证责任。

保险合同的订立如表 8-7 所示。

表 8-7　保险合同的订立

保险单（正式凭证）	保险合同的"正式"书面凭证，是索赔的"主要"凭证 注：某些情况下，保险单具有有价证券的效用
保险凭证（简化版）	俗称"小保单"，是内容简化的保险单 "不列明具体"条款，与保险单具"同等法律效力" 注：对保险凭证未列明的内容，以相应的保险单的记载为准

（续表）

暂保单 （临时凭证）	保险单发出前的"临时"保险凭证 注：保险人正式签发保险单"前"，与保险单具"同等法律效力"；保险人出具正式保险单或暂保单的有效期限届满，暂保单的法律效力"自动终止"
投保单 （不是合同）	保险人事先制定的供投保人提出保险要约的格式文件 注：投保单"不是保险合同"，但经投保人填具后，保险人完全接受并盖章，就成为保险合同的组成部分

保险合同中记载的内容不一致的，按照下列规则认定：

(1) 投保单与保险单或者其他保险凭证不一致的，以"投保单"为准。但不一致的情形系"经保险人说明并经投保人同意"的，以投保人签收的保险单或者其他保险凭证载明的内容为准。

(2) 非格式条款与格式条款不一致的，以非格式条款为准。

(3) 保险凭证记载的时间不同的，以形成时间在"后"的为准。

(4) 保险凭证存在手写和打印两种方式的，以双方签字、盖章的"手写"部分的内容为准。

3. 保险合同的履行

(1) 投保人的义务如表 8-8 所示。

表 8-8 投保人的义务

支付保险费 （最基本、最主要）	合同约定分期支付保险费，投保人支付首期保险费后，除另有约定，投保人自保险人"催告之日起超过 30 日"未支付当期保险费，或超过"约定期限 60 日"未支付当期保险费，合同效力"中止"或"减少保险金额" 注：投保人未按规定支付保费而导致合同效力"中止"的，经保险人与投保人协商并达成协议，在投保人补交保险费后，合同效力恢复。但自合同效力中止之日起"满 2 年"未达成协议，保险人有权解除合同
危险增加通知	保险标的的危险显著增加的，被保险人应当按照合同约定及时通知保险人，保险人可以按照合同约定"增加保险费或解除合同" 注：保险人解除合同的，应当将已收取的保险费，按照合同约定"扣除"自保险责任开始日起至合同解除日止应收的部分后，"退还"投保人；未通知，不赔付
保险事故后通知	"故意或者因重大过失"未及时通知，致使保险事故的性质、原因、损失程度等难以确定的部分，"不承担赔偿责任"，但保险人通过其他途径已经及时知道或应当时知道保险事故发生的除外
接受检查和维护标的安全	投保人、被保险人未按照约定履行其对保险标的的安全应尽责任的，保险人有权要求"增加保险费或者解除合同"
积极施救	保险事故发生时，被保险人应当尽力采取必要的措施，防止或者减少损失

当事人以被保险人、受益人或者他人已经代为支付保险费为由,主张投保人对应的交费义务已经履行的,人民法院应予支持。

(2) 保险人的义务如表8-9所示。

表8-9 保险人的义务

给付保险赔偿金或保险金（最基本、最主要）	(1) 及时核定,情形复杂的,应当在"30日内"作出核定 (2) 对属于保险责任的,与被保险人或者受益人达成赔偿或者给付保险金的协议后"10日内"履行赔付义务 (3) 不属于保险责任的自作出核定之日起"3日内"发出拒绝通知并说明理由 (4) "60日内"对赔偿数额不能确定的,应当先予支付	
支付其他合理、必要费用	保险金额"低于保险价值"的,除合同另有规定外,保险人按照保险金额与保险价值的"比例"承担赔偿保险金的责任	
	止损费	为防止或者减少保险标的损失所支付的合理费用,如施救费用等 注:费用在保险标的损失赔偿金额以外"另行计算",最高"不超过"保险金额
	查证费	为查明和确定保险事故的性质、原因和标的损失程度所支付的合理费用,由"保险人"承担
	诉讼费	责任保险中被保险人被提起诉讼或仲裁及其他费用,除合同另有约定外,由"保险人"承担

【例题8-6·单项选择题】 甲公司购进一台价值120万元的机器设备,向保险公司投保。保险合同约定保险金额为60万元,但未约定保险金的计算方法,后保险期间发生了保险事故,造成该设备实际损失80万元;甲公司为防止损失的扩大,花费了6万元施救费。根据保险法律制度的规定,保险公司应当支付给甲公司的保险金的数额是(　　)万元。

A. 46　　　　　B. 60　　　　　C. 80　　　　　D. 86

【答案】 A

【解析】 根据规定,保险金额低于保险价值的,除合同另有约定外,保险人按照保险金额与保险价值的比例承担赔偿保险金的责任。本题保险金额与保险价值的比例是1∶2,保险公司应该承担保险赔偿金40万元(80×1/2),甲公司为防止损失的扩大,花费了6万元施救费也由保险人承担,所以保险公司应当支付给甲公司的保险金的数额是46万元(40+6)。

三、票据法律制度

票据是指由出票人依法签发的,约定自己或委托付款人在见票时或指定的日期向收款人或持票人无条件支付一定金额的有价证券。

汇票、本票、支票的比较如表 8-10 所示。

表 8-10　汇票、本票、支票的比较

项　目	汇　票		本　票	支　票
	商业汇票	银行汇票		
出票人	企业	银行	银行	企业或个人
必须记载事项	无条件支付的"委托"	无条件支付的"承诺"	承诺	委托
期限	一般远期	即期	即期	即期
承兑	√	×	×	×

(一) 票据法上的关系

1. 票据关系

票据法上的票据关系是指"当事人"基于"票据行为"而产生的"票据权利义务"关系。

(1) 票据当事人：出票人、付款人、收款人、承兑人、背书人、被背书人、保证人。

(2) 票据行为：出票、承兑、背书、保证。

(3) 票据权利：付款请求权、追索权。

(4) 票据义务：付款义务、偿还义务。

票据关系如图 8-1 所示。

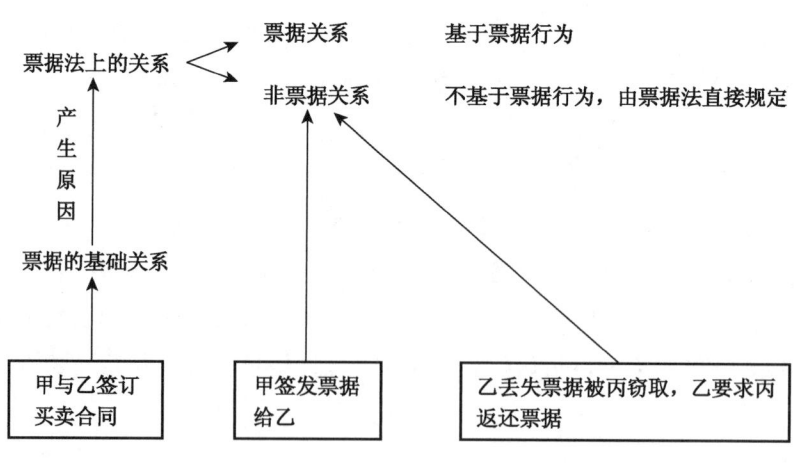

图 8-1　票据关系

2. 非票据关系

票据法上的非票据关系是指由票据法直接规定的，不基于票据行为而发生的票据当事人之间与票据有关的法律关系。

（1）正当权利人对于因恶意而取得票据的人行使票据返还请求权而发生的关系。

（2）因时效届满或手续欠缺而丧失票据权利的持票人对出票人或承兑人行使利益偿还请求权的关系。

（3）付款人付款后请求持票人交还票据而发生的关系。

（二）票据行为

票据行为是指票据当事人以发生票据债务为目的的、以"在票据上签名或盖章"为权利义务成立要件的法律行为。

1. 行为人必须具有从事票据行为的能力（必须具备完全民事行为能力）

无民事行为能力或者限制民事行为能力人在票据上签章的，"其签章无效"。

2. 行为人的意思表示必须真实或者无缺陷

以"欺诈、偷盗、胁迫"等手段取得票据的，或者"明知"有前列情形，出于"恶意"取得票据的，不得享有票据权利。

3. 票据行为的内容必须符合法律、法规的规定

票据行为的合法主要是指票据行为本身必须合法（如记载的内容合法），至于票据的基础关系是否合法，与此无关（票据关系一经形成即与基础关系相分离）。

4. 票据行为必须符合法定形式

票据行为必须符合的法定形式如表 8-11 所示。

表 8-11　票据行为必须符合的法定形式

个人	个人本人的签名或盖章
单位签章	单位的公章或财务专用章＋法定代表人或授权代理人的签名或盖章 注：商业承兑汇票的承兑人和支票的出票人在票据上的签章应为其"预留银行签章"。"支票的出票人"（企业）在票据上未加盖与预留签章一致的财务专用章而加盖公章，签章人"承担"票据责任（与盖预留银行签章具同等效力）
银行签章	银行汇票（本票）专用章＋其法定代表人或授权代理人的签名或盖章 注："银行汇票、银行本票的出票人及银行承兑汇票的承兑人"（银行）未加盖专用章而加盖该银行的公章，签章人"承担"票据责任（与盖专用章具同等效力）

（三）票据抗辩

1. 对物的抗辩

基于"票据本身"存在的事由而发生的抗辩可以对"任何"持票人提出。对物的抗辩如表 8-12 所示。

表 8-12　对物的抗辩

票据行为不成立	(1) 如应记载的内容有欠缺 (2) 债务人无行为能力 (3) 无权代理或超越代理权进行票据行为 (4) 票据上有禁止记载的事项(如付款附条件) (5) 背书不连续 (6) 持票人的票据权利有瑕疵(如恶意取得)等
依票据记载不能提出请求	如票据未到期、付款地不符等
票据载明的权利已消灭或已失效	如票据债权因付款、抵销、提存、免除、除权判决、时效届满而消灭等
票据权利的保全手续欠缺	如应作成拒绝证书而未作等
票据上有伪造、变造情形	如对票据上签章的伪造,变造签章以外的记载事项(比如出票日期等)

2. 对人的抗辩

票据债务人对抗特定债权人的抗辩。

(1) 票据债务人可以对不履行约定义务的与自己有"直接"债权债务关系的持票人进行抗辩。票据权利的取得必须给付对价。

(2) 若不可以,则:

① 票据债务人不得以自己与出票人之间的抗辩事由对抗持票人,但是,持票人明知存在抗辩事由而取得票据的除外。

② 票据债务人不得以自己与持票人的前手之间的抗辩事由对抗持票人,但是,持票人明知存在抗辩事由而取得票据的除外。

③ 凡是善意的、已付对价的正当持票人可以向票据上的一切债务人请求付款,不受前手权利瑕疵和前手相互间抗辩的影响。

④ 持票人取得的票据是无对价或不相当对价的,由于其享有的权利不能优于其前手,故票据债务人可以对抗持票人前手的抗辩事由对抗该持票人。

票据权利的取得必须给付对价,同时满足善意第三人条件的,法律更注重保护交易的安全。

 思考与练习

一、单项选择题

1. 中期贷款的贷款人应当向借款人发送还本付息通知单的时间为( )。

A. 到期1个星期前　　　　　　　B. 到期半个月前

C. 到期1个月前　　　　　　　　D. 到期2个月前

2. 根据我国《保险法》的规定，人身保险的投保人在（　　）时应对被保险人具有保险利益，财产保险的被保险人在（　　）时应对保险标的具有保险利益。

　A. 保险合同订立　保险合同订立　　B. 保险事故发生　保险事故发生

　C. 保险事故发生　保险合同订立　　D. 保险合同订立　保险事故发生

3. 甲受到乙的胁迫而签发一张100万元已由自己承兑的商业承兑汇票，乙在取得票据后立刻该票据背书转让给丙换取一幢房屋，丙不知道乙非法取得票据的行为，关于该情况，下列说法中正确的是（　　）。

　A. 甲由于是受胁迫而签发的票据，因此对乙和丙均不承担票据责任

　B. 由于丙是善意的且已经支付对价的持票人，因此甲不能对抗丙的付款要求

　C. 甲对丙可以行使对物的抗辩

　D. 甲不能对抗乙的付款请求，但可以对抗丙的付款请求

4. 付款人付款后请求持票人交出票据的权利义务关系，属于何种法律关系（　　）。

　A. 票据关系　　　　　　　　　　B. 票据法上的非票据关系

　C. 民法上的票据关系　　　　　　D. 民法上的非票据关系

5. 根据《保险法》的规定，下列关于保险合同成立时间的表述中，正确的是（　　）。

　A. 投保人支付保险费时，保险合同成立

　B. 保险人签发保险单时，保险合同成立

　C. 保险代理人签发暂保单时，保险合同成立

　D. 投保人提出保险要求，保险人同意承保时，保险合同成立

6. 甲签发一张票面金额为2万元的转账支票给乙，乙将该支票背书转让给丙，丙将票面金额改为5万元后背书转让给丁，丁又背书转让给戊。下列关于票据责任承担的表述中，正确的是（　　）。

　A. 甲、乙、丁对2万元负责，丙对5万元负责

　B. 乙、丙、丁对5万元负责，甲对2万元负责

　C. 甲、乙对2万元负责，丙、丁对5万元负责

　D. 甲、乙对5万元负责，丙、丁对2万元负责

7. 商业银行发生的下列事项，无需经国家金融监督管理总局批准的是（　　）。

　A. 增加注册资本　　　　　　　　B. 变更分支行所在地

　C. 商业银行合并、分立　　　　　D. 变更持股3%的股东

8. 张某因采购货物签发一张票据给王某，胡某从王某处窃取该票据，陈某明知胡某

系窃取所得但仍受让该票据,并将其赠与不知情的黄某,下列取得票据的当事人中,享有票据权利的是( )。

A. 王某　　　　B. 胡某　　　　C. 陈某　　　　D. 黄某

9. 根据《保险法》的规定,保险人对保险合同中的免责条款未作提示或未明确说明的,该免责条款( )。

A. 不产生效力　　　　　　　　B. 效力待定

C. 可撤销　　　　　　　　　　D. 可变更

10. 根据票据法律制度的规定,下列各项中,不属于票据债务人可以对任何持票人行使票据抗辩的情形是( )。

A. 票据未记载绝对记载事项　　B. 票据未记载相对记载事项

C. 票据债务人的签章被伪造　　D. 票据债务人为无行为能力人

11. 投保人不得为无民事行为能力人投保以死亡为给付保险金条件的人身保险,但下列选项中不受前款规定限制的是( )。

A. 雇主为雇员投保　　　　　　B. 企业为退休职工投保

C. 学校为学生　　　　　　　　D. 父母为其未成年子女投保

二、多项选择题

1. 以下关于商业银行贷款期限规则的表述中,错误的有( )。

A. 自营贷款期限一般不超过10年,超过10年的应当报中国人民银行批准

B. 票据贴现最长不超过3个月,贴现期限为从贴现之日起到票据到期日止

C. 短期贷款展期期限累计不得超过1年

D. 长期贷款展期期限累计不得超过5年

2. 关于保险人的义务,下列表述正确的有( )。

A. 保险事故发生后,被保险人为防止或者减少保险标的的损失所支付的必要的、合理的费用,由保险人承担

B. 保险人、被保险人为查明和确定保险事故的性质、原因和保险标的的损失程度所支付的必要的、合理的费用,由保险人承担

C. 责任保险中被保险人因给第三者造成损害的保险事故而被提起仲裁或者诉讼的,被保险人支付的仲裁或者诉讼费用以及其他必要的、合理的费用,除合同另有约定外,由保险人承担

D. 给付保险赔偿金或保险金,是保险人最基本和最主要的义务

3. 根据保险法律制度的规定,保险合同中记载的内容不一致的情况下,关于认定标

准的说法中正确的有( )。

  A. 保险单与投保单或者其他保险凭证不一致的,以保险单为准

  B. 非格式条款与格式条款不一致的,以非格式条款为准

  C. 保险凭证记载的时间不同的,以形成时间在后的为准

  D. 保险凭证存在手写和打印两种方式的,以双方签字、盖章的手写部分的内容为准

  4. 根据票据法律制度的相关规定,下列有关票据权利的表述正确的有( )。

  A. 因税收、继承、赠与可以依法无偿取得票据,不受给付对价的限制,但所享有的票据权利不得优于其前手

  B. 以欺诈、偷盗或者胁迫等手段取得票据的,不得享有票据权利

  C. 持票人因重大过失取得不符合法律规定的票据的,不得享有票据权利

  D. 票据债务人无论如何不得以自己与出票人或者与持票人的前手之间的抗辩事由对抗持票人

  5. 根据《商业银行法》的规定,下列情形中属于接管终止的有( )。

  A. 接管决定规定的期限届满

  B. 国务院银行业监督管理机构决定的接管延期届满

  C. 接管期限届满前,该商业银行已恢复正常经营能力

  D. 接管期限届满前,该商业银行被合并

  6. 甲受乙胁迫开出一张以甲为付款人,以乙为收款人的汇票,之后乙通过背书将该汇票赠与丙,丙又将该汇票背书转让与丁,以支付货款。丙、丁对乙胁迫甲取得票据一事毫不知情。下列说法中,正确的有( )。

  A. 甲有权请求丁返还汇票   B. 乙不享有该汇票的票据权利

  C. 丙不享有该汇票的票据权利   D. 丁不享有该汇票的票据权利

  7. 根据《中华人民共和国票据法》的规定,下列选项中,属于因时效而致使票据权利消灭的情形有( )。

  A. 甲持有一张本票,出票日期为 2×20 年 5 月 20 日,于 2×23 年 5 月 27 日行使票据的付款请求权

  B. 乙持一张为期 30 天的汇票,出票日期为 2×21 年 5 月 20 日,于 2×23 年 5 月 27 日行使票据的付款请求权

  C. 丙持一张见票即付的汇票,出票日期为 2×21 年 5 月 20 日,于 2×23 年 4 月 27 日行使票据的付款请求权

  D. 丁持一张支票,出票日期为 2×22 年 5 月 20 日,于 2×23 年 4 月 27 日行使票据的付款请求

8. 下列票据的取得行为中,票据持有人不得享有票据权利的有( )。

A. 因欺诈而取得票据的行为　　　　B. 因胁迫而取得票据的行为

C. 因恶意而取得票据的行为　　　　D. 因无对价而取得票据的行为

9. 甲签发一张金额为5万元的本票交收款人乙,乙背书转让给丙,丙将本票金额改为8万元后转让给丁,丁又背书转让给戊。如果戊向甲请求付款,甲只支付5万元,戊可以就其余3万元损失请求赔偿的有( )。

A. 甲　　　　B. 乙　　　　C. 丙　　　　D. 丁

10. 甲公司向乙公司签发一张100万元的银行承兑汇票,乙公司依法将汇票背书转让给丙公司,丙公司又转让给丁公司,丁公司将票据背书给戊公司,戊公司又准备将票据背书给A公司,但发现票据背面背书人栏目已经不足以进行背书签章,关于该情况,下列说法正确的有( )。

A. 由于票据背面只留有三个背书栏,因此一张汇票最多只能背书三次,戊公司不能再进行背书

B. 戊公司可以在汇票上加附粘单进行背书

C. 戊公司加附粘单背书的,应由A公司在汇票和粘单的粘接处签章

D. 戊公司必须将粘单粘接在票据上,并且在粘接处签章,否则该粘单记载的内容即为无效

三、判断题

1. 人身保险的投保人在保险合同订立时,对被保险人应当具有保险利益。财产保险的被保险人在保险事故发生时,对保险标的应当具有保险利益。　　　　( )

2. 在财产保险合同中,保险责任开始后,投保人要求解除合同的,保险人应当将已收取的保险费,按照合同约定扣除自保险责任开始之日起至合同解除之日止应收的部分后,退还投保人。　　　　( )

3. 保险公司被接管后,接管期限届满,中国保监会可以决定延长接管期限,但接管期限最长不得超过2年。　　　　( )

4. 如果汇票金额为外币的,应按照付款日的市场汇价,以人民币支付。汇票当事人对汇票支付的货币种类另有约定的,从其约定。　　　　( )

5. 甲公司向乙公司签发一张出票日期为2×23年4月1日银行本票,则该银行本票的付款期限的最后日期为2×23年6月1日。　　　　( )

6. 以被保险人死亡为给付保险金条件的合同,自合同成立或者合同效力恢复之日起2年内,被保险人自杀的,保险人均不承担给付保险金的责任。　　　　( )

7. 责任保险中被保险人因给第三者造成损害的保险事故而被提起仲裁或者诉讼的,被保险人支付的仲裁或者诉讼费用以及其他必要的、合理的费用,由被保险人自行承担。
（　　）

8. 对保险人的免责条款,保险人在订立合同时应以书面或口头形式向投保人说明,未作提示或未明确说明的,该条款也是有效的。
（　　）

四、案例题

2×23年3月8日,某食品厂向某面粉厂购买面粉20吨,货款共计12万元。同日,食品厂向面粉厂出具了以自己为出票人、其开户行A银行为付款人、面粉厂为收款人、票面金额为12万元的见票即付的商业汇票一张,并在该汇票上签章。

3月20日,面粉厂向某机械厂购买一台磨面机,价款为12万元,因此欲将其所持汇票背书转让给机械厂。机械厂要求对该汇票提供票据保证,鉴于养鸡场欠面粉厂12万元货款,于是面粉厂请求养鸡场提供担保。后养鸡场在汇票上记载"保证"字样并签章,但未记载被保证人名称和保证日期。

3月27日,面粉厂将该汇票背书转让给机械厂。4月2日,机械厂持票向A银行提示付款。A银行以食品厂经营状况不景气、即将解散为由拒绝付款,并作成退票理由书交给机械厂。机械厂欲行使追索权。

要求：根据《票据法》的规定,回答下列问题：

(1) 本案例中,谁是被保证人？简要说明理由。

(2) 本案例中,保证日期为哪一天？简要说明理由。

(3) 机械厂可向哪些人行使追索权？

第九章

知识产权法

重点、难点讲解及典型例题

一、著作权

作品获得著作权法的保护时间为自作品创作完成之日,不需要履行任何手续。此即著作权的自动保护原则。其要点如下:

(1) 著作权自作品创作完成之日起产生。

(2) 著作权的取得,不以是否"发表"为条件。

(3) "发表",是指著作权人自行或者许可他人公之于众的行为。

(一) 著作权的客体

著作权的客体即作品,作品是指文学、艺术、科学领域内具有独创性并能以某种有形形式复制的智力成果。

《中华人民共和国著作权法》(以下简称《著作权法》)第5条规定,下列对象不受本法保护:

(1) 法律、法规,国家机关的决议、决定、命令和其他具有立法、行政、司法性质的文件,及其官方正式译文。

(2) 时事新闻。《著作权法》第5条规定:时事新闻,是指通过报纸、期刊、广播电台、电视台等媒体报道的单纯事实消息。

(3) 历法、通用数表、通用表格和公式,如电话簿、节目预告表、元素周期表、乘法口诀表等。

(二) 著作权的主体

1. 委托作品的著作权人

(1) 著作权的归属由委托人和受托人通过合同约定。

(2) 合同未作明确约定或者没有订立合同的,推定为:著作权属于受托人。

(3) 委托作品著作权属于受托人的情形,委托人在约定的使用范围内享有使用作品的权力;双方没有约定使用作品范围的,委托人可以在委托创作的特定目的范围内免费使用该作品。

(4) 由他人执笔,本人审阅定稿并以本人名义发表的报告、讲话等作品,著作权归报告人或者讲话人享有。著作权人可以支付给执笔人适当的报酬。

(5) 自传体作品,有约定的从约定,无约定的,著作权归该特定人物享有,执笔人或者整理人可以要求获得适当报酬。

2. 合作作品的著作权人

合作作品是指两人以上合作创作的作品。其要点如下：

（1）著作权由合作作者共同享有。没有参加创作的人，不能成为合作作者。

（2）合作作品可以分割使用的，作者对各自创作的部分可以单独享有著作权，但行使著作权时不得侵犯合作作品整体的著作权。

（3）合作作品不可以分割使用的，其著作权由各合作作者共同享有，通过协商一致行使；不能协商一致，又无正当理由的，任何一方不得阻止他方行使除转让以外的其他权利，但是所得收益应当合理分配给所有合作作者。

（4）合作作者之一死亡后，其对合作作品享有的《著作权法》第10条第一款第（五）项至第（十七）项规定的权利无人继承又无人受遗赠的，由其他合作作者享有。

3. 原件所有权转移作品的著作权人

（1）美术等作品原件所有权的转移，著作权仍归创作人享有。

（2）原件所有人享有展览权、所有权。

4. 演绎、汇编作品的著作权人

（1）演绎作品包括改编、翻译、注释、整理已有作品而产生的作品。

（2）著作权由演绎人享有。但行使著作权时不得侵犯原作品的著作权。

（3）汇编作品，即将其他作品或者作品的片段通过选择或者编排，汇集成新作品的权利。

（4）汇编作品的著作权由汇编人享有。但行使著作权时不得侵犯原作品的著作权。

5. 影视作品的著作权人

（1）著作权由制片者享有。

（2）编剧、导演、摄影、作词、作曲等作者享有署名权，并有权按照与制片者签订的合同获得报酬。

（3）剧本、音乐等可以单独使用的作品的作者有权单独行使其著作权。

（三）著作权的内容

根据《著作权法》第10条，著作权包括人身权和财产权两部分。

1. 著作人身权

（1）发表权。即决定作品是否公之于众的权利。

（2）署名权。

（3）修改权。是对作者人格的尊重。报纸、杂志社进行的不影响作品内容的文字性删节不属于修改权控制范围。但内容的修改要经过作者同意。

(4) 保护作品完整权。即保护作品不受歪曲、篡改的权利。

2. 著作财产权

著作财产权包括下列各项权利:

(1) 复制权,即以印刷、复印、拓印、录音、录像、翻录、翻拍等方式将作品制作一份或者多份的权利。

(2) 发行权,即以出售或者赠与方式向公众提供作品的原件或者复制件的权利。

(3) 出租权,即有偿许可他人临时使用电影作品和以类似摄制电影的方法创作的作品、计算机软件的权利,计算机软件不是出租的主要标的的除外。

(4) 展览权,即公开陈列美术作品、摄影作品的原件或者复制件的权利。

(5) 表演权,即公开表演作品,以及用各种手段公开播送作品的表演的权利。

(6) 放映权。

(7) 广播权。

(8) 信息网络传播权,即以有线或者无线方式向公众提供作品,使公众可以在其个人选定的时间和地点获得作品的权利。

(9) 摄制权。

(10) 改编权。

(11) 翻译权。

(12) 汇编权,即将作品或者作品的片段通过选择或者编排,汇集成新作品的权利。

许可使用权。转让权。著作人身权不能转让,但著作财产权可以转让。获得报酬权。

(四) 著作权的限制——合理使用与法定许可

"著作权的限制",即对作者的限制,他人不经作者许可可以使用其作品,并不视为侵权行为。我们需要重点掌握"合理使用"制度。

法定许可是指依照著作权法的规定,传播者在使用他人已经发表但没有著作权保留声明的作品时,可以不经著作权人许可,但应向其支付报酬,并尊重著作权人其他权利的制度。与合理使用区别:① 主要是作品传播者的使用;② 著作权人事先声明不许使用的,不适用法定许可;③ 有偿。

【例题 9-1·单项选择题】 甲创作的一篇杂文,发表后引起较大轰动。该杂文被多家报刊、网站无偿转载。乙将该杂文译成法文,丙将之译成维文,均在国内出版,未征得甲的同意,也未支付报酬。下列观点正确的是( )。

A. 报刊和网站转载该杂文的行为不构成侵权

B. 乙和丙的行为均不构成侵权

C. 乙的行为不构成侵权,丙的行为构成侵权

D. 乙的行为构成侵权,丙的行为不构成侵权

【答案】 D

【解析】 将已发表的汉语言文字创作的作品翻译成少数民族语言文字作品,在国内出版是合理使用。故 D 选项错误。

(五) 邻接权

邻接权是指作品传播者对在传播作品过程中产生的劳动成果依法享有的专有权利,又称为作品传播者权或与著作权有关的权益。我国《著作权法》赋予出版者、表演者、录制者、播放者以邻接权。

1. 出版者的权利

具体内容见(《著作权法》第 30 至第 36 条)。

2. 表演者的权利和义务

(1) 权利主体:演员或者演出单位。

(2) 使用他人作品表演,表演者应当取得著作权人许可,并支付报酬。

(3) 对演绎作品的表演,实行双许可双付费

(4) 表演者的权利:表明身份权;许可权。

(5) 被许可人的义务。应当得到著作权人许可,并支付报酬。

3. 录制者的权利和义务

(1) 主体是录音或录像制作者。

(2) 使用他人作品制作录音录像制品,应当取得著作权人许可,并支付报酬。

(3) 对演绎作品的录音录像,实行双许可双付费。

(4) 法定许可。使用他人已经合法录制为录音制品的音乐作品制作录音制品,可以不经著作权人许可,但要支付报酬。

(5) 被许可人的义务。被许可人复制、发行、通过信息网络向公众传播录音录像制品,还应当取得著作权人、表演者许可,并支付报酬。

4. 播放者的权利和义务

(1) 主体是广播电台、电视台。

(2) 播放他人未发表的作品,应当取得著作权人许可,并支付报酬。

(3) 播放他人已发表的作品,可以不经著作权人许可,但应当支付报酬。

(4) 播放已经出版的录音制品,可以不经著作权人许可,但应当支付报酬。

(5) 广播电台、电视台有权禁止未经其许可的下列行为:

① 将其播放的广播、电视转播;

② 将其播放的广播、电视录制在音像载体上以及复制音像载体。

二、专利权

专利法所称的发明创造是指发明、实用新型和外观设计。

(一) 专利权的归属

1. 发明人或设计人
2. 受让人
3. 职务发明创造的专利人

职务发明创造中,专利申请权、专利权归单位;发明人或设计人有署名权,有权在其专利产品或者该产品包装上标明专利标记和专利号;有获得报酬权,有权在专利申请文件中写明自己是发明人或设计人。

4. 委托发明的专利人

委托人完成的发明,有约定的从约定;无约定的,申请专利的权利属于完成的单位或者个人(即受托人);申请被批准后,申请的单位或者个人为专利权人。

5. 合作发明的专利人

合作完成的发明,有约定的从约定;无约定的,申请专利的权利属于完成的单位或者个人;申请被批准后,申请的单位或者个人为专利权人。

6. 专利权人的权利

独占实施权和实施许可权。

(1) 任何单位或者个人实施他人专利的,应当与专利权人订立实施许可合同,向专利权人支付专利使用费。被许可人无权允许合同规定以外的任何单位或者个人实施该专利。

(2) 专利申请权或者专利权的共有人对权利的行使有约定的,从其约定。没有约定的,共有人可以单独实施或者以普通许可方式许可他人实施该专利;许可他人实施该专利的,收取的使用费应当在共有人之间分配。除前款规定的情形外,行使共有的专利申请权或者专利权应当取得全体共有人的同意。

《中华人民共和国专利法》(以下简称《专利法》)第10条明确规定:专利申请权和专利权可以转让。转让专利申请权或者专利权的,当事人应当订立书面合同,并向国务院专利行政部门登记,由国务院专利行政部门予以公告。专利申请权或者专利权的转让自登记之日起生效。

标示权。

获得奖励、报酬权。单位为专利权人,对发明人或者设计人奖励,专利实施后,发明人或设计人有权按规定取得报酬。

(二) 授予专利权的条件

授予专利权的发明和实用新型,应当具备新颖性、创造性和实用性。

1. 新颖性

《专利法》采用了"绝对新颖标准",规定授予专利权的发明创造在国内外都没有为公众所知,以此来遏制"垃圾专利"。

2. 不视为丧失新颖性的公开

不视为丧失新颖性的公开,需掌握两个关键词:"首次""泄密"。

申请专利的发明创造在申请日以前6个月内,有下列情形之一的,不丧失新颖性:

(1) 在中国政府主办或者承认的国际展览会上首次展出的。

(2) 在规定的学术会议或者技术会议上首次发表的。

(3) 他人未经申请人同意而泄露其内容的。

(三) 专利申请的原则

1. 先申请原则

两个以上的申请人分别就同样的发明创造申请专利的,专利权授予最先申请的人。

2. 单一性原则

一发明一专利

3. 优先权原则

优先权是指优先权日为专利权的申请日。

(1) 国际优先权。三种专利均享有,其中,发明和实用新型为12个月,外观设计为6个月。

(2) 国内优先权。只有发明、实用新型享有,时间为12个月。第29条第2款规定:申请人自发明或者实用新型在中国第一次提出专利申请之日起12个月内,又向国务院专利行政部门就相同主题提出专利申请的,可以享有优先权。

(四) 专利权无效

1. 认定专利权无效的程序

(1) 自公告授予专利权之日起,任何人可以请求宣告专利无效,并无时间限制。

(2) 专利无效由专利复审委员会宣告。

(3) 对专利复审委员会宣告专利权无效或者维持专利权的决定不服的,可以自收到通知之日起3个月内向人民法院起诉。人民法院应当通知无效宣告请求程序的对方当事人作为第三人参加诉讼。

2. 专利权被认定无效的后果【★】

(1) 被宣告无效的专利权视为自始即不存在。

(2) 不具有追溯力。宣告专利权无效的决定,对在宣告专利权无效前人民法院作出并已执行的专利侵权的判决、调解书,已经履行或者强制执行的专利侵权纠纷处理决定,以及已经履行的专利实施许可合同和专利权转让合同,不具有追溯力。

(3) 如果因为不具有追溯力,导致不返还专利侵权赔偿金、专利使用费、专利权转让费明显违反公平原则的,应当全部或者部分返还。

(4) 应当给予赔偿。因专利权人的恶意给他人造成的损失,应当给予赔偿。

(五) 专利实施的强制许可

"强制许可"是指国家专利行政机关可以不经专利权人的同意,通过行政申请程序决定允许申请者(即非专利权人)实施他人的发明专利或者实用新型专利的制度。

根据《专利法》的规定,专利实施的强制许可有下列几种类型。

1. 专利权人不实施时的强制许可

(1) 限于发明和实用新型,不包括外观设计专利。

(2) 专利权人出现下列法定情形时,其他人才可以不经专利权人的同意而请求实施专利。

专利权人自专利权被授予之日起满3年,且自提出专利申请之日起满4年,无正当理由未实施或者未充分实施其专利的。

依该理由申请实施他人专利的,申请强制许可的单位或者个人应当提供证据,证明其以合理的条件请求专利权人许可其实施专利,但未能在合理的时间内获得许可。

专利权人行使专利权的行为被依法认定为垄断行为,为消除或者减少该行为对竞争产生的不利影响的。

2. 根据公共利益需要的强制许可

(1) 根据公共利益需要的强制许可,是指在国家出现紧急状态或者非常情况时,或者为了公共利益的目的,国务院专利行政部门可以给予实施发明专利或者实用新型专利的强制许可。

(2) 限于发明和实用新型,不包括外观设计专利。

(3) 针对近年传染性疾病,如艾滋病、肺结核、疟疾等大规模流行,导致公共健康受到威胁,我国于2006年1月1日施行《涉及公共健康问题的专利实施强制许可办法》。根据该办法,在我国预防或者控制传染病的出现、流行,以及治疗传染病,属于专利法第49条所述"为了公共利益目的"的行为。传染病在我国的出现、流行导致公共健康危机的,属于"国家紧急状态"。在这次修改专利法时,将该办法以及"多哈宣言"和世界贸易组织总理事会《关于实施TRIPS协议与公共健康的多哈宣言第6段的决议》的精神纳入法律,特别增加了针对公共健康问题的药品专利强制许可。

2009年《专利法》根据公共健康需要的强制许可,是指为了公共健康目的,对取得专利权的药品,国务院专利行政部门可以给予制造并将其出口到符合中华人民共和国参加的有关国际条约规定的国家或者地区的强制许可。

3. 从属专利的强制许可

"从属专利"是指前后两项专利之间在技术上存在从属关系,即一项专利技术的必要技术特征包括了前一项有效专利的必要技术特征。前一项专利属于在先专利(基本专利、先专利、母专利),后一项专利称为从属专利或附属专利(在后专利、子专利)。

关于从属专利的强制许可的要点为:

(1) 限于发明和实用新型,不包括外观设计专利。

(2) 后一专利权人必须申请。在该种情况下,申请强制许可的单位或者个人应当提供证据,证明其以合理的条件请求专利权人许可其实施专利,但未能在合理的时间内获得许可。

(3) 后一专利的实施有赖于前一专利。

(4) 后一专利有显著经济意义的重大技术进步。

(5) 在依照规定给予实施强制许可的情形下,国务院专利行政部门根据前一专利权人的申请,也可以给予后一发明或者实用新型的强制许可。

4. 对强制许可实施人的限制

强制许可涉及的发明创造为半导体技术的,其实施范围有限制:

(1) 限于公共利益的目的。

(2) 专利权人行使专利权的行为被依法认定为垄断行为,为消除或者减少该行为对竞争产生的不利影响的。

三、商标权

(一) 注册商标的种类

注册商标为经商标局核准注册的商标。其包括商品商标、服务商标、集体商标和证明商标。商标注册人享有商标专用权。

1. 商标种类

(1) 商品商标,如"海尔""长虹"。

(2) 服务商标,如"小土豆"餐饮服务注册商标、"PICC"。

(3) 集体商标是指以团体、协会或者其他组织名义注册,供该组织成员在商事活动中使用,以表明使用者在该组织中的成员资格的标志,如邮电、铁路、银行的集体标志。

(4) 证明商标是指由对某种商品或者服务具有监督能力的组织所控制,而由该组织以外的单位或者个人使用于其商品或者服务,用以证明该商品或者服务的原产地、原料、制造方法、质量或者其他特定品质的标志,如绿色食品、真皮标志。

(5) 依商标的使用者,可以分为生产商使用的生产商标;销售商使用的销售商标,如"国美",注册为电器销售商店连锁商标。

2. 商标的构成条件【★】

(1) 商标为可视性标志,不能感知的音响、气味等在我国不可注册。

(2) 应当有显著特征,便于识别。其包括:① 标志本身具有显著特征;② 通过使用获得显著特征。

(3) 该标志不得与他人在先取得的合法权利相冲突。

(4) 禁止作为商标注册并使用的标志。

(二) 商标权的内容

1. 许可权

《中华人民共和国商标法》(以下简称《商标法》)第40条就商标许可使用进行了规定,要点为:

(1) 以许可合同为基础。

(2) 许可合同应当报商标局备案,未经备案的,不影响该合同的效力,但不得对抗善意第三人。

(3) 许可人有监督权,被许可人必须表明被许可人的名称和商品产地(即表明自己的名称和产地)。

2. 续展权

(1) 注册商标的有效期是10年,自核准注册之日起计算。

(2) 期满前6个月内申请续展注册。每次续展注册的有效期为10年,续展注册经核准后,予以公告。

(3) 在此期间未能提出申请的,可以给予6个月的宽展期。

(4) 宽展期满仍未提出申请的,注销其注册商标。

(5) 续展没有次数限制。

3. 转让权

(略)

4. 专用权和禁止权

(1) 专用权。以核准注册的商标和核准使用的商品为限。

(2) 禁止权。有权禁止他人未经许可,在同一种商品或者类似商品上使用与其注册商标相同或者近似的商标。

(3) 上述规定表明,法律对商标权的保护范围大于商标权的行使范围,扩及类似商标和类似商品,如茅台啤酒、矛台酒均为侵权。

（三）驰名商标

驰名商标是指在一定地域范围内具有较高的知名度并为相关公众知晓的商标。驰名商标不一定是注册商标。

1. 对未注册的驰名商标

《中华人民共和国商标法》(以下简称《商标法》)第 13 条第 1 款规定:就相同或者类似商品申请注册的商标是复制、摹仿或者翻译他人未在中国注册的驰名商标,容易导致混淆的,不予注册并禁止使用。因此,对未注册的驰名商标,不得就相同、类似商品申请注册。

2. 对已经注册的驰名商标

《商标法》第 13 条第 2 款规定:就不相同或者不相类似商品申请注册的商标是复制、摹仿或者翻译他人已经在中国注册的驰名商标,误导公众,致使该驰名商标注册人的利益可能受到损害的,不予注册并禁止使用。

3. 已经注册的商标

违反《商标法》第 13 条、第 15 条、第 16 条、第 31 条规定的,自商标注册之日起 5 年内,商标所有人或者利害关系人可以请求商标评审委员会裁定撤销该注册商标。对恶意注册的,驰名商标所有人不受 5 年的时间限制。

4. 企业名称不得利用他人的驰名商标

商标所有人认为他人将其驰名商标作为企业名称登记,可能欺骗公众或者对公众造成误解的,可以向企业名称登记主管机关申请撤销该企业名称登记。企业名称登记主管机关应当依照《企业名称登记管理规定》处理。

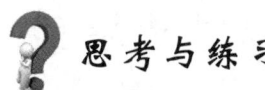

思考与练习

一、单项选择题

1. 小刘从小就显示出很高的文学天赋,九岁时写了小说《隐形翅膀》,并将该小说的网络传播权转让给某网站。小刘的父母反对该转让行为。下列说法中,正确的是（　　）。

　　A. 小刘父母享有该小说的著作权,因为小刘是无民事行为能力人

　　B. 小刘及其父母均不享有著作权,因为该小说未发表

　　C. 小刘对该小说享有著作权,但网络传播权转让合同无效

　　D. 小刘对该小说享有著作权,网络传播权转让合同有效

2. 李某于 2×22 年 8 月 4 日创作完成小说,2×23 年 3 月 5 日发表于某文学刊物后被张某改编成剧本,甲公司根据该剧本拍成同名电视剧,乙电视台将该电视剧进行播放。下列选项中,错误的是( )。

　　A. 李某从 2×23 年 3 月 5 日起对小说享有著作权

　　B. 张某对剧本享有著作权

　　C. 甲公司将该剧本拍成电视剧应当取得李某和张某的许可并支付报酬

　　D. 乙电视台播放该电视剧应当取得甲公司许可并支付报酬

3. 甲、乙合作完成一部剧本,丙影视公司欲将该剧本拍摄成电视剧。甲以丙公司没有名气为由拒绝,乙独自与丙公司签订合同,以 10 万元价格将该剧本摄制权许可给丙公司。下列选项中,错误的是( )。

　　A. 该剧本版权由甲乙共同享有

　　B. 该剧本版权中的人身权不可转让

　　C. 乙与丙公司签订的许可合同无效

　　D. 乙获得的十万元报酬应当合理分配给甲

4. 画家甲将其未发表的一幅绘画作品原件赠与好友乙。乙将其挂于室内。丙在乙家中做客时,向乙提出欲租该画展出 30 日,愿支付报酬 500 元,乙同意。下列选项中,正确的是( )。

　　A. 乙和丙的行为均合法

　　B. 乙的行为合法,丙的行为侵犯了甲的发表权

　　C. 乙的行为侵犯了甲的展览权

　　D. 乙的行为侵犯了甲的出租权

5. 小说《一言难尽》的作者甲与话剧团乙签订一份著作权许可使用合同,约定乙在合同生效之日起 3 年内享有专有改编权。下列选项中,正确的是( )。

　　A. 甲已将保护作品完整权在约定期限内转让给乙

　　B. 乙获得的权利是著作权中的财产权

　　C. 在约定期限内,甲无权再许可第三人使用该小说

　　D. 乙可以将改编权再许可给第三人

6. 某诗人署名"漫动的音符",在甲网站发表题为"天堂向左"的诗作,乙出版社的《现代诗集》收录该诗,丙教材编写单位将该诗作为范文编入《语文》教材,丁文学网站转载了该诗。下列说法中,正确的是( )。

　　A. 该诗人在甲网站署名方式不合法

　　B. "天堂向左"在《现代诗集》中被正式发表

C. 丙可以不经该诗人同意使用"天堂向左",但应当按照规定支付报酬

D. 丁网站未经该诗人和甲网站同意而转载,构成侵权行为

7. 下列行为中,构成对知识产权的侵犯的是(　　)。

A. 刘某明知是盗版书籍而购买并阅读

B. 李某明知是盗版软件而购买并安装使用

C. 五湖公司明知是假冒注册商标的商品而购买并经营性使用

D. 四海公司明知是侵犯外观设计专利权的商品而购买并经营性使用

8. 甲公司开发出一项发动机关键部件的技术,大大减少了汽车尾气排放。乙公司与甲公司签订书面合同受让该技术的专利申请权后不久,将该技术方案向国家知识产权局同时申请了发明专利和实用新型专利。下列说法中,正确的是(　　)。

A. 因该技术转让合同未生效,乙公司无权申请专利

B. 因尚未依据该技术方案制造出产品,乙公司无权申请专利

C. 乙公司获得专利申请权后,无权就同一技术方案同时申请发明专利和实用新型专利

D. 乙公司无权就该技术方案获得发明专利和实用新型专利

9. 关于专利实施强制许可制度的以下判断中,不正确的是(　　)。

A. 强制许可制度只适用于发明专利和实用新型专利

B. 取得强制许可的单位或个人享有独占的实施权,并且有权允许他人实施

C. 取得强制许可的单位或个人应当付给专利权人合理的使用费

D. 专利权人对专利局关于强制许可的决定不服的,可以在接到通知之日起3个月内向人民法院提起诉讼

10. 某企业在其生产的人用药品上使用"病必治"商标,但未进行注册。下列选项中,正确的是(　　)。

A. 该企业使用该商标违法,因人用药品商标必须注册

B. 该商标夸大宣传并具有欺骗性,不得使用

C. 该商标可以使用,但不得注册

D. 该商标通过使用获得显著性后,可以注册

11. 甲公司为其牛奶产品注册了"润语"商标后,通过签订排他许可合同许可乙公司使用。丙公司在其酸奶产品上使用"润雨"商标,甲公司遂起诉丙公司停止侵害并赔偿损失,法院判决支持了甲公司的请求。在该判决执行完毕后,"润语"注册商标因侵犯丁公司的著作权被依法撤销。下列选项中,正确的是(　　)。

A. 甲公司和乙公司可以作为共同原告起诉丙公司

B. 甲公司与乙公司的许可合同应当认定为无效合同,乙公司应当申请返还许可费

C. 甲公司获得的侵权赔偿费构成不当得利,应当返还给丙公司

D. 甲公司获得的侵权赔偿费应当转付给丁公司

12. 某县的甲公司未经漫画家乙许可,将其创作的一幅漫画作品作为新产品的商标使用,并于2003年3月3日被核准注册。乙认为其著作权受到侵害,与甲发生纠纷。乙应当采取( )保护自己的合法权益。

A. 向甲公司所在地基层法院提起侵犯著作权之诉

B. 向有管辖权的法院提起撤销甲公司的注册商标之诉

C. 请求商标评审委员会裁定撤销甲公司的注册商标

D. 请求商标局裁定撤销甲公司的注册商标

13. 甲公司注册了商标"霞露",使用于日用化妆品等商品上,正确的是( )。

A. 甲公司要将该商标改成"露霞",应向商标局提出变更申请

B. 乙公司在化妆品上擅自使用"露霞"为商标,甲公司有权禁止

C. 甲公司因经营不善连续三年停止使用该商标,该商标可能被注销

D. 甲公司签订该商标转让合同后,应单独向商标局提出转让申请

14. 甲于2×22年3月1日开始使用"建华"牌商标,乙于同年4月1日开始使用相同的商标。甲、乙均于2×23年5月1日向商标局寄出注册"建华"商标的申请文件,但甲的申请文件于5月8日寄至,乙的文件于5月5日寄至。商标局应初步审定公告( )的申请。

A. 同时公告,因甲、乙申请日期相同

B. 公告乙的申请,因乙申请在先

C. 公告甲的申请,虽然甲、乙同时申请,但甲使用在先

D. 由商标局自由裁定

15. 甲厂经乙厂许可,在某省独占使用乙厂的注册商标。后发现当地的丙厂也使用了该商标。经查,丙厂是经过外省对同一商标享有独占使用权的丁厂的违法许可而使用该商标的。甲厂的下列请求中,( )不能成立。

A. 请求乙厂承担违约责任　　　B. 请求丁厂承担侵权责任

C. 请求丙厂承担侵权责任　　　D. 请求丙、丁厂连带承担侵权责任

二、多项选择题

1. 下列选项中,我国《著作权法》不适用的有( )。

A. 法院判决书

B. 《与贸易有关的知识产权协定》的官方中文译文

C. 《伯尔尼公约》成员国国民的未发表且未经我国有关部门审批的境外影视作品

D. 奥运会开幕式火炬点燃仪式的创意

2. 甲公司委托乙公司设计并制作产品包装盒,未签订书面合同。丙在市场上发现该产品包装盒上未经其许可使用了其画《翠竹》作为背景图案。如果该产品包装盒的整体设计也构成美术图案,下列选项中,正确的有(　　)。

A. 产品包装盒的版权属于甲公司

B. 乙公司侵害了丙的复制权

C. 甲公司对乙公司的侵权行为不知情,但仍构成侵权

D. 甲公司不能对产品包装盒获得外观设计专利

3. 下列出租行为中,(　　)构成对知识产权的侵犯。

A. 甲购买正版畅销图书用于出租　　B. 乙购买正版杀毒软件用于出租

C. 丙购买正版唱片用于出租　　　　D. 丁购买正宗专利产品用于出租

4. 某影视中心在一电视连续剧中为烘托剧情,使用播放了某正版唱片中的部分音乐作品作为背景音乐。中国音乐著作权协会(音乐作品著作权人授权的集体管理组织)以该使用行为未经许可为由要求制片人支付报酬。该协会的要求被拒绝后,遂向法院起诉。下列说法中,错误的有(　　)。

A. 播放行为是合理使用行为

B. 播放行为侵犯了音乐作品著作权人的表演权

C. 播放行为侵犯了录音制品制作者的播放权

D. 中国音乐著作权协会不是正当原告

5. 甲厂将生产饮料的配方作为商业秘密予以保护。乙通过化验方法破解了该饮料的配方,并将该配方申请获得了专利。甲厂认为乙侵犯了其商业秘密,诉至法院。下列选项中,正确的有(　　)。

A. 乙侵犯了甲厂的商业秘密

B. 饮料配方不因甲厂的使用行为丧失新颖性

C. 乙可以就该饮料的配方申请专利,但应当给甲厂相应的补偿

D. 甲厂有权在原有规模内继续生产该饮料

6. 工程师赵某发明了一种制造饼干的方法并获得专利。下列行为中,侵害了工程师赵某的专利权的有(　　)。

A. 某企业未经允许为了经营以该方法制造饼干

B. 某企业未经允许为了经营销售以该方法制造饼干

C. 某企业未经允许为了经营出口以该方法制造饼干

D. 某研究所为了试验使用该方法制造少量饼干

7. 甲公司研制开发出一项汽车刹车装置的专利技术,委托乙公司生产该刹车装置的专用零部件。乙公司在生产过程中擅自将该种零部件出售给丙公司,致使丙公司很快也开发出同种刹车装置并投入生产。下列选项中,正确的有( )。

A. 乙公司的行为构成违约行为

B. 丙公司侵犯了甲公司的专利权

C. 在甲公司提起的专利侵权诉讼中,丙公司应为被告,乙公司应列为第三人

D. 该案只能由特定的中级人民法院管辖

8. "花果山"市出产的鸭梨营养丰富,口感独特,远近闻名,当地有关单位拟对其采取的保护措施中,不合法的有( )。

A. 将"花果山"申请注册为集体商标,使用于鸭梨上

B. 将"花果山"申请注册为证明商标,使用于鸭梨上

C. 将鸭梨的形状申请注册为立体商标,使用于鸭梨上

D. 将"香梨"申请注册为文字商标,使用于鸭梨上

9. A市甲厂是某种饮料的商标注册人,在与B市乙厂签订的该商标使用许可合同中,特别约定乙厂使用甲厂商标的饮料全部使用甲厂的包装瓶,该包装瓶仅标注甲厂的名称和产地。该合同未报商标局备案即付诸履行。下列说法中,正确的有( )。

A. 该商标使用许可合同无效

B. 该特别约定无效

C. 乙厂使用甲厂的包装瓶侵犯了甲厂的企业名称权

D. 乙厂使用甲厂的包装瓶侵犯了消费者的知情权

10. 2×13年2月19日,甲企业就其生产的家用电器注册了"康威"商标。后来乙企业使用该商标生产冰箱,并在2×23年4月开始销售"康威"牌冰箱。下面说法中,正确的有( )。

A. 甲对其商标的续展申请应当在商标有效期届满后的6个月内提出

B. 乙企业对"康威"的使用为非法使用

C. 乙企业可以在2×23年8月19日后在家用电器上申请获得注册"康威"商标

D. 甲企业在商标续展期内仍享有商标专用权

三、判断题

1. 我国《著作权法》规定,著作权的取得采用发表取得原则。 ( )

2. 外观设计的设计人应当是自然人。（　）
3. 根据《著作权法》的规定。出版者权是一种邻接权。（　）
4. 电影作品的著作权属于制片人。（　）
5. 我国商标法规定，商标注册采用自愿注册原则。（　）
6. 专利是专利权的简称，与"专利权"具有相同的意思。（　）
7. 受他人委托创作的作品，如无明确约定，其著作权应当属于作者。（　）
8. 我国《专利法》规定，一项发明与已有技术相比，该发明应有突出的实质性特点和显著的进步，是指该发明的新颖性。（　）
9. 实用新型专利的保护期为10年。（　）
10. 我国《专利法》规定的专利申请的基本原则是单一性原则。（　）

四、案例题

1. 大磨坊公司于2×21年1月由我国商标局核准注册取得了"大磨坊"注册商标专用权，核定使用的商品为面包。2×22年的10月大磨坊公司与太阳城商场签订了为期3年代销协议，约定由太阳城商场设专柜出售面包，由大磨坊公司提供名、优、特、新的注册商标商品。2×23年4月起，大磨坊公司停止向太阳城商场供货。同年6月大磨坊公司发现太阳城商场在大磨坊专柜上，仍在销售与其类似的面包，商品价签上注明产地大磨坊。大磨坊公司以侵害其商标专用权为由诉至法院。

请回答：

（1）太阳城商场在大磨坊公司不供货时，仍在其大磨坊专柜销售商品价签上注明产地为"大磨坊"的面包，是否构成对大磨坊公司商标专用权的侵犯？为什么？

（2）大磨坊公司是否构成违约？

（3）商标的使用方式与构成侵权有关吗？为什么？

2. A省的甲公司于2×21年1月通过签订使用许可合同获得某外国企业在中国注册的"金太阳"电脑商标独占使用权及其操作系统M软件的使用权，批量组装"金太阳"电脑。2×22年7月，甲公司与A省的乙公司签订委托销售合同，约定乙公司以自己的名义销售100台"金太阳"电脑，销售价格为每台3 000元，每销售一台收取代销费300元。同年9月，乙公司向B省的丙大学以每台3 000元的价格卖出70台"金太阳"电脑，合同约定丙大学当日支付15万元，提货50台，另20台电脑由丙大学开办的具有法人资格的丁公司收货并付款，同时合同还约定如发生纠纷由"起诉一方所在地法院管辖"。同年10月初，丁公司收到乙公司发运的20台"金太阳"电脑，并将该批电脑进行营利性出租，但丁公司多次以资金困难为由拒绝了乙公司的付款要求。2×23年3月，乙公司将尚未卖出的

30台电脑的"金太阳"商标清除,更换为戊公司的注册商标"银河",并以每台4 000元的价格卖给不知情的李某2台,李某将其中一台赠送给好友胡某。

问:

(1) 乙公司更换商标的行为应如何定性?

(2) 哪些主体可以作为适格的原告起诉乙公司?

第十章

竞争法律制度

重点、难点讲解及典型例题

一、反不正当竞争法

(一)虚假表示行为——混淆行为

(1)擅自使用与他人有一定影响的商品名称、包装、装潢等相同或者近似的标识。

(2)擅自使用他人有一定影响的企业名称(包括简称、字号等)、社会组织名称(包括简称等)、姓名(包括笔名、艺名、译名等)。

(3)擅自使用他人有一定影响的域名主体部分、网站名称、网页等。

(4)其他足以引人误认为是他人商品或者与他人存在特定联系的混淆行为。

【例题 10-1·多项选择题】 甲公司发现乙公司仿冒其"相国酒"的特有名称和装潢,拟诉请法院认定乙公司的行为构成不正当竞争,责令停止侵权并赔偿损失。关于甲公司应当举证的事项?

A. 甲公司的"相国酒"在相关市场上具有一定的知名度

B. "相国酒"是甲公司特有的商品名称,其装潢具有显著特征

C. 乙公司的"相国酒"名称和装潢与甲公司的混同,导致混淆

D. 乙公司的仿冒行为给甲公司造成了损害

【答案】 ABCD

【解析】《中华人民共和国反不正当竞争法》(以下简称《反不正当竞争法》)第6条规定,经营者不得采用下列不正当手段从事市场交易,损害竞争对手:①擅自使用与他人有一定影响的商品名称、包装、装潢等相同或者近似的标识。②擅自使用他人有一定影响的企业名称(包括简称、字号等)、社会组织名称(包括简称等)、姓名(包括笔名、艺名、译名等)。③擅自使用他人有一定影响的域名主体部分、网站名称、网页等。④其他足以引人误认为是他人商品或者与他人存在特定联系的混淆行为。根据该条规定,因为乙公司仿冒的是甲公司商品的名称和装潢,所以甲公司需要证明 ABCD 四项。

(二)虚假宣传行为——虚假广告

1. 法律责任的承担

(1)广告主发布虚假广告,应负民事责任。

(2)广告经营者、广告发布者明知或应知广告虚假仍设计、制作、发布的,应依法承担连带责任;广告经营者、广告发布者不能提供广告主的真实名称、地址的应承担全部民事责任。

(3) 社会团体、其他组织在虚假广告中向消费者推荐商品或服务,使消费者的合法权益受到损害,应当依法承担连带责任。

社会团体或者其他组织、个人在虚假广告中向消费者推荐食品,使消费者的合法权益受到损害的,与食品生产经营者承担连带责任。

(4) 广告的经营者发布虚假广告的,消费者可以请求行政主管部门予以惩处。

【例题10-2·多项选择题】 欣欣公司为了宣传其新开发的巧克力,虚构其功效,并委托某广告公司设计了"谁吃谁明白"的广告,聘请大腕明星做代言人,邀请某社会团体向消费者推荐,在报刊和电视上高频率地发布引人误解的不实广告。下列选项中,正确的有( )。

A. 欣欣公司不论其主观状态如何,都必须对虚假广告承担法律责任
B. 广告公司只有在明知保健品功效虚假的情况下才承担法律责任
C. 明星代言人蒙骗了消费者,应承担连带责任
D. 社会团体在虚假广告中向消费者推荐商品,应承担民事连带责任

【答案】 ACD

【解析】 广告主承担无过错责任,广告公司不得在明知或应知的情况下发布虚假广告,个人、社会团体代言虚假食品广告须承担连带责任,B选项错误,ACD选项正确。

(三) 商业秘密侵害

1. 商业秘密

不为公众所知悉、能为权利人带来经济利益、具有实用性并经权利人采取保密措施的技术信息和经营信息。

2. 侵犯行为

经营者不得采用下列手段侵犯商业秘密:

(1) 以盗窃、利诱、胁迫或者其他不正当手段获取权利人的商业秘密。
(2) 披露、使用或者允许他人使用以前项手段获取的权利人的商业秘密。
(3) 违反约定或者违反权利人有关保守商业秘密的要求,披露、使用或者允许他人使用其所掌握的商业秘密。

第三人明知或者应知前款所列违法行为,获取、使用或者披露他人的商业秘密,视为侵犯商业秘密。

【例题10-3·多项选择题】 甲旅行社的欧洲部副经理李某,在劳动合同未到期时提出辞职,未办移交手续即到了乙旅行社,并将甲社的欧洲合作伙伴情况、旅游路线设计等信息带到乙社。乙社原无欧洲业务,自李某加入后欧洲业务猛增,成为甲社的有力竞争对手。现甲社向人民法院起诉乙社和李某侵犯商业秘密。法院如认定乙社和李某侵犯

甲社的商业秘密,须审查的事实有( )。

A. 甲社所称的"商业秘密"是否属于从公开渠道不能获得的

B. 乙社的欧洲客户资料是否有合法来源

C. 甲社所称的"商业秘密"是否向有关部门申报过"密级"

D. 乙社在聘用李某时是否明知或应知其掌握甲社的上述业务信息

【答案】 ABD

【解析】 申报密级不是商业秘密的构成要件,C选项错误。侵犯商业秘密需要证明:是商业秘密、恶意、信息相同。

(四)商业诋毁行为

经营者不得捏造、散布虚伪事实,损害竞争对手的商业信誉、商品声誉。

(1) 主观上故意。

(2) 针对(特定)的竞争对手,可以是一个,或多个。

【例题 10-4·多项选择题】 甲公司为宣传其"股神"股票交易分析软件,高价聘请记者发表文章,称"股神"软件是"股民心中的神灵",贬称过去的同类软"让多少股民欲哭无泪",并称乙公司的软件"简直是垃圾"。根据《反不正当竞争法》的规定,下列选项中,正确的有( )。

A. 只有乙公司才能起诉甲公司的诋毁商誉行为

B. 甲公司的行为只有出于故意才能构成诋毁商誉行为

C. 只有证明记者拿了甲公司的钱财,才能认定其参与诋毁商誉行为

D. 只有证明甲公司捏造和散布了虚假事实,才能认定其构成不正当竞争

【答案】 BD

【解析】 诋毁商誉可以针对多个竞争对手,记者与软件公司没有竞争关系,不构成竞争法上的诋毁商誉行为,是民事侵权行为,AC选项错误。故意捏造虚假事实才构成诋毁商誉,BD选项正确。

二、反垄断法

(一)垄断协议

1. 横向垄断协议——禁止具有(竞争关系)的经营者达成垄断协议

(1) 固定或者变更商品价格。

(2) 限制商品的生产数量或者销售数量。

(3) 分割销售市场或者原材料采购市场。

(4) 限制购买新技术、新设备或者限制开发新技术、新产品。

(5) 联合抵制交易。

2. 纵向垄断协议——禁止经营者与(交易相对人)达成垄断协议

(1) 固定向第三人转售商品的价格。

(2) 限定向第三人转售商品的最低价格。

3. 行业协会限制竞争行为

行业协会不得组织本行业的经营者从事禁止的垄断行为。

4. 垄断协议的豁免

(1) 为改进技术、研究开发新产品的。

(2) 为提高产品质量、降低成本、增进效率,统一产品规格、标准或者实行专业化分工的。

(3) 为提高中小经营者经营效率,增强中小经营者竞争力的。

(4) 为实现节约能源、保护环境、救灾救助等社会公共利益的。

(5) 因经济不景气,为缓解销售量严重下降或者生产明显过剩的。

(6) 为保障对外贸易和对外经济合作中的正当利益的。

属于(1)~(5)项情形的,经营者还应当证明所达成的协议不会严重限制相关市场的竞争,并且能够使消费者分享由此产生的利益。否则不豁免。

5. 法律责任

经营者主动向反垄断执法机构报告达成垄断协议的有关情况并提供重要证据的,反垄断执法机构可以酌情减轻或者免除对该经营者的处罚。

【例题10-5·多项选择题】 根据《反垄断法》规定,下列选项中,不构成垄断协议的有( )。

A. 某行业协会组织本行业的企业就防止进口原料时的恶性竞争达成保护性协议

B. 三家大型房地产公司的代表聚会,就商品房价格达成共识,随后一致采取涨价行动

C. 某品牌的奶粉含有毒物质的事实被公布后,数家大型公司联合声明拒绝销售该产品

D. 数家大型煤炭企业就采用一种新型矿山安全生产技术达成一致意见

【答案】 ACD

【解析】 垄断协议利国利民的,豁免承担法律责任。

(二)滥用市场支配地位

1. 市场支配地位的推定

市场支配地位是指经营者在相关市场内具有能够控制商品价格、数量或者其他交易条件,或者能够阻碍、影响其他经营者进入相关市场能力的市场地位。滥用支配地位才构成违法。有下列情形之一的,可以推定经营者具有市场支配地位:

(1) 一个经营者在相关市场的市场份额达到二分之一的。

(2) 两个经营者在相关市场的市场份额合计达到三分之二的,但市场份额不足1/10的经营者除外。

(3) 三个经营者在相关市场的市场份额合计达到四分之三的,但市场份额不足1/10的经营者除外。

2. 滥用市场支配地位的行为

(1) 垄断价格:以不公平的高价销售商品或者以不公平的低价购买商品。

(2) 低价倾销:没有正当理由,以低于成本的价格销售商品。

(3) 拒绝交易:没有正当理由,拒绝与交易相对人进行交易。

(4) 强制交易:没有正当理由,限定交易相对人只能与其进行交易或只能与其指定的经营者进行交易;包括限定交易相对人不得与其竞争对手进行交易。

(5) 搭售行为:没有正当理由搭售商品,或者在交易时附加其他不合理的交易条件。

(6) 差别待遇:没有正当理由,对条件相同的交易相对人在交易价格等交易条件上实行差别待遇。

3. 市场支配地位的认定因素

(1) 该经营者在相关市场的市场份额,以及相关市场的竞争状况。

(2) 该经营者控制销售市场或者原材料采购市场的能力。

(3) 该经营者的财力和技术条件。

(4) 其他经营者对该经营者在交易上的依赖程度。

(5) 其他经营者进入相关市场的难易程度。

(6) 与认定该经营者市场支配地位有关的其他因素。

【例题10-6·多项选择题】 关于市场支配地位,下列说法中,正确的有( )。

A. 有市场支配地位而无滥用该地位的行为者,不为《反垄断法》所禁止

B. 市场支配地位的认定,只考虑经营者在相关市场的市场份额

C. 其他经营者进入相关市场的难易程度,不影响市场支配地位的认定

D. 一个经营者在相关市场的市场份额达到二分之一的,推定为有市场支配地位

【答案】 AD

【解析】 只有滥用市场支配地位才违法,一个经营者在相关市场的市场份额达到二分之一的,推定为有市场支配地位,AD选项正确。经营者在相关市场的市场份额,其他经营者进入市场的难易程度影响市场支配地位的认定,BC选项错误。

(三) 经营者集中

1. 经营者集中的情形

(1) 经营者合并。

(2) 经营者通过取得股权或资产的方式取得对其他经营者的控制权。

(3) 经营者以合同等方式取得对其他经营者的控制权或能够对其他经营者施加决定性影响。

(4) 合同以外的方式。

2. **经营者集中的申报与豁免**

经营者集中达到国务院规定的申报标准的,应当事先向国务院反垄断执法机构申报,但有下列情形的除外:

(1) 参与集中的一个经营者拥有其他每个经营者50%以上有表决权的股份或资产的。

(2) 参与集中的每个经营者50%以上有表决权的股份或资产被同一个未参与集中的经营者拥有的。

3. **商务部的集中审查程序**

初审为30日,进一步审查为90日(延长最多不过60日)。

4. **审查经营者集中,应当考虑下列因素**

(1) 参与集中的经营者在相关市场的市场份额及其对市场的控制力。

(2) 相关市场的市场集中度。

(3) 经营者集中对市场进入、技术进步的影响。

(4) 经营者集中对消费者和其他有关经营者的影响。

(5) 经营者集中对国民经济发展的影响。

(6) 国务院反垄断执法机构认为应当考虑的影响市场竞争的其他因素。

5. **经营者集中的审查决定**

(1) 外资参与集中,涉及国家安全的,还应进行国家安全审查。

(2) 对不予禁止的经营者集中,国务院反垄断执法机构可以决定附加减少集中对竞争产生不利影响的限制性条件。

6. **法律责任**

经营者违法集中的,由国务院反垄断执法机构责令停止实施集中、限期处分股份或者资产、限期转让营业以及采取其他必要措施恢复到集中前的状态。

对禁止集中和对集中附加条件的决定不服的,可以先依法申请行政复议;对行政复议决定不服的,可以依法提起行政诉讼。

【例题10-7·多项选择题】 根据《反垄断法》规定,关于经营者集中的说法,下列选项中,是正确的有( )。

A. 经营者集中就是指企业合并

B. 经营者集中实行事前申报制,但允许在实施集中后补充申报

C. 经营者集中被审查时,参与集中者的市场份额及其市场控制力是一个重要考虑因素

D. 商务部作出不实施进一步审查的决定或者逾期未作出决定的,经营者可以实施集中

【答案】 CD

【解析】 经营者集中包括四种形式:合并、收购、合同及合同以外的方式,集中实行事先申报,AB 选项错误。

(四) 行政垄断

1. 地区封锁

(1) 妨碍商品在地区之间的自由流通的行为。

(2) 排斥或限制招标投标行为。

(3) 排斥或限制外地投资者:采取与本地经营者不平等待遇等方式,排斥或者限制外地经营者在本地投资或者设立分支机构。

2. 强制交易行为

滥用行政权力,限定或变相限定单位或者个人经营、购买、使用其指定的经营者提供的商品。

3. 强制经营者从事法律规定的垄断行为

略。

4. 滥用行政权力,制定含有排除、限制竞争内容的规定

略。

(五) 反垄断调查

1. 对涉嫌垄断行为,任何单位和个人有权向反垄断执法机构举报

反垄断执法机构应当为举报人保密。举报采用书面形式并提供相关事实和证据的,反垄断执法机构应当进行必要的调查。

2. 调查处理

反垄断执法机构对涉嫌垄断行为调查核实后,认为构成垄断行为的,应当依法作出处理决定,并可以向社会公布。

(1) 中止调查。对反垄断执法机构调查的涉嫌垄断行为,被调查的经营者承诺在反垄断执法机构认可的期限内采取具体措施消除该行为后果的,反垄断执法机构可以决定中止调查。中止调查的决定应当载明被调查的经营者承诺的具体内容。

(2) 终止调查。反垄断执法机构决定中止调查的,应当对经营者履行承诺的情况进

行监督。经营者履行承诺的,反垄断执法机构可以决定终止调查。

(3) 恢复调查。有下列情形之一的,反垄断执法机构应当恢复调查:① 经营者未履行承诺的;② 作出中止调查决定所依据的事实发生重大变化的;③ 中止调查的决定是基于经营者提供的不完整或者不真实的信息作出的。

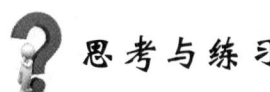

思考与练习

一、单项选择题

1. 我国对不正当竞争行为进行监督检查的主管部门是( )。
   A. 国内贸易部 B. 技术监督局
   C. 工商行政管理局 D. 物价局

2. 我国《反不正当竞争法》规定,抽奖式有奖销售最高奖金的金额不得超过人民币( )元。
   A. 30 000 B. 50 000 C. 70 000 D. 10 000

3. 下列各项中,人民法院可以认定为知名商品特有的名称、包装、装潢的是( )。
   A. 商品的通用名称
   B. 仅直接表示商品主要原料的商品名称
   C. 具有独特风格的整体营业形象
   D. 仅由商品自身的性质产生的形状

4. 在《反不正当竞争法》中,商业贿赂主要是指( )。
   A. 回扣 B. 让利 C. 折扣 D. 佣金

5. 根据反不正当竞争法的规定,以下关于虚假宣传行为的陈述,正确的是( )。
   A. 虚假宣传行为的主体不是经营者
   B. 以明显的夸张方式宣传商品当然是虚假宣传行为
   C. 人民法院应当根据日常生活经验等多项因素对虚假宣传行为进行认定
   D. 虚假宣传行为所涉相关公众特指相关专家

6. 擅自使用他人的企业名称或者姓名,引人误认为是他人的商品的行为属于( )。
   A. 采用欺骗性标志交易行为 B. 虚假宣传行为
   C. 侵犯商业秘密行为 D. 诋毁商誉行为

7. 擅自使用他人的企业名称或者姓名,引人误认为是他人的商品的行为属于( )。

A. 采用欺骗性标志交易行为　　B. 虚假宣传行为

C. 侵犯商业秘密行为　　D. 诋毁商誉行为

8. 某品牌白酒市场份额较大且知名度较高,因销量急剧下滑,生产商召集经销商开会,令其不得低于限价进行销售,对违反者将扣除保证金、减少销售配额直至取消销售资格。关于该行为的性质,下列判断中,正确的是(　　)。

A. 维护品牌形象的正当行为　　B. 滥用市场支配地位的行为

C. 价格同盟行为　　D. 纵向垄断协议行为

9. 下列有关行政垄断的说法正确的是(　　)。

A. 行政机关制定含有限制竞争内容的规章属于行政垄断

B. 具有市场支配地位的经营者限定单位或者个人经营、购买、使用其指定的经营者提供的商品的行为属于行政垄断

C. 某市工商管理机关对于进入本市的奶制品都进行统一的有害添加剂检测,该行为属于滥用行政权力排除限制竞争

D. 行政机关和法律法规授权的具有管理公共事务职能的滥用行政权力排除限制竞争的,应当承担民事赔偿责任

10. 以下构成垄断协议的是(　　)。

A. 某市甲酒厂的白酒销售份额占该市的40%,乙酒厂的白酒销售份额占50%,二酒厂为进一步控制市场份额达成了合并协议

B. 某市电力公司与用户签订供电合同时,要求用户必须购买该电力公司出资设立的电力设备厂生产的电表

C. 某市甲牛奶厂与乙牛奶厂的牛奶销售份额合计占该市的70%,二厂达成协议,共同将袋装牛奶的价格上涨2角钱

D. 某市由于盲目投资,建有多家烟厂,生产的香烟绝大多数销在本市,由于各厂产量过高,积压严重,该市烟叶协会组织烟厂达成协议,各厂均减产30%

二、多项选择题

1. 下列不属于我国反不正当竞争法规定的商业诽谤行为的有(　　)。

A. 甲公司总经理有6次婚姻经历,其竞争对手乙公司向媒体公布此事

B. 甲公司在公司内部会议上组织与会人员高呼"打垮无能的竞争对手乙公司"

C. 甲公司召开新闻发布会,公开其产品与乙公司产品的客观对比结论

D. 甲公司唆使消费者张三在网络上散布竞争对手乙公司售后服务差的虚假信息

2. 根据《反垄断法》和《反不正当竞争法》的规定,下列说法中,正确的有(　　)。

A.《反垄断法》所称经营者,是指从事商品经营或者营利性服务(以下所称商品包括服务)的法人、其他经济组织和个人

B.《反不正当竞争法》所称的经营者,是指从事商品生产、经营或者提供服务的自然人、法人和其他组织

C.《反垄断法》所称相关市场,是指经营者在一定时期内就特定商品或者服务(以下统称商品)进行竞争的商品范围和地域范围

D.《反不正当竞争法》所称不正当竞争,是指经营者违反该法的规定,损害其他经营者的合法权益,扰乱社会经济秩序的行为

3. 昌盛公司是某市生产保健品的公司,为招揽生意,遂请佳宝广告公司为其产品制作不实广告。下列说法中,正确的有(   )。

A. 昌盛公司的行为构成不正当竞争行为

B. 任何一家生产保健品的公司都可直接到法院起诉昌盛公司,要求其承担不正当竞争的责任

C. 佳宝广告公司只有明知昌盛公司的宣传不实的情况下,才承担法律责任

D. 监督管理部门应当责令昌盛公司停止违法行为,消除影响,可以并处罚款

4. 下列有关反垄断调查的说法中,错误的有(   )。

A. 国务院反垄断委员会在省、自治区、直辖市也设有相应的机构

B. 对于个人和单位的举报,反垄断执法机构都应当调查并予以答复

C. 被调查的经营者承诺在反垄断执法机构认可的期限内采取具体措施消除该行为后果的,反垄断执法机构应当决定中止调查

D. 反垄断执法机构调查涉嫌垄断行为,经反垄断执法机构主要负责人批准,可以对涉嫌违法行为的经营者采取查封、扣押财务会计账簿的措施

5. 下列行为中,构成滥用市场支配地位行为的有(   )

A. 甲公司生产的某种小家电市场占有率达60%,甲公司引进新技术对产品进行了改进,并将销售价格提高了30%

B. 乙公司生产的牛奶在该地的市场占有率达55%,乙公司要求当地某超市在购物车上为其免费做广告,超市拒绝,乙公司停止向超市供货

C. 某市自来水公司称由于很多用户的自来水龙头滴漏,造成严重浪费,要求用户必须购买该公司指定的几种品牌的水龙头,经查,自来水公司与指定品牌的生产厂家并无利益关系

D. 某市生产打火机的厂家众多,由于有的小厂家生产的打火机质量不合格,给该行业声誉造成影响,该市最大的打火机生产厂丙厂和丁厂的市场占有率达70%,两厂资金

雄厚,决定以低于成本的价格销售打火机,以期将小厂家挤出市场

三、判断题

1. 使用不知道是他人用盗窃等非法手段获取的商业秘密的,不视为侵犯商业秘密。（ ）
2. 某经营者为清偿债务而降低销售商品的行为不属于不正当竞争行为。（ ）
3. 佣金是给付中间人的,不是付给合同的另一方当事人的,但是,合同当事人的经办人也可以收取佣金。（ ）
4. 对于非注册商标,商标法和反不正当竞争法均不予保护。（ ）
5. 有奖销售都是不正当竞争行为。（ ）
6. 引人误解的广告不属于不正当竞争行为。（ ）

四、案例题

1. 某经销公司所在地的夏季气候十分炎热,凉席的销路一向很好。2×23年春,该公司购买了一批井冈山产的凉席,准备在夏季卖出。但该年夏季气候反常,比往年夏季气温低很多,造成该公司的凉席销路不好,在仓库内积压。为了销售积压的凉席,收回资金,该公司经理决定用奖励的办法来促销凉席,即将购买凉席的价款的10%给予购买者。恰在此时,有一企业招待所的采购员李某来到该公司购买凉席100张,经双方协商,达成协议:李某所买凉席货款的10%系该公司给李某的奖励,对于这部分奖励双方均不入财务账。在李某买走凉席后,该经销公司又用同一种方法推销其积压的凉席,库存凉席很快便销售一空。

问题:

(1) 10%的奖励是折扣还是不正当竞争行为? 两者有哪些区别?
(2) 经销公司的行为属于什么性质的不正当竞争行为?
(3) 该不正当竞争行为的特征有哪些?

2. 四川飞亚企业公司自70年代开始生产"飞马"牌味精并投入市场。1979年,"飞马"牌商标经国家工商行政管理局核准注册。"飞马"牌味精曾被四川省有关部门评定为省优质产品,并被四川省政府授予1993年度四川省名牌产品称号,主要市场为万县市及四川、湖北、云南、贵州等地区,享有较高知名度;"飞马"牌味精的系列包装也曾荣获四川省优质包装奖章。"飞马"牌味精包装袋正面设计采用钟楼、山、树呈左高右低排列的蓝色挖空剪影艺术表现形式,并配以左上角红色"飞马"牌注册商标及右上角红色"味精"二字;背面由绿色双线组成长方形,周边内配以产品配料、标准代号、保存方法等绿色文字

说明。万县市酿造厂自 1993 年 11 月开始生产销售"万州"牌味精,主要销售地是万县市及省内其他部分地区,其包装袋设计正面采用流杯池亭阁、山、树呈左高右低排列的蓝色挖空剪影艺术表现形式,并配以左上角红色"万州"牌注册商标及右上角红色"味精"二字,从而构成正面总体形象;背面由绿色单线组成长方形,周边内配以产品配料成分、产品标准代号、保存方法等绿色文字说明。

请问：

(1) 万县市酿造厂的行为属于什么性质的不正当竞争行为?

(2) 构成该不正当竞争行为的条件有哪些?

(3) 万县市酿造厂应当承担何种法律责任?

3. 2008 年 9 月 3 日,可口可乐宣布计划以现金收购中国汇源果汁集团有限公司(01886.HK)。可口可乐公司建议收购要约为每股 12.20 港元,并等价收购已发行的可换股债券及期权。可口可乐现已取得汇源三个股东签署的接受要约不可撤销承诺,三个股东合共拥有汇源 66% 股份。汇源果汁 2007 年 2 月在中国香港上市,拥有汇源果汁在中国的全部业务。据媒体援引市场调研公司的数据,汇源果汁在中国纯果汁市场占有 46% 的市场份额,中浓度果汁也占到 39.8% 的市场份额,是毫无争议的行业龙头,可口可乐旗下的果汁子品牌也占有 25.3%,位居第二。两者若合并,将占市场份额 70% 以上,将对统一等其他企业形成很大的竞争压力。

请问：

(1) 可口可乐的收购行为涉及哪些法律问题?

(2) 按照《反垄断法》的规定,其应如何应对?

(3) 反垄断调查机构在受理申报后该如何处理?

第二部分

思考与练习参考答案

第一章　法律基础知识

一、单项选择题

1	2	3	4	5	6	7	8	9	10
C	B	C	C	C	D	B	D	D	A

二、多项选择题

1	2	3	4	5
AB	BC	ABC	AB	ABD

三、案例题

1. 答：法律事实有两个：

(1) 侵权行为，为此可以要求陈某赔偿王某，而且陈某也应当承担赔偿责任。

(2) 王某死亡，在王某与他的继承人之间产生了继承关系。

2. 答：(1) 王某购买戒指的行为效力待定，只有经过其父母追认才有效。从"王某父母找商场退货"这一情节可知，其父母拒绝追认，因此该行为无效。

(2) 因合同无效，根据《民法典》的规定，合同无效或被撤销后，依合同取得的财产应当予以返还，因此商场应当接受退货，返还王某父母现金1 500元，无权拒绝。

3. 答：(1) 丙的行为属于重大误解的行为。重大误解行为是可撤销、可变更的合同行为。依据《民法典》的有关规定，因重大误解而订立的合同，当事人一方有权请求人民法院或者仲裁机构变更或者撤销合同。行为人因对行为的性质、对方当事人、标的物的品种、质量、规格和数量等的错误认识，使行为后果与自己的思想相悖，并造成较大损失的，可以认定为重大误解。本案中，丁某对购买标的发生了误解，并且价值巨大，应认定为重大误解，属于可撤销、可变更的合同行为。

(2) 甲公司不能再行使撤销权。根据《民法典》的有关规定，具有撤销权的当事人知道撤销事由后明确表示或者以自己的行为放弃撤销权的，撤销权消灭。本案中，甲公司在明知车型有错的情况下，仍按合同约定提货，并支付货款，应视为以自己的行为放弃了撤销权。

4. 答:(1)《民法典》规定:向人民法院请求保护民事权利的诉讼时效期间为三年,法律另有规定的除外。根据该规定,民事权利一般在三年后法院不再予以保护,权利人将丧失胜诉权。本案中,胡某于2×19年12月向张某借的钱,直到2×22年10月张某才第一次向胡某要钱,胡某债务的诉讼时效实际上早已届满。因此,当时胡某如果表示不愿偿还此款,张某将无法通过诉讼索回他的钱款。

(2)超过了诉讼时效期间,义务人履行义务后,又以超过诉讼时效为由反悔的,不予支持。此处义务人履行义务不仅仅指义务人实际履行义务,也包括义务人对履行义务重新作出承诺。本案中,胡某2×22年10月在字据上的注明即是一种重新承诺,不得反悔。

(3)张某要求法院判决胡某还款的请求可以得到法院的支持,但不是因为时效没有届满,而是因胡某已重新作出承诺。

第二章 企 业 法

一、单项选择题

1	2	3	4	5	6	7	8	9	10
D	D	C	C	C	C	D	D	C	A
11	12	13	14	15					
A	B	C	B	A					

二、多项选择题

1	2	3	4	5	6	7	8	9	10
CD	BD	BD	ACD	ACD	BD	AD	BD	ABD	CD
11	12								
AB	AB								

三、不定项选择题

1	2	3
CD	BD	BC

四、案例题

1. 答：(1) 合伙协议可以约定每月支付甲 3 000 元的报酬。根据《合伙企业法》规定，有限合伙企业由普通合伙人执行合伙事务。执行事务合伙人可以要求在合伙协议中确定执行事务的报酬及报酬提取方式。本题中，甲为普通合伙人，合伙协议约定甲执行合伙事务并向其支付报酬是符合规定的。

(2) 不视为乙在执行合伙企业事务。《合伙企业法》规定，有限合伙人的下列行为，不视为执行合伙事务：① 参与决定普通合伙人入伙、退伙；② 对企业的经营管理提出建议；③ 参与选择承办有限合伙企业审计业务的会计师事务所；④ 获取经审计的有限合伙企业财务会计报告；⑤ 对涉及自身利益的情况，查阅有限合伙企业财务会计账簿等财务资料；⑥ 在有限合伙企业中的利益受到侵害时，向有责任的合伙人主张权利或者提起诉讼；⑦ 执行事务合伙人怠于行使权利时，督促其行使权利或者为了本企业的利益以自己的名义提起诉讼；⑧ 依法为本企业提供担保。本题中，乙参与选定承办审计业务的会计师事务所，不视为执行合伙企业事务。

(3) 合伙协议可以约定 A 企业的利润全部分配给甲和乙。根据规定，有限合伙企业不得将全部利润分配给部分合伙人；但是，合伙协议另有约定的除外。

2. 答：(1) 三人口头约定了有关事项，是错误的。《合伙企业法》规定，合伙人订立合伙协议应当以书面形式。

(2) 乙丙拒绝甲要求查看账目的做法是错误的。《合伙企业法》规定，合伙人为了了解合伙企业的经营状况和财务状况，有权查阅合伙企业的账簿；而执行事务的合伙人应当定期向其他合伙人报告事务执行情况以及合伙企业的经营和财务状况，即有报告的义务。

(3) 丙声明退伙，并私自开走自己出资的汽车，拉走货物一宗，是错误的。《合伙企业法》规定，合伙人在不给合伙企业事务执行造成不利的情况下，可以退伙，但应当提前三十日通知其他合伙人。丙的行为给合伙企业事务执行造成了不利，所以错误。另外，《合伙企业法》还规定，合伙企业存续期间，合伙人不得私自转移或者处分合伙企业财产，据此，丙的行为也是错误的。同理，乙将合伙的剩余存货以低价全部买下，也是错误的。

(4) 乙拒绝偿还瓷砖厂的欠款的说法是错误的。《合伙企业法》规定，合伙企业对合伙人执行合伙事务以及对外代表合伙企业权利的限制，不得对抗善意第三人。本案中，瓷砖厂并不知道合伙人之间对事务执行的限制，瓷砖厂属于善意第三人。

(5) 乙说刘某是被甲撞伤的，与他无关，找甲赔偿的说法错误。合伙人在执业活动中非因故意或者重大过失造成的合伙企业债务以及合伙企业的其他债务，由全体合伙人承担无限连带责任。

3. 答：(1) 乙的观点不正确。合伙企业内部的规定不能用于对抗善意的第三人。B公司属于善意的第三人，故该合同有效，合伙企业应承担违约责任。甲由于违反合伙企业内部事务的约定而给合伙企业造成的损失，由甲赔偿给合伙企业。

(2) 甲的观点错误。我国《会计法》规定，任何企业、事业单位，无论有无独立法人资格，均应依法建账，并由单位负责人保证会计资料的真实性和完整性。合伙企业违反了这一规定，应按《会计法》规定予以处罚。

(3) A的观点错误。新入伙的合伙人对其入伙前合伙企业的债务承担连带责任。

(4) 丁的观点错误。合伙人向合伙企业内部其他合伙人转让合伙企业的财产份额无须其他合伙人同意，但丙应对其退伙前合伙企业的债务承担连带责任。

(5) B公司的观点错误。合伙企业违约，应接受定金制裁，即向B公司双倍返还定金共60万元，但由于返还的定金足以补偿因合伙企业违约而给B造成的损失，故无须再支付赔偿金。

4. 答：(1) 秦某劳务出资不符合法律规定。根据合伙企业法律制度规定，普通合伙人可以劳务出资，其评估办法由全体合伙人协商确定，并在合伙协议中载明。

(2) 合伙事务可以由全体合伙人共同执行，另有约定的从其约定，但合伙协议中并未体现，就由周某、马某执行事务，不符合规定。且秦某作为普通合伙企业的合伙人，也应当承担无限连带责任。

(3) 除合伙协议另有约定，普通合伙人向合伙人以外的人转让其在合伙企业中的财产份额时，须经其他合伙人一致同意。刘某不同意周某将其份额转让，则刘某可以在同等条件下优先购买该份额。

(4) 合伙企业应当向马某的儿子退还马某的财产份额。

(5) 全体合伙人决定解散合伙企业，马某已经死亡，故只剩周某、秦某、马某三位合伙人，三人一致同意解散合伙企业则可以解散。

第三章 公司法律制度

一、单项选择题

1	2	3	4	5	6	7	8	9	10
D	C	D	A	C	D	B	C	A	C
11	12	13	14	15	16	17	18	19	20
B	C	A	B	C	B	D	A	D	B

二、多项选择题

1	2	3	4	5	6	7	8	9	10
BCD	BCD	BD	ABD	BD	ABC	AC	ABC	AD	AC
11	12	13	14	15					
AD	ABCD	ABD	ACD	ABE					

三、不定项选择题

1			2			3		
(1)	(2)	(3)	(1)	(2)	(3)	(1)	(2)	(3)
AC	B	B	BCD	BC	ACD	AB	B	AB

四、案例题

1. 答：(1) ① 赵某卖出所持公司股票的行为不符合法律规定。根据有关法律规定，董事、监事、高级管理人员所持本公司股份，自公司股票上市交易之日起1年内不得转让。本题中，公司2×19年6月上市，董事赵某于2×20年5月转让股份的行为是不符合规定的。

② 钱某卖出所持公司股票的行为符合法律规定。根据有关法律规定，董事、监事、高级管理人员在任职期间每年转让的股份不得超过其所持有本公司股份总数的25%。本

题中,董事钱某转让的股份未超过其持有股份总数的25%,因此符合规定。

③ 孙某卖出所持公司股票的行为符合法律规定。根据有关法律规定,董事、监事、高级管理人员离职后半年内,不得转让其所持有的本公司股份。本题中,孙某2×20年7月离职,因此2×21年3月转让其持有股份的行为是符合规定的。

(2) 李某买卖公司股票的行为不符合法律规定。根据有关法律规定,上市公司董事、监事、高级管理人员,持有上市公司股份5%以上的股东,将其持有的该公司的股票在买入后6个月内卖出,或者在卖出后6个月内又买入,由此所得收益归该公司所有,公司董事会应当收回其所得收益。本题中,监事李某2×20年4月9日买入股票,2×20年9月10日卖出股票的行为是不符合规定的。

(3) ① 公司收购用于奖励职工的本公司股票数额符合法律规定。根据有关法律规定,将股份奖励给本公司职工,收购的本公司股份,不得超过本公司已发行股份总额的10%。本题中,收购数量为本公司已发行股份总额的6%,未超过10%。

② 公司从资本公积金中出资收购用于奖励职工的本公司股票的行为符合法律规定。最新《公司法》规定,取消将股份奖励给本公司职工,用于收购的资金应当从公司税后利润中支出的规定。

③ 公司预留300万股股票拟在2×23年10月转让其他职工的行为不符合法律规定。根据有关法律规定,将股份奖励给本公司职工,所收购的股份应当在3年内转让给职工。本题中,转让的期限超过了3年,因此是不符合规定的。

2. 答:(1) 该股东会决议有效。股东会有权就董事长的职权行使作出限制,且表决权过半数的股东已在决议上签字。

(2) 合同有效。尽管公司对董事长的职权行使有限制,甲超越了限制,但根据民法典有关规定,亦即越权行为有效规则,公司对外签订的合同依然是有效的。

(3) 股权质押有效,张三享有质权。因为已经按照规定办理了股权质押登记。

(4) 丙仍然享有股权。因为丙已经办理了股权转让手续,且丙以其对大都房地产公司的股权出资时,大都房地产公司并未陷入破产,也不存在虚假出资。

(5) 丁、戊可以通过向其他股东或第三人转让股权的途径退出公司,或联合提起诉讼,请求法院强制解散公司的途径保护自己的权益。

3. 答:(1) 公司章程约定的首次出资额符合规定。2013年后取消首次出资额限制。

(2) 乙应补足出资,甲、丙承担连带责任。有限责任公司成立后,发现作为设立公司出资的非货币财产的实际份额显著低于公司章程所定价额的,应当由交付该出资的股东补足其差额,公司设立时的其他股东承担连带责任。

(3) 甲、乙、丙应按照实缴出资比例(2∶2∶1)分配红利。根据规定,公司弥补亏损和提取公积金后所余税后利润,有限责任公司按照股东实缴的出资比例分配,但全体股东约定不按照出资比例分配的除外。

4. 答:(1)李某不得以姓名出资。根据规定,股东不得以劳务、信用、自然人姓名、商誉、特许经营权或者设定担保的财产等作价出资。

(2)李某以未来从 A 公司可分得的奖金分期缴纳出资款不符合规定。

(3)丙以股东出资后不得撤回为由反对乙退资的主张不成立。根据规定,公司可以以销除股权或者股份的方式减资。在本题中,A 公司如果依法定程序减资后再消除乙的股权是允许的。

(4)丙公司无权要求 A 公司清偿未到期的债务。根据规定,公司减少注册资本时,应当自作出减少注册资本决议之日起 10 日内通知债权人,并于 30 日内在报纸上公告。债权人自接到通知书之日起 30 日内,未接到通知书的自公告之日起 45 日内,有权要求公司清偿债务或者提供相应的担保。但未到期的债务,可要求公司提供相应的担保。

第四章 企业破产法

一、单项选择题

1	2	3	4	5	6	7	8	9	10
B	B	C	A	B	C	D	D	B	B

二、多项选择题

1	2	3	4	5
AC	AB	AC	AB	AD

三、案例题

(1)人民法院查封的甲公司的办公楼不能用于偿还所欠乙公司的货款。根据《企业破产法》的规定,人民法院受理破产申请后,有关债务人财产的保全措施应当解除,执行程序应当中止。

(2)甲分公司私分的财产依法应当追回,计入破产财产用于破产分配。根据《企业破产法》的规定,债务人的董事、监事和高级管理人员利用职权从企业获取的非正常收入和侵占的企业财产,管理人应当追回。

(3) 甲公司的股东出资不实,破产管理人依法应当要求其补缴出资额 80 万元。根据《企业破产法》的规定,人民法院受理破产申请后,债务人的出资人尚未完全履行出资义务的,管理人应当要求该出资人缴纳所认缴的出资,而不受出资期限的限制。

(4) 甲公司的破产财产额为 5 770 万元,依法应按下列顺序分配:① 由对甲公司特定财产的债权人享有优先受偿权:评估为 3 200 万元的厂房先清偿中国工商银行贷款 500 万元;机器设备评估作价 820 万元先清偿中国建设银行贷款 420 万元和丙公司到期货款 180 万元。② 用剩余的 4 670 万元优先支付破产费用 40 万元。③ 用剩余的 4 630 万元支付职工工资 180 万元、未交税金 220 万元。④ 用剩余的 4 230 万元支付普通债权 9 500 万元(11 000－180－220－500－420－180)。

(5) 丁公司未到期的债权属于破产债权,丁公司可以分配的财产为 890 526 元(42 300 000÷95 000 000×2 000 000)。

第五章 物 权 法

一、单项选择题

1	2	3	4	5	6	7	8	9	10
B	A	C	C	A	C	A	D	C	A
11	12	13	14	15	16	17	18	19	20
A	A	D	A	A	C	C	B	D	B
21	22	23	24	25	26	27			
B	B	A	D	A	C	D			

二、多项选择题

1	2	3	4	5	6	7	8	9	10
BC	BD	BCD	BD	ACD	ABD	ABC	ABC	ABCD	ABD

11	12	13	14	15	16	17	18	19	20
ABCD	BC	ACD	AB	BCD	ABCD	ABD	BD	ABD	ABCD
21	22	23	24	25	26	27			
BCD	ABD	ACD	ABD	ACD	BCD	AC			

三、案例题

（1）自继承开始时甲取得该画的所有权。根据《物权法》规定，因继承或者受遗赠取得物权的，自继承或者受遗赠开始时发生效力。

（2）丙主张撤销与乙之间的转让行为，并要求乙返还50万元合法。① 根据规定，一方以欺诈手段，使对方在违背真实意思的情况下实施的民事法律行为，受欺诈方有权请求人民法院或者仲裁机构予以撤销。本题中，乙将赝品作为真迹转让，属于欺诈。② 根据规定，民事法律行为无效、被撤销或者确定不发生效力后，行为人因该行为取得的财产，应当予以返还；不能返还或者没有必要返还的，应当折价补偿。本题中，乙应当向丙返还购买赝品支付的50万元。

（3）丙可以取得该书画的所有权。

根据《物权法》的规定，无处分权人将不动产或者动产转让给受让人的，所有权人有权追回；除法律另有规定外，符合下列情形的，受让人取得该不动产或者动产的所有权：① 受让人受让该不动产或者动产时是善意的；② 以合理的价格转让；③ 转让的不动产或者动产依照法律规定应当登记的已经登记，不需要登记的已经交付给受让人。本题中，丙属于善意取得该书画，可以取得所有权。

（4）丁不可以取得该书画的所有权。根据《物权法》的规定，受让人无偿受让时不受善意取得制度保护。本题中，丁无偿得到该书画，不适用善意取得制度，不能取得该书画的所有权。

第六章 合 同 法

一、单项选择题

1	2	3	4	5	6	7	8	9	10
A	A	B	C	A	B	D	D	B	D

11	12	13	14	15	16	17	18	19	20
B	A	A	D	A	D	B	D	C	B
21	22	23	24	25	26	27	28	29	30
B	A	D	D	B	B	B	A	D	D
31	32	33	34						
C	C	A	C						

二、多项选择题

1	2	3	4	5	6	7	8	9	10
AD	AC	CD	ABC	ABCD	ABC	ABC	ABC	ABCD	AC
11	12	13	14	15	16	17	18	19	20
ABC	AD	ABC	CD	ABCD	BCD	ABD	AC	AD	BC
21	22	23	24	25	26	27	28	29	30
ABD	ABCD	ABC	ABC	ACD	CD	ABCD	AC	ABD	ACD
31	32								
ABCD	AB								

三、案例题

1. 答：(1) 抵押有效。因为当事人办理了抵押物登记手续。

(2) 承包人可以与发包人协商将工程折价，也可以申请人民法院将工程依法拍卖。建设工程的价款就该工程折价或拍卖的价款中优先受偿。

(3) B公司享有的受偿权利优先。虽然C银行可以对商品楼行使抵押权，但是B公司对该商品楼的受偿权优先于C银行的抵押权。

(4) A公司欠付B公司人工费400万元，材料款800万元，违约金200万元不能优先受偿。

2. 答：(1) 不可以。根据规定，租赁物在租赁期间发生所有权变动的，不影响租赁合同的效力。此题中，甲公司将租赁楼房转让给丙企业，丙企业取得租赁楼房所有权后，不能以自己不是租赁合同当事人为由解除租赁合同，原租赁合同继续有效。

(2) 丙企业可以主张解除租赁合同。根据规定，承租人未经出租人同意转租的，出租人可以解除合同。此题中，乙公司未经出租人丙企业同意，将其所租赁楼房转租给丁企业，因此丙企业可以解除合同。

(3) 乙公司可以维修费用抵销 4 000 元租金。根据规定，承租人在租赁物需要维修时可以要求出租人在合理期限内维修。出租人未履行维修义务的，承租人可以自行维修，维修费用由出租人负担。此题中，租赁楼房的局部门窗自然损坏，丙企业一直未履行维修义务，乙公司自行找某装修企业维修的费用 4 000 元应当由出租人丙企业负担，乙公司可以以维修费用抵销 4 000 元租金。

第七章 证 券 法

一、单项选择题

1	2	3	4	5	6	7	8	9	10
B	C	A	B	D	D	B	B	A	C
11	12	13	14	15	16	17	18	19	20
A	D	C	A	D	D	D	B	D	B
21	22	23	24	25	26	27	28	29	30
B	B	D	A	C	A	C	B	A	A
31	32	33	34	35	36	37	38	39	40
C	D	D	C	B	C	B	B	C	A
41	42								
D	D								

二、多项选择题

1	2	3	4	5	6	7	8	9	10
AC	ABD	ACD	ABCD	ABD	ABD	ABD	ABCD	ABCD	ABCD

11	12	13	14	15	16	17	18	19	20
AC	ABCD	CD	ABCD	BCD	ABCD	ABC	BCD	ABD	CD
21									
ABCD									

三、案例题

（1）戊公司和辛公司构成乙公司收购甲公司过程中的一致行动人。根据证券法律制度的规定，投资者通过协议、其他安排，与其他投资者共同扩大其所能够支配的一个上市公司股份表决权数量的行为或者事实，属于一致行动。在上市公司的收购活动中有一致行动情形的投资者，互为一致行动人。乙公司通过协议约定的方式可以支配戊公司和辛公司持有的甲公司股份的表决权，故三者构成一致行动人。

（2）乙公司在收购甲公司股份时，存在如下不符合证券法律制度关于权益变动披露规定的行为：

首先，根据证券法律制度的规定，投资者在持股权益披露期限内，不得再行买卖甲公司股份。由于戊公司、辛公司构成乙公司的一致行动人，故其在上述期限内购买甲公司股份的行为，违反了上述规定。

其次，由于戊公司和辛公司是乙公司的一致行动人，故戊、辛公司持有的甲公司股份于8月1日至3日合计达到5%的比例时，乙公司应当依照相关规定向证监会、证券交易所作出书面报告，通知甲公司并予公告。

（3）丁公司与甲公司的资产重组方案中有两点不符合证券法律制度的规定：

第一，股份发行价格拟定为董事会决议公告前20个交易日交易均价的85%，不符合规定。根据证券法律制度的规定，上市公司发行股份购买资产的，股份发行价格不得低于市场参考价的90%。

第二，丁公司取得股份自股份发行结束之日起6个月后可自由转让，不符合规定。根据证券法律制度的规定，特定对象以资产认购上市公司股份的，自股份发行结束之日起12个月内不得转让。

（4）2×23年11月1日董事会会议的到会人数符合公司法关于召开董事会会议法定人数的规定。根据公司法律制度的规定，股份有限公司董事会会议应有过半数董事出席方可举行。甲公司11名董事中有7名董事出席会议，出席人数超过半数，会议的召开是合法的。

（5）2×23年11月1日董事会作出的决议未获得通过。根据公司法律制度的规定，股份有限公司董事会作出决议，必须经全体董事的过半数通过。该决议仅有5名董事赞成,未超过全体 11 名董事的半数。

(6) 人民法院不应受理乙公司的起诉。根据公司法律制度的规定,股份有限公司股东提起代位诉讼的资格条件是,连续 180 日以上单独或者合计持有公司 1% 以上的股份。乙公司自 2×23 年 7 月 20 日开始持有甲公司股份,至起诉的 2×23 年 11 月 5 日,连续持股时间不足 180 日。

第八章　金融法律制度

一、单项选择题

1	2	3	4	5	6	7	8	9	10
C	D	B	B	D	C	D	A	A	B
11									
D									

二、多项选择题

1	2	3	4	5	6	7	8	9	10
ABCD	ABCD	BCD	ABC	ABCD	BC	AD	ABC	CD	BD

三、判断题

1	2	3	4	5	6	7	8
√	√	√	√	√	×	×	×

四、案例题

1. 答:(1) 出票人食品厂为被保证人。根据规定,未记载被保证人的,已承兑的汇票,承兑人为被保证人,未承兑的汇票,出票人为被保证人。在本题中,见票即付的汇票,无需承兑,出票人食品厂为被保证人。

(2) 2×23 年 3 月 8 日为保证日期。根据规定,未记载保证日期的,出票日期为保证日期。在本题中,出票日期2×23年3月8日为保证日期。

(3) 机械厂可向食品厂、面粉厂、养鸡厂行使追索权。

第九章 知识产权法

一、单项选择题

1	2	3	4	5	6	7	8	9	10
C	A	C	A	B	C	B	D	B	B
11	12	13	14	15					
A	C	B	C	A					

二、多项选择题

1	2	3	4	5	6	7	8	9	10
ABD	BCD	BC	ACD	BD	ABC	ABD	CD	BD	BD

三、判断题

1	2	3	4	5	6	7	8	9	10
×	√	√	×	√	×	√	×	√	×

四、案例题

1. 答:(1) 被告太阳城商场对大磨坊公司构成侵犯商标专用权。

(2) 大磨坊公司构成了对双方协议的违约。

(3) 商标的使用方式与构成侵犯商标专用权无关。因为商标权利人可以根据商品特点,自由选择注册商标的使用方式,他人无权干涉。

2. 答:(1) 乙公司的行为构成商标侵权行为。《商标法》第52条规定:有下列行为之一的,均侵犯注册商标专用权:(一) 未经商标注册人的许可,在同一种商品或者类似商品上使用与其注册商标相同或者近似的商标的;(二) 销售侵犯注册商标专用权的商品的;(三) 伪造、擅自制造他人注册商标标识或者销售伪造、擅自制造的注册商标标识的;

（四）未经商标注册人同意，更换其注册商标并将该更换商标的商品又投入市场的；

（五）给他人的注册商标专用权造成其他损害的。

由此可见，乙公司的行为侵犯了"金太阳"商标专用权和"银河"商标专用权。

（2）甲公司、戊公司、某外国企业和李某均可作为原告起诉乙公司。对于原告的确定，首先注册商标持有人当然是有权作为原告起诉的。而且独占许可的被许可人也是有权起诉的。《最高人民法院关于审理商标民事纠纷案件适用法律若干问题的解释》第4条规定：商标法第53条规定的利害关系人。包括注册商标使用许可合同的被许可人、注册商标财产权利的合法继承人等。在发生注册商标专用权被侵害时，独占使用许可合同的被许可人可以向人民法院提起诉讼；排他使用许可合同的被许可人可以和商标注册人共同起诉，也可以在商标注册人不起诉的情况下，自行提起诉讼；普通使用许可合同的被许可人经商标注册人明确授权. 可以提起诉讼。

因此甲公司和某外国公司可以起诉其侵犯"金太阳"商标权的行为，戊公司可以起诉其侵犯"银河"商标权的行为，李某可以起诉其违约行为。

第十章 竞争法律制度

一、单项选择题

1	2	3	4	5	6	7	8	9	10
C	B	C	A	D	A	A	D	A	C

二、多项选择题

1	2	3	4	5
ABC	CD	AD	ABCD	BCD

三、判断题

1	2	3	4	5	6
×	×	√	√	×	√

四、案例题

1. 答：(1) 10%的奖励是不正当竞争行为。

其与折扣的区别是：① 前者是在销售或者购买商品时在账外暗中退给对方一定比例的商品价款。② 折扣只能给予交易对方，而商业贿赂可以给予交易中对方单位的个人。③ 折扣只表现为一定比例的商品价款，而商业贿赂有复杂多样的表现形态。④ 折扣表现为合同中的条款，具有合法性，而商业贿赂具有违法性。

(2) 经销公司的行为属于商业贿赂。

(3) 商业贿赂的基本特征是：① 在主观上是敌意的、以争夺市场为目的。② 商业贿赂行为采取隐蔽的形式进行。无论行贿者还是受贿者，都是通过秘密的方式，往往通过账外暗中的方式进行。③ 商业贿赂行为的对象，及包括单位，也包括个人，但不包括促成交易的中间人。④ 采取的不正当竞争手段包括以财物行贿和以其他手段行贿两种方式。⑤ 商业贿赂行为具有违法性。

2. 答：(1) 万县市酿造厂的仿冒商标的行为是在同种或类似商品上，将与他人注册商标相同或近似的文字、图形作为商品名称或商品装潢使用，并足以造成误认的行为，构成了欺骗性交易行为。

(2) 商标法第53条规定：有本法第52条所列侵犯注册商标专用权行为之一，引起纠纷的，由当事人协商解决；不愿协商或协商不成的，注册人或利害关系人可众向法院起诉，也可以请求工商管理部门处理。工商管理部门处理时，认定侵权行为成立的，责令立即停止侵权行为，没收、销毁侵权商品和专门用于制造侵权商品、伪造注册商标标识的工具，并可处以罚款。当事人对处理决定不服的，可以自收到处理通知之日起十五日内依照《中华人民共和国行政诉讼法》向人民法院起诉；侵权人期满不起诉又不履行的，工商行政管理部门可以申请人民法院强制执行。进行处理的工商行政管理部门根据当事人的请求，可以就侵犯商标专用权的赔偿数额进行调解；调解不成的，当事人可以依照《中华人民共和国民事诉讼法》向人民法院起诉。

(3) 侵犯商标专用权的赔偿数额，为侵权人在侵权期间因侵权所获得的利益，或者被侵权人在被侵权期间因被侵权所受到的损失，包括被侵权人为制止侵权行为所支付的合理开支。前款所称侵权人因侵权所得利益，或者被侵权人因被侵权所受损失难以确定的，由人民法院根据侵权行为的情节判决给予50万元以下的赔偿。

第三部分

模拟试题及参考答案

模拟试题(一)

得分 ☐ 一、单项选择题(本大题共10小题,每小题2分,共20分)

1	2	3	4	5	6	7	8	9	10

1. 发明专利申请人请求实质审查的期限是自(　　)。
   A. 申请日起3年内　　　　　　B. 申请日起18个月内
   C. 申请公布日起3年内　　　　D. 申请公布日起18个月内

2. 下列关于我国商标注册规定的表述,正确的是(　　)。
   A. 中华人民共和国国徽可以注册为商标
   B. 注册商标不能用于服务
   C. 三维标志不可以注册为商标
   D. "红十字"的文字或标志不可以注册为商标

3. 对初步审定的商标提出异议的期限为,自公告之日起(　　)。
   A. 1个月内　　B. 3个月内　　C. 6个月内　　D. 12个月内

4. 某县"老公社"餐厅系县内知名餐馆。同县的王某遂模仿"老公社"餐厅特色开办了"老公灶"餐厅,员工服装、店堂装修、菜品菜名等全部照搬。王某的行为属于(　　)。
   A. 正当的竞争行为　　　　　B. 侵犯商业秘密行为
   C. 假冒混同行为　　　　　　D. 虚假宣传行为

5. 下列有关行政性垄断的表述,正确的是(　　)。
   A. 行政性垄断行为的主体不限于行政机关
   B. 行政性垄断行为的主体不包括中央政府部门
   C. 行政性垄断行为只出现在商品流通和招投标领域
   D. 行政性垄断行为只损害企业利益,不损害消费者利益

6. 某品牌餐具正常使用会产生有害物质,严重损害使用者健康。根据《产品质量

法》,该餐具属于( )。

A. 缺陷产品 B. 瑕疵产品

C. 质量合格产品 D. 假冒产品

7. 下列产品标识符合法律规定的是( )。

A. 裸装的汤圆没有附加产品标识

B. 玻璃杯的包装没有易碎的警示标志或说明

C. 奶粉包装上没有用中文标明产品名称、生产厂名和地址

D. 饼干包装上没有标明生产日期和安全使用期或失效日期

8. 下列关于虚假广告责任的表述,错误的是( )。

A. 广告经营者发布虚假广告,消费者可以请求行政主管部门予以惩处

B. 广告经营者不能提供经营者真实名称、地址和有效联系方式的,应当承担赔偿责任

C. 消费者因经营者利用虚假广告提供商品,权益受到侵害的,可以向经营者要求赔偿

D. 广告代言人应为其所代言的商品给消费者造成的损害,与广告经营者承担连带责任

9. 王某花 100 元钱从某超市购买美国产的钢笔 1 支,后发现该笔实为国产。王某有权要求超市赔偿的金额为( )元。

A. 500 B. 1 000 C. 1 500 D. 2 000

10. 下列关于草原权属的表述,正确的是( )。

A. 草原只能属于国家所有

B. 草原只能属于牧民集体所有

C. 草原只能属于投资建设草原者所有

D. 单位之间的草原权属争议由县级以上人民政府处理

二、**多项选择题**(本大题共 5 小题,每小题 2 分,共 10 分)

1	2	3	4	5

1. 根据相关理论知识,下列各项中,属于经济法的部门法有( )。

A. 反不正当竞争法 B. 消费者权益保护法

C. 合同法 D. 税法

2. 股份有限责任公司在经营期间有下列事项需要作出决定时,根据公司法的有关规定,其中可以由董事会直接作出决议的有( )。

A. 决定减少注册资金

B. 公司内部管理机构的设置

C. 决定公司经营计划和投资方案

D. 选举和更换董事

3. 甲公司向乙公司发出要约,欲向其出售一批货物。要约发出后,甲公司因进货渠道发生困难而欲要撤回要约。甲公司撤回要约的通知应当( )。

A. 在要约到达乙公司之前到达乙公司

B. 在乙发出承诺之前到达乙公司

C. 与要约同时到达乙公司

D. 在乙发出承诺同时到达乙公司

4. 在法律上区分要约和要约邀请的意义是十分重要的,下列关于要约邀请的说法中,符合合同法的规定,并且是正确的有( )。

A. 发出要约邀请的人不受其约束

B. 即使收到要约邀请的人为此已经做了准备工作,发出要约邀请的人也无需承担法律责任

C. 接受要约邀请的人因信赖而受到损失,发出要约邀请的人应当承担缔约过失责任

D. 要约邀请是希望他人与自己订立合同的意思表示

5. 债权人欲将其在合同中的权利转让给第三人,下列正确的判断有( )。

A. 无需经过债务人的同意

B. 债权人应当通知债务人,否则该转让对债务人不发生法律效力

C. 债务人原有的抗辩权可以对新债权人行使

D. 债务人对原债权人的抵销权不受债权人转让的影响

得分	

三、判断题(本大题共10小题,每小题1分,共10分)

1	2	3	4	5	6	7	8	9	10

1. 中外合资经营企业的组织形式只能是有限责任公司。   (   )

2. 中外合作经营企业的外方投资者可以无条件提前收回投资。   (   )

3. 外国投资者在我国境内设立外商投资企业时,既要遵守其本国的有关法律,也要遵守中国的有关法律。（   ）

4. 我国的外商投资企业法律制度与公司法之间存在着冲突,具体适用时外商投资企业法优于公司法。（   ）

5. 我国合同法将违约金视为违约损害赔偿的预定额。（   ）

6. 王某在一家从事计算机的销售业务的公司（以下称甲公司）里任董事兼经理。任职期间,王某代理乙公司从国外进口一批兼机并将其销售给丙公司,甲得知这一信息后,提出了异议。本案正确的处理结果是合同有效,但所得收益应当归甲。（   ）

7. 甲乙双方订立了一份买卖合同,约定以书面形式订立,并自双方签字盖章后生效。但在书面合同签订之前,甲交货,且乙接货,但该合同因形式欠缺而不成立。（   ）

8. 张某是某企业的销售人员,随身携带盖有该企业公章的空白合同书,便于对外签约。后张某因收取回扣被企业除名,但空白合同书未被该企业收回。张某以此合同书与他人签订购销协议,该购销协议的性质是成立并生效。（   ）

9. 甲与乙订立一份合同,合同约定甲向乙支付定金6万元,后来因故甲未支付定金,此时乙可以要求甲承担违约责任。（   ）

10. 甲与乙订立了一份买卖苹果的合同,合同约定:甲向乙交付苹果20万千克,货款40万元,乙向甲支付定金4万元,违约金6万元。甲因将苹果以高价卖给了丙,乙于是向法院起诉,在其诉讼请求中,请求甲双倍返还定金8万元,同时请求甲支付违约金6万元,法院应予以驳回。（   ）

四、名词解释（本大题共5小题,每小题2分,共10分）

1. 募集设立
2. 合伙企业
3. 破产财产
4. 商业秘密
5. 内幕交易

五、简答题（本大题共4小题,每小题5分,共20分）

1. 简述我国环境保护的主要制度。
2. 简述产品责任损害赔偿的类型。
3. 简述不正当竞争行为的概念及其特征。
4. 简述商业贿赂行为的特征。

六、案例分析题（本大题共2小题，每小题15分，共30分）

1. 甲厂注册了"虎头"商标核定用于服装上。乙厂从为甲厂生产服装标签的丙公司处购买"虎头"标签用于自产的牛仔裤，又将贴有该标签的牛仔裤售与不知情的丁商场。甲厂发现丁商场销售假冒"虎头"商标的服装后，要求乙厂、丙公司、丁商场承担法律责任。

要求：根据以上情况，回答下列问题：

(1) 乙厂的行为是否侵犯甲厂商标专用权？为什么？（5分）

(2) 丙公司的行为是否侵犯甲厂商标专用权？为什么？（5分）

(3) 丁商场的行为是否侵犯甲厂商标专用权？应如何处理？（5分）

2. 2×23年中秋节当天，甲在A商场从B公司承租的柜台买了一盒C公司生产的月饼。当天吃完月饼后，一家人上吐下泻，被朋友送到医院。医生诊断为食物中毒，共花去医疗费3 000元。经查，该月饼所含有害细菌严重超标，并且是在生产环节造成的。

根据上述案情，分析回答下列问题，并说明理由：

(1) 该月饼是否为缺陷产品？（5分）

(2) 甲可以向哪些经营者主张赔偿所受到的损失？（5分）

(3) 如甲向C公司主张赔偿时，C公司已经分立为D、E两家公司。甲是否可以要求D、E两家公司承担赔偿责任？（5分）

模拟试题(二)

一、**单项选择题**(本大题共10小题、每小题2分、共20分)

1	2	3	4	5	6	7	8	9	10

1. 关于单务合同与双务合同,下列选项错误的是(　　)。

   A. 赠与合同是单务合同

   B. 单务合同中不产生同时履行抗辩权

   C. 单务合同中义务人的注意义务一般弱于双务合同

   D. 单务合同中仍然存在对待给付的义务

2. 下列选项中,体现合同关系相对性的是(　　)。

   A. 租赁物在租赁期间发生所有权变动的,不影响租赁合同的效力

   B. 债务人无偿处分其财产使债权人的债权受到侵害,债权人可请求人民法院撤销债务人的处分行为

   C. 债务人向债权人交付标的物被第三人毁坏时,债权人追究第三人的侵权责任

   D. 当事人一方因第三人的原因造成违约的,应当向对方承担违约责任

3. 下列属于附条件的合同是(　　)。

   A. 如果天下雨,我就送给你雨伞一把

   B. 如果你考上大学,我就支付你四年的学费

   C. 父亲对儿子说,如果我死了,你就继承我的财产

   D. 如果你把这辆自行车偷来,我会以两倍的价格购买

4. 下列关于代位权特征的表述,不正确的是(　　)。

   A. 代位权是债权人代替债务人向次债务人主张权利

   B. 代位权是债权人以债务人的名义向次债务人行使的权利

   C. 代位权是债权人请求次债务人向债权人履行义务而非向债务人履行义务

D. 代位权的行使必须在法院提起诉讼,请求法院允许债权人行使代位权

5. 甲因购房向其友人乙借款数万元,双方就利息未有约定,则此合同性质应为( )。

    A. 有偿合同   B. 实践合同

    C. 诺成合同   D. 无名合同

6. 位于A市的甲工厂与位于B市的乙公司之间签订一买卖合同,约定甲通过铁路交货。对于该合同而言,以下事件中,属于不可抗力的是( )。

    A. 甲的生产设备出现故障,致使不能按时交货

    B. 丙地发生地震,致使甲的原料供应出现困难

    C. 因甲产品供不应求,厂领导发布文件要求产品只供应云南省内客户需要

    D. A、B两市之间的铁路线被山洪冲毁,致使甲不能按时交货

7. 依据我国《民法典》的规定,合同中不因合同无效或被撤销而失去效力的条款是( )。

    A. 解决争议方法条款   B. 收益分配条款

    C. 质量标准条款   D. 风险转移条款

8. 当事人一方迟延履行合同债务致使不能实现合同目的的,对方( )解除合同。

    A. 可直接解除合同   B. 只能通过人民法院

    C. 经催告后   D. 经催告后在合理期限内

9. 张三、李四签订了一西瓜买卖合同,双方约定:张三卖给李四1 000千克西瓜,单价为0.6元/千克。双方就履行顺序未作约定。张三已向李四供应了500千克西瓜,现向李四提出付款请求,则李四( )。

    A. 不得主张同时履行抗辩权,需给付全部价款

    B. 就已给付的500公斤西瓜的价款不得主张同时履行抗辩权,就未给付部分则可

    C. 得就全部价款主张同时履行抗辩

    D. 得主张张三履行不完全从而解除合同

10. 甲乙约定:甲将其收藏的一幅齐白石遗画卖给乙,价金50万元,当月月底交货,乙于收到画后付款。后甲将价金债权转让给丙并通知了乙。结果在月底交货前,甲收藏的齐白石遗画灭失。则乙( )。

    A. 得解除合同并拒绝丙的给付请求

    B. 得对甲主张解除合同,但不得拒绝丙的给付请求

    C. 不得解除合同并不得拒绝丙的给付请求

    D. 不得解除合同但得拒绝丙的给付请求

二、多项选择题（本大题共 5 小题、每小题 2 分、共 10 分）

1	2	3	4	5

1. 下列说法中，错误的有（　　）。

　　A. 根据组织形态的不同，商人可以分为商个人、商合伙和商法人

　　B. 股份有限公司、一人股份有限公司、国有独资公司都是我国现行法已经承认的企业形态

　　C. 在我国，企业法人仅限于公司制企业

　　D. 在我国，商合伙也具有独立的法人资格，商合伙与其出资人的人格相分离

2. 甲、乙作为发起人拟募集设立一家股份有限公司。他们在获准向社会募股后实施的下列行为中，不符合我国《公司法》规定的有（　　）。

　　A. 甲、乙合计共认购该股份有限公司 20% 的股份

　　B. 与某银行签订承销股份和代收股款协议，由该银行代售股份和代收股款

　　C. 在招股说明书上告知：公司章程由认股人在创立大会上共同制订

　　D. 在招股说明书上告知：股款募足后将在 60 日内召开创立大会

3. 下列行为中，不符合我国公司法规定的有（　　）。

　　A. 某玩具制造有限公司的董事李某，自己私下擅自设立个人独资企业生产同类玩具

　　B. 某股份公司章程规定，每两年举行一次股东大会

　　C. 某股份公司的发起人在公司成立后即将持有的该公司股份转让给其他股东

　　D. 创立大会决议不设立公司

4. 2×23 年 8 月，甲、乙、丙、丁成立一家有限合伙企业从事餐饮经营，甲、乙为普通合伙人，丙、丁为有限合伙人。甲、乙各以劳务作价 10 万元出资，丙以 40 万元现金出资。某日，顾客戊在该有限合伙企业用餐时食物中毒，花去医疗费等相关费用共计 10 万元。关于本案，下列说法中，正确的有（　　）。

　　A. 丁可以用现金或劳务出资

　　B. 若该合伙企业不能赔偿戊所受的 10 万元损失，则甲、乙、丙、丁应当承担连带赔偿责任

　　C. 丙不能执行合伙事务，也不得对外代表有限合伙企业

　　D. 甲、乙应当对戊的 10 万元损失承担连带赔偿责任

5. 华胜股份有限公司于2×23年召开董事会临时会议,董事长甲及乙、丙、丁、戊等共五位董事出席,董事会中其余4名成员未出席。董事会表决之前,丁因意见与众人不合,中途退席,但董事会经与会董事一致通过,最后仍作出决议。下列选项中,错误的有( )。

  A. 该决议有效,因其已由出席会议董事的过半数通过

  B. 该决议无效,因丁退席使董事的同意票不足全体董事表决票的二分之一

  C. 该决议是否有效取决于公司股东会的最终意见

  D. 该决议是否有效取决于公司监事会的审查意见

三、判断题(本大题共10小题、每小题1分、共10分)

1	2	3	4	5	6	7	8	9	10

1. 民族自治地方有关调整经济关系的自治条例和单行条例是我国经济法的渊源之一。( )

2. 引起某一经济法律关系发生、变更和消灭的数个法律事实的总和,称为事实构成。( )

3. 可撤销民事行为被依法撤销后,其法律后果与无效民事行为相同。( )

4. 个人独资企业设立的分支机构,其民事责任由个人独资企业承担。( )

5. 股东大会、董事会的决议内容违反公司章程的,决议无效。( )

6. 投资人在设立个人独资企业登记申请书上没有注明是以个人财产出资还是以家庭共有财产出资的,应以家庭共有财产对企业债务承担无限责任。( )

7. 持票人对支票出票人的权利,自出票之日起6个月。( )

8. 一人有限责任公司的股东可以分期缴纳公司章程规定的出资额。( )

9. 新合伙人入伙时,应当经三分之二以上多数同意并依法订立书面入伙协议。( )

10. 证券的代销、包销期限最长不得超过90天。( )

四、名词解释(本大题共5小题,每小题2分,共10分)

1. 重整

2. 不安抗辩权
3. 上市公司
4. 消费者
5. 票据行为

五、简答题（本大题共4小题,每小题5分,共20分）

1. 简述有限责任公司的设立条件。
2. 简述善意取得必须具备的条件。
3. 简述哪些人不能担任公司的董事、监事和经理。
4. 简述股票上市的条件。

六、案例分析题（本大题共2小题,每小题15分,共30分）

1. 甲公司委托乙公司加工10 000条牛仔裤,加工费共计50万元。乙公司负责采购面料,并按甲公司提供样品生产。甲公司预付加工费30%,另付定金15%,服装交付后30天内支付余款。试生产的牛仔裤经甲公司代表确认后,乙公司开始批量生产。验收交付后,甲公司在销售中,遭遇消费者的投诉,称所购牛仔裤发生褪色,经质检检验,确定色牢度不符合国家规定质量标准,于是甲公司要求乙公司承担违约责任,乙公司辩称其承揽加工的服装在交付时,已经甲公司验收,其不应承担违约责任。请根据相关法律制度回答如下问题:

(1) 如何确定本案的验收标准?说明理由。
(2) 服装褪色属何种性质的瑕疵?说明理由。
(3) 乙公司是否应承担违约责任,为什么?

2. 甲公司许可乙公司使用其一项技术秘密,由乙公司支付使用费。在甲公司的一再要求下,双方在转让合同中约定,乙公司在使用该项技术时,不得对该项技术秘密做任何技术改进。合同签订后,乙公司按时支付了使用费。后乙公司为了适应公司的生产,提高产品质量,在原技术的基础上,又开发了新的技术。甲公司得知后,便以乙公司违反约定,要求乙公司承担违约责任。请根据相关法律制度回答下列问题:

(1) 乙公司的行为是否构成违约,为什么?
(2) 如何评价"不得对转让技术作任何改进"的约定的效力?
(3) 甲公司对乙公司开发的新技术是否享有权利?

模拟试题(三)

一、单项选择题(本大题共25小题,每小题1分,共25分)

1. 下列行为中,属于法律行为的是( )。
   A. 人的死亡　　B. 承兑汇票　　C. 侵权行为　　D. 自然灾害

2. 下列请求权中,应当适用三年诉讼时效期间规定的是( )。
   A. 所有权人对占有人返还原物的请求权
   B. 存款人对银行的支付存款本息请求权
   C. 公司对股东的缴付出资请求权
   D. 出卖人向买受人主张价金请求权

3. 刘某是甲企业常驻乙企业的采购人员,因违纪被甲企业开除,但甲企业未就此通知乙企业。刘某被开除后,仍以甲企业名义与乙企业签订一份买卖合同。该合同( )。
   A. 无效,因为刘某已被甲企业开除
   B. 无效,因为刘某无权代理
   C. 有效,因为甲企业未及时通知乙企业
   D. 有效,但可以撤销

4. 根据《民法典》的规定,下列属于无效民事行为的是( )。
   A. 显失公平的民事行为
   B. 恶意串通损害第三人利益的民事行为
   C. 所附条件尚未成就的附条件民事行为
   D. 因重大误解而为的民事行为

5. 法人或其他组织的法定代表人或负责人超越权限订立合同的,该代表行为( )。
   A. 有效,因为他们能合法代表法人或其他组织
   B. 无效,因为是他们超越权限所实施的行为
   C. 效力待定,需要相对人追认才能有效
   D. 有效,除非相对人知道或者应当知道其超越权限

6. 2×22年3月,周、吴、郑、王以普通合伙企业形式开办一家湘菜馆。2×23年7月,吴某因车祸死亡,其妻欧某为唯一继承人。在下列情形中,不影响欧某通过继承的方式取得该合伙企业的普通合伙人资格的是( )。

　　A. 吴某之父对欧某取得合伙人资格表示异议

　　B. 合伙协议规定合伙人须具有国家一级厨师资格证,欧某不具有

　　C. 郑某不愿意接纳欧某为合伙人

　　D. 欧某因夫亡突遭打击,精神失常,经法院宣告为无民事行为能力人

7. 根据《合伙企业法》的规定,关于合伙人,下列选项中,正确的是( )。

　　A. 有限责任公司不能成为普通合伙人

　　B. 个人丧失偿债能力的,不能成为普通合伙人

　　C. 无民事行为能力人或者限制民事行为能力人,可以成为有限合伙人

　　D. 夫妻不能在同一个合伙企业中同时作为普通合伙人

8. 甲、乙、丙、丁欲设立一有限合伙企业,合伙协议中约定了如下内容,其中符合法律规定的是( )。

　　A. 甲仅以出资额为限对企业债务承担责任,同时被推举为合伙事务执行人

　　B. 丙以其劳务出资,为有限合伙人,其出资份额经各合伙人商定为5万元

　　C. 合伙企业的利润由甲、乙、丁三人分配,丙仅按营业额提取一定比例的劳务报酬

　　D. 经全体合伙人同意,有限合伙人可以全部转为普通合伙人,普通合伙人也可以全部转为有限合伙人

9. 张某、李某为甲公司的股东,分别持股65%与35%,张某为公司董事长。为谋求更大的市场空间,张某提出吸收合并乙公司的发展战略。关于甲公司的合并行为,下列表述中,不正确的是( )。

　　A. 只有取得李某的同意,甲公司内部的合并决议才能有效

　　B. 在合并决议作出之日起10日内,甲公司须通知其债权人

　　C. 债权人自接到通知之日起30日内,有权对甲公司的合并行为提出异议

　　D. 合并乙公司后,甲公司须对原乙公司的债权人负责

10. 甲、乙、丙、丁分别为未来的公司取一个名称,其中可以采用的是( )。

　　A. 北京大地商贸公司

　　B. 北京666商品贸易有限责任公司

　　C. 中国北京商品贸易国际发展有限责任公司

　　D. 北京汇通商品贸易有限责任公司

11. 下列有关一人公司的表述中,正确的是( )。

A. 国有企业不能设立一人公司

B. 一人公司发生人格或财产混同时,股东应当对公司债务承担连带责任

C. 一人公司的注册资本必须一次足额缴纳

D. 一个法人只能设立一个一人公司

12. 2×23年5月,甲、乙、丙三人共同出资设立一家有限责任公司。甲的下列行为中,不属于抽逃出资行为的是( )。

A. 将出资款项转入公司账户验资后又转出去

B. 虚构债权债务关系将其出资转出去

C. 利用关联交易将其出资转出去

D. 制作虚假财务会计报表虚增利润进行分配

13. 甲有限责任公司设立了董事会,根据《公司法》的规定,下列说法正确的是( )。

A. 董事会成员应该为6人以上
B. 董事长应当是甲公司的法定代表人

C. 董事长的任期可以为2年
D. 该董事会中董事必须有职工代表

14. 某上市公司总股份为1.5亿股,该公司在股权分置改革时承诺三年内不增资扩股,其后该公司对章程进行了修改。关于修改后的章程内容,下列选项中,( )是违法的。

A. 公司董事持有的本公司股份在离职后三年内不得转让

B. 公司在一年内回购本公司股份750万股用于实施股权激励

C. 公司监事持有的本公司股份在离职时经股东大会批准可以转让

D. 任何时候公司都不得接受本公司的股票为质押物

15. 有限责任公司与股份有限公司最主要的区别是( )。

A. 后者的全部资本分为等额股份并采取股票的形式,前者使用出资证明书作为出资证明

B. 后者必须以股东大会为权力机构,前者则不然

C. 前者以其全部资产对公司债务承担责任,后者则不然

D. 前者的股东有最高人数限制即2人以上50人以下,后者则不然

16. 杨某持有甲有限责任公司10%的股权,该公司未设立董事会和监事会。杨某发现公司执行董事何某(持有该公司90%股权)将公司产品低价出售给其妻开办的公司,遂书面向公司监事姜某反映。姜某出于私情未予过问,杨某为保护公司和自己的合法利益,所能采用的最佳办法是( )。

A. 提请召开临时股东会,解除何某的执行董事职务

B. 请求公司以合理的价格收回自己的股份

C. 以公司的名义对何某提起民事诉讼要求赔偿损失

D. 以自己的名义对何某提起民事诉讼要求赔偿损失

17. 买卖合同不属于(　　)。

　　A. 双务合同　　　B. 不要式合同　　C. 有偿合同　　　D. 实践性合同

18. 甲公司与乙饮料厂签订一份买卖纯净水的合同,约定提货时付款。甲公司提货时称公司出纳员突发急病,支票一时拿不出来,要求先提货,过两天再把货款送来,乙饮料厂拒绝了甲公司的要求。乙饮料厂行使的这种权利在法律上称为(　　)。

　　A. 不安抗辩权　　B. 先履行抗辩权　C. 后履行抗辩权　D. 同时履行抗辩权

19. 下列选项中,可以质押的是(　　)。

　　A. 动产和智力成果　　　　　　　B. 动产和权利

　　C. 智力成果和权利　　　　　　　D. 人身利益和权利

20. 合同转让是指(　　)。

　　A. 合同的标的发生变化　　　　　B. 合同的主体发生变化

　　C. 合同标的物的品质发生变化　　D. 合同的价款发生变化

21. 甲向乙发出要约,乙于5月10日收到要约,于6月15日发出承诺,当时已超过了承诺期限。该承诺于6月20日到达甲处。甲随即通知乙该承诺有效,通知于6月26日到达乙处,则合同于(　　)成立。

　　A. 6月20日　　B. 6月15日　　　C. 6月26日　　　D. 5月10日

22. 甲公司欠乙公司货款100万元不能偿还,乙公司几次催要,甲公司均以无财产可供偿还为由拒绝偿还。后乙公司得知丙公司欠甲公司300万元,且因甲公司一直不催要,该债权诉讼时效期间即将届满,乙公司遂欲行使代位权。以下对于乙公司行使代位权说法不正确的是(　　)。

　　A. 代位权诉讼中,丙公司对甲公司的抗辩,可以向乙公司主张

　　B. 代位权的行使范围以100万元为限

　　C. 乙公司应当向人民法院请求以自己的名义代位行使甲公司的债权

　　D. 乙公司行使代位权的必要费用,由丙公司负担

23. 某乙欠某甲2万元。某乙有一辆面包车价值4万元,现某乙将该车赠与丙,某甲发现某乙无其他值钱的东西,这一赠与会影响某乙偿还债务,于是向法院起诉主张权利,法院应认定(　　)。

　　A. 该赠与无效　　　　　　　　　B. 该赠与有效

　　C. 该赠与部分有效、部分无效　　D. 该赠与的效力待定

24. 甲公司与一公司拟买卖一批钢材,双方经多次协商后,未能签订合同,由此甲公司承担缔约过失责任,缔约过失责任发生的基础是当事人违反(　　)。

　　A. 履行合同义务　　　　　　B. 先合同义务

　　C. 后合同义务　　　　　　　D. 不真正义务

25. 某商场使用了由东方电梯厂生产、亚林公司销售的自动扶梯。某日营业时间,自动扶梯突然逆向运行,造成顾客王某、栗某和商场职工薛某受伤,其中栗某受重伤,经治疗半身瘫痪,数次自杀未遂。现查明,该型号自动扶梯在全国已多次发生相同问题,但电梯厂均通过更换零部件、维修进行处理,并未停止生产和销售。关于赔偿主体及赔偿责任,下列选项正确的是(　　)。

　　A. 顾客王某、栗某有权请求商场承担赔偿责任

　　B. 受害人有权请求电梯厂和亚林公司承担违约责任

　　C. 电梯厂和亚林公司承担连带赔偿责任

　　D. 商场和电梯厂承担按份赔偿责任

| 得分 | |

二、分析题(本大题共 1 小题,共 10 分)

"采用格式条款订立合同的,提供格式条款的一方应当遵循公平原则确定当事人之间的权利和义务,并采取合理的方式提请对方注意免除或者限制其责任的条款,按照对方的要求,对该条款予以说明。"

请分析:

(1) 何为格式条款?

(2) 提供格式条款的一方负有哪些法定义务?

(3) "采取合理的方式"应如何认定?

| 得分 | |

三、简答题(本题共计 2 小题,其中第 1 题 8 分,第 2 题 5 分,共计 13 分)

1. 简述善意取得制度的构成要件。

2. 简述合伙企业财产份额转让的规则。

| 得分 | |

四、简析题(本题共计 2 小题,其中第一题 12 分,第二题 10 分,共计 22 分)

1. 甲、乙、丙、丁、戊拟共同组建一有限责任性质的饮料公司,注册资本 200 万元,公

司拟不设董事会,由甲任执行董事;不设监事会,由丙担任公司的监事。

饮料公司成立后经营一直不景气,已欠A银行贷款100万元未还。经股东会决议,决定把饮料公司唯一盈利的保健品车间分出去,另成立有独立法人资格的保健品厂。后饮料公司增资扩股,乙将其股权转让给C公司。请问:

(1) 饮料公司的组织机构设置是否符合公司法的规定?(2分)为什么?(2分)

(2) 饮料公司设立保健品厂的行为在公司法上属于什么性质的行为?(2分)设立后,饮料公司原有的债权债务应如何承担?(2分)

(3) 乙转让股权时应遵循股权转让的何种规则?(4分)

2. 2×23年3月10日,甲公司与家具厂签订了买卖红木家具的合同。合同约定:甲公司在4月30日前支付500万元预付款;家具厂在7月10日交货。4月5日,家具厂突发火灾,设备、原料大部分被烧毁,严重影响了履行债务的能力。甲公司闻讯后,认为家具厂极有可能丧失履行合同的能力,于是通知家具厂中止履行合同,不再支付预付款,后经家具厂交涉,甲公司同意由丙公司为家具厂作一般保证,甲公司按期向家具厂支付预付款,合同仍继续履行。

7月10日,家具厂未交货。甲公司要求家具厂返还预付款,赔偿甲公司经济损失。家具厂拒绝了甲公司的要求。随后,甲公司要求丙公司承担保证责任,但丙公司也拒绝了甲公司的要求。8月25日,在多次协商未果的情况下,甲公司向法院起诉,要求家具厂和丙公司承担违约责任,赔偿损失。经法院查明,由于家具厂违约,甲公司除2万元预付款没有收回外,还发生经济损失3万元;法院同时查明,甲公司尚欠家具厂设备款5万元。在法院调解下,双方同意将债务相互抵销。

要求:根据《民法典》《公司法》的有关规定,回答下列问题:

(1) 甲公司单方面通知家具厂中止履行合同是否违反法律规定?说明理由。

(2) 丙公司拒绝甲公司要求其为家具厂承担保证责任的要求是否符合法律规定?说明理由。

(3) 甲公司与家具厂的债务能否相互抵销?说明理由。

五、案例分析题(本题共计1小题,共计30分)

案情:2×18年2月,甲、乙、丙、丁四人共同出资设立文路留学服务有限责任公司(以下简称"文路公司")。四名股东的出资比例依次是35%、30%、25%和10%。甲担任公司执行董事、总经理;公司不设监事会,丙任监事。

(1) 2×19年2月,丙提出,甲在留学咨询行业从业多年,经验丰富,对公司业务发展有较大贡献,提议2×18年度利润由甲、乙、丙、丁分别以45%、25%、20%和10%的比例进行分配。全体股东均表示同意。

（2）2×20年3月，乙以分期付款方式购买一辆汽车，经销商要求其提供担保。乙与甲商量后，甲便以文路公司名义与经销商签署一份保证合同，并加盖文路公司印章。事后，甲将此事告知丙，丙未表示异议。丁得知后表示反对，甲回应说公司多数股东已经同意，担保不违反法律。

（3）2×22年7月，丁因公司3年来一直不分配利润而提出查阅会计账簿的书面请求。文路公司允许丁在公司查阅会计账簿，但拒绝丁复印部分账簿内容的请求。

（4）2×23年1月，丁见投资无回报，也无法参与管理，心生转让股权之意。经询问，乙有兴趣购买。甲听说后提出，有限责公司股东之间转让股权，须经其他股东过半数同意，因此，丁必须先获得其他股东过半数同意，才可以将股权转让给乙。后丁认为乙的出价太低，遂放弃转让给乙的打算。

（5）2×23年4月，甲编写的《留学指南丛书》出版。甲未告知其他股东，就以文路公司名义从自己手中购买5 000套该丛书。丁知道后提出异议，认为甲的行为违反了董事对公司的忠实义务。

（6）2×23年5月6日，丁向公司监事丙当面递交一份书面请求，请求其向法院起诉甲违反忠实义务，要求甲赔偿公司损失。丙一直未作出答复，也未采取任何行动。6月20日，丁为公司利益以自己名义直接对甲提起诉讼。

请问：

（1）根据本题要点（1）所提示的内容，文路公司2006年度利润未按照股东的出资比例进行分配是否违反了公司法律制度的规定？并说明理由。

（2）根据本题要点（2）所提示的内容，文路公司为股东乙提供的担保是否违反了公司法律制度的规定？并说明理由。

（3）根据本题要点（3）所提示的内容，文路公司拒绝丁复印账簿内容的做法是否符合公司法律制度的规定？并说明理由。

（4）根据本题要点（4）所提示的内容，甲的观点是否符合公司法律制度的规定？并说明理由。

（5）根据本题要点（5）所提示的内容，甲的行为是否违反了公司法律制度的规定？并说明理由。

（6）根据本题要点（6）所提示的内容，丁为公司利益以自己名义直接对甲提起诉讼的做法是否符合公司法律制度的规定？并说明理由。

模拟试题(四)

一、单项选择题(本大题共25小题,每小题1分,共25分)

1. 下列关于法律关系主体的表述中,正确的是( )。
   A. 法律关系主体必须同时具备权利能力和行为能力
   B. 作为法律关系主体的自然人不包括外国人
   C. 分公司具有法人的地位
   D. 法律关系主体既包括权利人,也包括义务人

2. 根据民事法律制度的规定,关于可撤销的民事行为的表述中,正确的是( )。
   A. 可撤销的民事行为一经撤销,自始无效
   B. 可撤销的民事行为亦称"效力待定的民事行为"
   C. 自撤销事由发生之日起1年内当事人未撤销的,撤销权消灭
   D. 法官审理安全时发现民事行为具有可撤销事由的,可依职权撤销

3. 代理产生的法律后果直接由( )承担。
   A. 代理人　　B. 被代理人　　C. 相对人　　D. 第三人

4. 根据民事法律制度的规定,下列情形中,不能导致诉讼时效中断的是( )。
   A. 债权人向人民法院申请对债务人的财产实施诉前财产保全
   B. 债务人否认对债权人负有债务
   C. 债权人向人民法院申请债务人破产,但被人民法院驳回
   D. 债权人向人民调解委员会请求调解

5. 下列关于代理与行纪关系的说法中,正确的是( )。
   A. 行纪是以行纪人的名义实施法律行为,代理是以被代理人的名义实施法律行为
   B. 行纪的法律效果由行纪人承受,代理的法律效果由被代理人承受
   C. 行纪和代理都是有偿行为
   D. 行纪和代理即可为有偿,亦可为无偿

6. 普通合伙企业的合伙人包括有限责任公司甲、乙,自然人丙、丁,根据合伙企业法律制度的规定,下列情况中,属于当然退伙事由的是( )。

A. 甲被债权人申请破产 B. 乙被吊销营业执照
C. 丙被依法宣告失踪 D. 丁因斗殴被公安机关拘留

7. 根据合伙企业法律制度的规定,合伙企业利润分配的首要依据是( )。
A. 合伙协议约定的比例 B. 合伙人均等的比例
C. 合伙人实缴出资的比例 D. 合伙人认缴出资的比例

8. 根据合伙企业法律制度的规定,下列行为中,禁止由有限合伙人实施的是( )。
A. 为本合伙企业提供担保
B. 参与决定普通合伙人入伙
C. 以合伙企业的名义签订买卖合同
D. 对涉及自身利益的情况,查阅合伙企业的财务会计账簿

9. 关于股东或合伙人知情权的表述,下列选项中,正确的是( )。
A. 有限公司股东有权查阅并复制公司会计账簿
B. 股份公司股东有权查阅并复制董事会会议记录
C. 有限公司股东可以知情权受到侵害为由提起解散公司之诉
D. 普通合伙人有权查阅合伙企业会计账簿等财务资料

10. 2012年5月,东湖有限公司股东申请法院对公司进行司法清算,法院为其指定相关人员组成清算组。关于该清算组成员,下列选项中,错误的是( )。
A. 公司债权人唐某 B. 公司董事长程某
C. 公司财务总监钱某 D. 公司聘请的某律师事务所

11. 下列人员,可以担任公司的董事、监事、高级管理人员的是( )。
A. 王某为某国有独资企业职员,挪用财产被判处刑法,执行期满已逾3年
B. 李某为某破产企业董事,对企业破产负有个人责任,企业破产清算完结已逾1年
C. 张某为某上市公司高管,因犯罪被剥夺政治权利,执行期满后已逾5年
D. 赵某为某有限责任公司经理,尚欠刘某50万元未偿还

12. 根据《公司法》的规定,股份有限公司不可以发行下列类型股票中的( )。
A. 普通股和优先股 B. 记名股和无记名股
C. 额面股和无额面股 D. 表决权股和无表决权股

13. 下列有关股份有限公司的股份转让的表述中,正确的是( )。
A. 发起人持有的本公司的股份,自公司成立之日起5年内不得转让
B. 通常情形下,公司不得收购本公司的股票
C. 公司董事、监事、经理所持有的本公司的股份在任职期间内不得转让
D. 公司可以接受本公司的股票作为质权的标的

14. 根据公司法律制度的规定,下列各项中,属于董事会职权的是( )。

   A. 决定有关董事的报酬事项   B. 修改公司章程
   C. 决定公司内部管理机构的设置   D. 决定发行公司债券

15. 甲为某有限责任公司股东,其在公司成立后抽逃出资,公司或者其他股东不可以( )。

   A. 请求其向公司返还出资本金和利息
   B. 要求协助抽逃出资的其他股东、董事、高级管理人员或者实施控制人对此承担责任
   C. 召开股东会将其除名
   D. 要求其承担违约责任

16. 股份有限公司召开股东大会年会时应当提前将财务会计报告制备于公司。根据公司法律制度的规定,该提前的日期是( )。

   A. 20   B. 10   C. 30   D. 50

17. 根据公司法律制度的规定,当公司出现特定情形,继续存续会使股东利益受到重大损失,通过其他途径不能解决,持有公司全部股东表决权10%以上的股东提起解散公司诉讼的,人民法院应当受理。下列各项中,属于此类特定情形的是( )。

   A. 甲公司连续2年严重亏损,已濒临破产
   B. 乙公司由大股东控制,连续4年不分配利润
   C. 丙公司股东之间发生矛盾,持续3年无法召开股东会,经营管理发生严重困难
   D. 丁公司2年来一直拒绝小股东查询公司会计账簿的请求

18. 下列属于要约的是( )。

   A. 某医院购买药品的招标公告   B. 含有"仅供参考"的订约提议
   C. 某公司寄送的价目表   D. 超市货架上标价的商品

19. 买卖合同中约定:甲先付款,乙再发货,后甲未付款却要求乙先发货,乙予以拒绝。根据相关法律制度的规定,乙享有的抗辩权是( )。

   A. 同时履行抗辩权   B. 先履行抗辩权
   C. 不安抗辩权   D. 先诉抗辩权

20. 甲企业与乙银行签订借款合同,借款金额为100万元人民币,借款期限为2年,由丙企业作为借款保证人。合同签订5个月后,甲企业因扩大生产规模急需资金,遂与乙银行协商,将贷款金额增加到150万元,甲企业和乙银行通知了丙企业,丙企业未予答复。后甲企业到期不能偿还债务。关于本案中保证责任的承担,下列说法正确的是( )。

   A. 丙企业对全部债务均不承担保证责任,因为甲企业与乙银行变更合同条款未得

到丙企业的同意

B. 丙企业对全部债务均不承担保证责任,因为保证合同因甲企业、乙银行变更了合同的数额条款而无效

C. 丙企业应承担150万元的保证责任,因为丙企业对于甲企业和乙银行的通知未予答复,视为默认

D. 丙企业对100万元应承担保证责任,对增加的50万元不承担保证责任

21. 下列标的物灭失的风险由出卖人承担有( )。

A. 出卖人将货物交付给第一承运人

B. 因买受人的原因致使标的物不能按照约定的期限交付

C. 买受人未于约定的时间取货致使货物毁损

D. 因标的物不符合质量要求,致使不能实现合同目的,买受人拒绝接受标的物,导致货物毁损的

22. 下列不属于合同内容变更的是( )。

A. 甲公司将其对乙公司的债权转让给丙公司

B. 丁公司与戊公司协商变更合同的履行地点

C. 己公司与庚公司就合同标的物品质进行了修改

D. 辛公司与丑银行协商免除了其贷款利息

23. 根据相关法律制度的规定,关于提存的法律效果的表述中,正确的是( )。

A. 标的物提存后,毁损、灭失的风险由债务人承担

B. 提存费用由债权人负担

C. 债权人提取对提存物的权利,自提存之日起两年内不行使消灭

D. 提存期间,标的物的孳息归债务人所有

24. 某燃气供应公司提供的格式合同中有如下条款,其中有效的是( )。

A. 请用户认真仔细阅读合同条款,条款内容清楚明白本公司不另外进行提示和说明

B. 对合同条款有两种以上解释时,以本公司解释为准

C. 用户应当维护好燃气管道,因维护不慎造成损害的,公司不负责任

D. 用户应按月交纳燃气费,逾期交纳者按有关规定交纳滞纳金

25. 甲公司向乙银行借款100万元,双方于10月5日签订借款合同,约定借款期限为10月5日至次年的10月4日。乙银行因工作人员失误直至11月5日才将款汇入甲公司账户,且预扣利息5万元。后因还款引起纠纷。关于该贷款合同的成立及效力,下列说法正确的是( )。

A. 借款合同的成立时间为 11 月 5 日
B. 甲公司有权请求乙银行承担违约责任
C. 甲公司应按照 100 万元本金偿还贷款
D. 甲公司应按照 100 万元本金支付利息

二、填空题（本大题共 5 小题，每小题 2 分，共 10 分）

1. 根据合同成立是否需要实际交付实物来分，保管合同属于_____合同。
2. 合同的变更，仅仅涉及_____变更。
3. 我国对合同权利转让采用的标准是_____。
4. 合同履行费用的负担不明确的，由_____的一方负担。
5. 当事人承担违约责任的形式主要包括_____、_____ 和_____以及赔偿损失。

三、简答题（本题共计 2 小题，第 1 题 6 分，第 2 题 4 分，共计 10 分）

1. 简述可撤销行为与无效行为的区别。
2. 简述有限责任公司异议股东行使股权收购请求权的情形。

四、简析题（本题共计 2 小题，其中第 1 题 13 分，第 2 题 12 分，共计 25 分）

1. 李某是某钢铁股份公司的董事。在一次钢材展览会李某代表公司与甲公司达成协议，以比较优惠的价格购买一批钢材，约定同年 3 月 6 日李某派人去甲公司取货，同时交付 60 万元的银行汇票。李某回来后，未向公司汇报此事，把此钢材生意让其妹夫去做，给其妹夫开具该公司的介绍信，并以该公司的名义开了一张 60 万元的银行汇票。其妹夫取回钢材后，在本地销售，赚了 15 万元，从中拿出 4 万元送给了李某作为酬金。此后，公司监事会得知此事，认为李某代表公司参加展销会，从未把参加展销会的详细情况向公司进行汇报，要求其改正，李某对监事会的决议不予理睬，甚至威胁说在下次股东会会上罢免监事们的职务。请回答：

（1）李某违反了哪些法律义务？
（2）监事会可以采取哪些法律措施？
（3）如果公司向法院起诉，法院将如何处理？

2. 甲公司同时向乙厂、丙厂发出两份电报，电报称：我公司需要河沙 200 吨，贵厂如有货,请于见电报之次日用电报通知我公司,我公司派员验货后购买。收到电报后,乙厂和丙厂分别向甲公司拍发了电报并提供了河沙型号、价格、数量。丙厂发电报同时,用火车将200吨河沙发往甲公司所在地的车站。收到乙厂、丙厂的电报后,甲公司决定购买乙厂的河沙,派人验货签订了合同。丙厂的200吨河沙到达甲公司的铁路专用线后。丙厂代表找甲公司经理索要货款,甲公司称其已购买了乙厂的河沙,拒收丙厂的河沙。丙厂向法院起诉。请问:

(1) 甲公司向乙厂、丙厂拍发的电报的法律性质是什么?为什么?
(2) 乙厂、丙厂向甲公司拍发的电报的法律性质是什么?为什么?
(3) 甲公司是否承担违约责任,为什么?

五、案例分析题(本大题共1小题,共30分)

1. 甲、乙国有企业与另外7家国有企业拟联合组建梅兰有限责任公司(以下简称梅兰公司),公司章程的部分内容是:公司股东会除召开定期会议外,还可以召开临时会议,临时会议须经代表1/2以上表决权的股东、1/2以上的董事或1/2以上的监事提议召开。在申请公司设立登记时,工商行政管理机关指出了公司章程中规定的关于召开临时股东会议方面的不合法之处。经全体股东协商后,予以纠正。

2×21年3月,梅兰公司依法登记设立,注册资本为1亿元,其中甲以专利权出资,协议作价金额1 200万元;乙出资2 400万元现金,是出资最多的股东。公司成立后,由甲召集和主持首次股东会会议,设立了董事会。2×21年5月,梅兰公司董事会发现,甲作为出资的专利权的实际价额显著低于公司章程所定的价额,为了使公司股东出资总额仍达到1亿元,董事会提出了解决方案,即:由甲补足差额;如果甲不能补足差额,则由其他股东按出资比例分担该差额。

2×22年5月,公司经过一段时间的运作后,经济效益较好,董事会拟定了一个增加注册资本的方案,方案提出将公司现有的注册资本由1亿元增加到1.5亿元。增资方案提交到股东会讨论表决时,有7家股东赞成增资,该7家股东出资总和为5 830万元,占表决权总数的58.3%;有2家股东不赞成增资,2家股东出资总和为4 170万元,占表决权总数的41.7%。股东会通过增资决议,并授权董事会执行。

2×22年3月,梅兰公司因业务发展需要,依法成立了上海分公司。上海分公司在生产经营过程中,因违约被诉至法院,对方以梅兰公司是上海分公司的总公司为由,要求梅兰公司承担违约责任。

2×23年3月,梅兰公司拟变更为股份公司。其方案为:以公司现有净资产3亿元为基数,折合实收股本总额6亿元,公司原有9名股东按照现有的持股比例持有变更后的梅兰股份公司的股份。

　　要求：根据上述资料，回答下列问题。

（1）梅兰公司章程中关于召开临时股东会议的规定是否合法？为什么？

（2）梅兰公司的首次股东会议由甲召集和主持是否合法？为什么？

（3）梅兰公司董事会作出的关于甲出资不足的解决方案的内容是否合法？为什么？

（4）梅兰公司股东会作出的增资决议是否合法？为什么？

（5）梅兰公司是否应承担上海分公司的违约责任？为什么？

（6）梅兰公司变更为股份公司的方案是否合法？为什么？

模拟试题(一)参考答案

一、单项选择题(本大题共 10 小题,每小题 2 分,共 20 分)

1	2	3	4	5	6	7	8	9	10
A	D	B	C	A	A	A	D	A	D

二、多项选择题(本大题共 5 小题,每小题 2 分,共 10 分)

1	2	3	4	5
ABD	BC	AC	ABD	ABCD

三、判断题(本大题共 10 小题,每小题 1 分,共 10 分)

1	2	3	4	5	6	7	8	9	10
√	×	√	√	√	√	×	√	×	√

四、名词解释(本大题共 5 小题,每小题 2 分,共 10 分)

1. 募集设立是股份有限公司设立的方式之一,是指由发起人认购公司应发行股份的一部分,其余部分向社会公开募集而设立公司。

2. 合伙企业是指依照《合伙企业法》在中国境内设立的由各合伙人订立合伙协议,共同出资、合伙经营、共享收益、共担风险,并对合伙企业债务承担无限连带责任的营利性组织。

3. 破产财产是指在破产宣告后,可以依法对债权人的债权进行清偿的破产企业的财产。

4. 根据《反不正当竞争法》的规定,商业秘密是指不为公众所知悉、能为权利人带来经济利益、具有实用性并经权利人采取保密措施的技术信息和经营信息。

5. 内幕交易是指内幕人员以及其他通过非法途径获取证券内幕信息的人,利用该信息进行证券交易而试图获利的行为。

五、简答题(本大题共 4 小题,每小题 5 分,共 20 分)

1. 答:

(1) 环境影响评价制度。

(2) "三同时"制度。

(3) 限期治理制度。

(4) 排污申报登记制度。

(5) 征收排污费制度。

(6) 环境标准制度。(5 分)

2. 答:

(1) 人身损害赔偿。

(2) 财产损害赔偿。

(3) 精神损害赔偿。

(4) 惩罚性赔偿。(5 分)

3. 答:

根据《反不正当竞争法》的规定,不正当竞争行为是指经营者违反市场交易的基本原则,损害其他经营者的合法权益,扰乱社会经济秩序的行为。(2 分)

其特征是:① 不正当竞争行为的主体具有经营性;② 不正当竞争行为具有违法性;③ 不正当竞争行为侵害的客体是其他经营者的合法权益和正常的社会经济秩序。(3 分)

4. 答:

(1) 商业贿赂的行贿主体是经营者,受贿主体为作为交易相对人的经营者或其他对交易具有影响力的有关人员。

(2) 主观上,行贿者的目的是借用商业贿赂手段促成交易或在交易中排挤同业竞争者,取得竞争优势。

(3) 商业贿赂是以不正当方式进行的行为。

(4) 商业贿赂行为具有违法性。(5 分)

六、案例分析题(本大题共 2 小题,每小题 15 分,共 30 分)

1. 答:

(1) 是。因为乙厂未经商标专用权人甲厂许可,在同一种商品上使用了与甲厂的注册商标相同的商标,侵犯了甲厂的商标专用权。(5 分)

(2) 是。因为丙公司擅自制造甲厂的注册商标标识,并销售擅自制造的注册商标标识,侵犯了甲厂的商标专用权。(5 分)

(3) 是。因为丁商场不知道所销售的牛仔裤侵犯了甲厂的商标专用权,如能证明销

售的牛仔裤是自己合法取得并说明提供者的,只需要停止销售即可。(5分)

2. 答:

(1) 是缺陷产品。产品缺陷是指产品存在危及人身、他人财产安全的不合理危险;产品有保障人体健康和人身、财产安全的国家标准、行业标准的,是指不符合该标准。该月饼对甲及家人的人身造成不合理危险,属于缺陷产品。(5分)

(2) 甲可以向销售者B公司或生产者C公司主张赔偿。我国《消费者权益保护法》规定,消费者或者其他受害人因商品缺陷造成人身、财产损害的,可以同销售者要求赔偿,也可以向生产者要求赔偿。(5分)

(3) 甲可以要求D、E两家公司承担赔偿责任。我国《消费者权益保护法》规定,消费者在购买、使用商品或者接受服务时,其合法权益受到损害,因原企业分立、合并的,可以向变更后承受其权利义务的企业要求赔偿。(5分)

模拟试题(二)参考答案

一、单项选择题(本大题共10小题、每小题2分、共20分)

1	2	3	4	5	6	7	8	9	10
D	D	B	B	B	D	A	A	B	A

二、多项选择题(本大题共5小题、每小题2分、共10分)

1	2	3	4	5
BCD	ABCD	ABC	CD	ACD

三、判断题(本大题共10小题、每小题1分、共10分)

1	2	3	4	5	6	7	8	9	10
√	√	√	√	×	×	√	×	×	√

四、名词解释(本大题共5小题,每小题2分,共10分)

1. 重整是指当企业法人不能清偿到期债务时,不立即进行破产清算,而是在人民法院的主持下,由债务人与债权人达成协议,制定债务人重整计划,债务人继续营业,并在一定期限内清偿"全部或者部分"债务的制度。

2. 不安抗辩权是指双务合同成立后,应当先履行的当事人有证据证明对方不能履行合同义务,或者有不能履行合同义务的可能性时,在对方没有履行或提供担保前,有权中止履行合同义务。

3. 上市公司是指所发行的股票经国务院或者国务院授权证券管理部门批准在证券交易所上市交易的股份有限公司。

4. 消费者是指为了满足个人生活消费的需要而购买、使用商品或者接受服务的居民。

5. 票据行为是指发生票据上的权利义务为目的所实施的要式法律行为,包括出票、背书、承兑、保证等。

五、简答题(本大题共4小题,每小题5分,共20分)

1. 答:有限责任公司设立的条件:

(1) 股东符合法定人数,即50人以下。

(2) 有符合公司章程规定的全体股东认缴的出资额。

(3) 股东共同制定公司章程。

(4) 有公司名称,建立符合有限责任公司要求的组织机构。

(5) 有公司住所。(5分)

2. 答:善意取得必须具备的条件:

(1) 无处分权的转让人依法律行为转让财产。

(2) 受让人受让财产时主观上为善意。

(3) 以合理的价格受让。

(4) 转让财产依照法律应当登记的已经登记,不需要登记的已经转让给受让人。(5分)

3. 答:不能担任公司的董事、监事和经理的有:

(1) 无民事行为能力或者限制民事行为能力。

(2) 因贪污、贿赂、侵占财产、挪用财产或者破坏社会主义市场经济秩序,被判处刑罚,执行期满未逾五年,或者因犯罪被剥夺政治权利,执行期满未逾五年。

(3) 担任破产清算的公司、企业的董事或者厂长、经理,对该公司、企业的破产负有个人责任的,自该公司、企业破产清算完结之日起未逾三年。

(4) 担任因违法被吊销营业执照、责令关闭的公司、企业的法定代表人,并负有个人责任的,自该公司、企业被吊销营业执照之日起未逾三年。

(5) 个人所负数额较大的债务到期未清偿。(5分)

4. 答：股票上市的条件有：

(1) 股票经中国证监会核准并公开发行。

(2) 公司股本不少于人民币3 000万元。

(3) 公开发行的股份达到公司股份总额的25%以上，公司股本总额超过人民币4亿元的，公开发行股份的比例为10%以上。

(4) 公司最近3年无重大违规行为，财务会计报告无虚假记载。(5分)

六、案例分析题(本大题共2小题，每小题15分，共30分)

1. 答：

(1) 甲公司委托乙公司生产裤子的合同属于承揽合同。验收标准以当事人在合同中的约定为准，如果合同中对材料的标准没有约定，可以按照定作物的性质及定作的目的来决定，仍无法确定的就按照国家标准。因此，本案中，应以消费者的使用标准及国家的质量标准来确定。(5分)

(2) 根据《民法典》的规定承揽人提供材料的，承揽人应当按照约定选用材料，并接受定作人检验；由于承揽人提供不符合合同要求的材料，而导致定作物存在质量缺陷的，承揽人要对些承担责任。(5分)

(3) 甲乙应承担违约责任。《民法典》规定承揽人交付的工作成果不符合质量要求的，定作人可以要求承揽人承担修理、重作、减少报酬、赔偿损失等违约责任。根据我国《民法典》所采用的违约责任严格归责原则，承揽人应承揽相应违约责任，且承揽人应对工作成果的交付承担瑕疵担保责任。但就本案来说，在合同履行过程中，乙公司要求甲公司对样品进行质量检查，但甲公司未能在检验中发现质量问题，而最终导致大批量的工作成果质量问题，因此，乙公司只承担部分责任，委托方甲公司也要相应承担未尽到检验之义务的责任。(5分)

2. 答：

(1) 不构成。《民法典》规定：技术转让合同可以预定让与人和受让人实施专利或者使用技术秘密的范围，但不得限制技术竞争和技术发展。合同中的约定实际上是对技术进步的一种限制，属于违反法定义务的无效条款。(5分)

(2) 非法垄断技术的规定，无效。(5分)

(3) 不享有权利。《民法典》规定，当事人可以按照互利的原则，在技术转让合同中约定实施专利、使用技术秘密后续改进的技术成果的分享办法。没有约定或者约定不明确，依照本法的规定仍不能确定的，一方后续改进的技术成果，其他各方无权分享。本案中的双方并没有任何关于后续改进技术的约定，所以甲公司对乙公司开发的新技术不享有权利。(5分)

模拟试题(三)参考答案

一、单项选择题(本大题共 25 小题、每小题 1 分、共 25 分)

1	2	3	4	5	6	7	8	9	10
B	D	C	B	D	A	C	C	C	D
11	12	13	14	15	16	17	18	19	20
B	A	C	C	A	D	D	D	B	B
21	22	23	24	25					
C	D	C	B	A					

二、分析题(本大题共 1 小题,共 10 分)

(1) 格式条款是指当事人为了重复使用而预先拟订,并在订立合同时未与对方协商的条款。(3 分)

(2) 提供格式条款的一方应当遵循公平原则确定当事人之间的权利和义务,并采取合理的方式如采用足以引起对方注意的文字、符号、字体等特别标识提请对方注意免除或者限制其责任的条款,按照对方的要求,对该条款予以说明。否则,对方当事人有权申请撤销该格式条款。(4 分)

(3) "采取合理的方式"是指采用足以引起对方注意的文字、符号、字体等特别标识提请对方注意免除或者限制其责任的条款。(3 分)

三、简答题(本大题共 2 小题,其中第 1 题 8 分,第 2 题 5 分,共 13 分)

1. 答:

公司不得收购本公司股份。但是,有下列情形之一的除外:

(1) 出让人无权处分;(2 分)

(2) 受让人受让该不动产或者动产时是善意的;(2 分)

(3) 以合理的价格转让;(2 分)

(4) 转让的不动产或者动产依照法律规定应当登记的已经登记,不需要登记的已经交付给受让人。(2 分)

2. 答:

除合伙协议另有约定外,合伙人向合伙人以外的人转让其在合伙企业中的全部或者部分财产份额时,须经其他合伙人一致同意。合伙人之间转让在合伙企业中的全部或者部分财产份额时,应当通知其他合伙人。合伙人向合伙人以外的人转让其在合伙企业中的财产份额的,在同等条件下,其他合伙人有优先购买权;但是,合伙协议另有约定的除外。(5分)

四、简析题(本大题共2小题,其中第1题12分,第2题10分,共22分)

1. 答:

(1) 符合公司法的规定。因为根据《公司法》五十一条、五十二条的规定,有限责任公司,股东人数较少和规模较少的,可以设1名执行董事,不设立董事会;股东人数较少和规模较少,可以设1至2名监事。(4分)

(2) 公司分立;设立后,饮料公司原有的债权债务保健品厂承担连带责任。(4分)

(3) 根据《公司法》五十三条规定,股东向股东以外的人转让其出资时,必须经全体股东过半数同意;不同意购买的股东应当购买该转让的出资,如果不购买该转让的出资,视为同意转让。经股东同意转让的出资,在同等条件下,其他股东对该出资有优先购买权。(4分)

2. 答:

(1) 甲公司享有不安抗辩权。因其义务在前,有明确证据证明家具厂丧失履约能力,故可行使不安抗辩权。(3分)

(2) 丙公司有权拒绝,因丙公司承担的是一般保证,在主合同纠纷未经审判或仲裁,并就债务人财产依法强制执行仍不能履行债务前,对债权人可以拒绝承担保证责任。可见丙公司有权拒绝。(4分)

(3) 可以抵销。当事人互负债务的,如果标的物种类、品质不相同,经双方协商一致,可以抵销。(3分)

五、案例分析题(本大题共1小题,共30分)

(1) 文路公司2006年度利润未按照股东的出资比例进行分配并不违反公司法律制度的规定。根据规定,有限责任公司的股东按照实缴的出资比例分取红利;但是,全体股东可以事先约定不按照出资比例分取红利。(5分)

(2) 文路公司为股东乙提供的担保违反了公司法律制度的规定。根据规定,有限公司为股东提供担保,必须经股东会决议。在本题中,文路公司为股东乙提供的担保未经股东会表决通过。(5分)

(3) 文路公司拒绝丁复印部分账簿内容的做法符合公司法律制度的规定。根据规定,有限公司的股东可以要求查阅公司会计账簿,但无权复制。(5分)

(4)甲的观点不符合公司法律制度的规定。根据规定,有限责任公司的股东之间可以相互转让其全部或者部分股权。股东之间只要协商一致,即可转让。法律并未规定"应当其他股东过半数同意"。(5分)

(5)甲的行为违反了公司法律制度的规定。根据规定,董事、高级管理人员违反公司章程的规定或者未经股东会同意,与本公司订立合同或者进行交易,属于法律禁止的行为。(5分)

(6)丁的做法符合公司法律制度的规定。根据规定,董事、高级管理人员侵犯公司利益时,有限公司的股东可以书面请求监事会向人民法院提起诉讼。如果监事会收到股东的请求后拒绝提起诉讼,或者情况紧急,不立即提起诉讼将会使公司利益受到难以弥补的损害的,股东有权为了公司的利益以自己的名义直接向人民法院提起诉讼。(5分)

模拟试题(四)参考答案

一、单项选择题(本大题共25小题,每小题1分,共25分)

1	2	3	4	5	6	7	8	9	10
D	A	B	B	A	B	A	C	D	A
11	12	13	14	15	16	17	18	19	20
C	C	B	C	D	A	C	D	B	D
21	22	23	24	25					
D	A	B	D	B					

二、填空题(本大题共5小题,每小题2分,共10分)

1. 实践 2. 局部 3. 通知主义 4. 履行义务的一方 5. 继续履行合同 采取补救措施

三、简答题(本大题共10小题,第1题6分,第2题4分,共10分)

1. 答:

(1)可撤销的民事行为在撤销前已经生效。可撤销的民事行为在撤销前已经发生法律效力,在被撤销以前,其法律效果可以对抗除撤销权人以外的任何人。而无效的民事

行为在法律上当然无效,从一开始即不发生法律效力。(1分)

(2)主张权利的主体不同。可撤销的民事行为的撤销,应由撤销权人以撤销行为为之,人民法院不主动干预。无效民事行为在内容上具有明显的违法性,故对无效民事行为的确认,司法机关和仲裁机构可以主动干预,宣告其无效。(2分)

(3)行为效果不同。可撤销的民事行为的撤销权人对权利行使拥有选择权,当事人可以撤销其行为,也可通过承认的表示使撤销权消灭。如果撤销权人未在规定的期限内行使撤销权,并不要求将行为撤销,则可撤销民事行为仍然有效。可撤销的民事行为一经撤销,其效力溯及于行为的开始,即自行为开始时无效。而无效民事行为的后果则为自始无效、绝对无效。(2分)

(4)行使时间不同。可撤销的民事行为,其撤销权的行使有时间限制。按《合同法》第55条的规定,可撤销的合同,自当事人知道或者应当知道撤销事由之日起1年内行使。如果超过这个期限,当事人才请求撤销的,人民法院不予保护。而在无效民事行为中,则不存在此种限制。(1分)

2. 答:

(1)公司连续5年不向股东分配利润,而公司该5年连续盈利,并且符合本法规定的分配利润条件的。

(2)公司合并、分立、转让主要财产的。

(3)公司章程规定的营业期限届满或者章程规定的其他解散事由出现,股东会会议通过决议修改章程使公司存续的。(4分)

四、简析题(本大题共2小题,其中第1题13分,第2题12分,共25分)

1. 答:

(1)李某违反了董事忠实义务的规定,侵占了公司的商业机会。(3分)

(2)监事会可以采取请求董事会对李某进行起诉,董事会如果不起诉,监事会可以向法院起诉。详细阐述代位诉讼。(5分)

(3)如果公司向法院起诉,法院认定李某违反忠实义务,责令李某将收取的4万元酬金返还公司,并赔偿因此造成的损失。(5分)

2. 答:

(1)属于要约邀请。(2分)因为甲公司的电报只有数量,其他内容都不明确,其拍电报的目的是为了唤起乙或者丙的要约。(2分)

(2)属于要约。(2分)因为在乙和丙给甲的电报中就具体信息明确了,且有订立合同的意思表示。(2分)

(3)甲公司不承担违约责任。(2分)因为在甲与丙之间并未订立合同。(2分)

五、案例分析题(本大题共 1 小题,共 30 分)

(1) 不合法。代表十分之一以上表决权的股东、三分之一以上的董事,监事会或者不设监事会的公司监事提议的,应当召开临时股东会。(5 分)

(2) 不合法。首次股东会会议由出资最多的股东召集和主持。(5 分)

(3) 不合法。应当由交付该出资的股东甲补足其差额,设立时的其他股东承担连带责任。(5 分)

(4) 不合法。增加注册资本的决议,须经代表三分之二以上表决权的股东同意方可通过。(5 分)

(5) 应当承担。分公司不具有法人资格,其民事责任由设立该分公司的总公司承担。(5 分)

(6) 不合法。有限责任公司变更为股份有限公司的,折合的实收股本不得高于公司的净资产额。(5 分)